一个人一生的成长，
都与"三个家"（小家、国家、地球家园）的状态、
教育、感化有关，与历经之事、交往之人相互影响。
谨以此书献给我至亲的家人和朋友！

南昌之路

我经历的五十年企业变革

朱　泰——著

社会科学文献出版社
SOCIAL SCIENCES ACADEMIC PRESS (CHINA)

朱 焘

朱焘，男，安徽省来安县人，1943年10月生，中共党员，1968年毕业于北京大学化学系。

大学毕业后在沈阳航空发动机制造厂工作，任企业管理处处长，后调入航空工业部。后来长期在国家经济部门从事经济管理、企业改革与管理、工业设计工作。

曾任国家经委办公厅主任，国家计委办公厅主任，国家计委企业管理局局长，国家经贸委副秘书长兼企业司司长、办公厅主任，中国轻工总会副会长，国家轻工业局副局长，中央企业工委、国务院国资委国有重点大型企业监事会主席等，第十届全国政协委员。

曾兼任中国工业设计协会会长、中国工业经济联合会副会长、中国企业联合会副会长、中国企业家协会副会长、中国中小企业国际合作协会副会长、中华慈善总会副会长、北京杂文学会副会长、中国商用飞机有限责任公司工业设计顾问等。

现任中国工业设计协会战略咨询委员会主任、中国设计红星奖委员会主席、中国工业设计协会－德稻创新学院院长等。获"德稻工业设计战略创新研究大师"称号。

星星的光和热

（代自序）

（一）

天上的星星数不清，地上的人类一代代。

把这隔空隔世的"星"与"人"联系起来讲，最早源于我一直深爱的母亲。小时候，母亲虔敬地对我说，"天上的一颗星，对着地上一个人；天上一颗星掉下来了，就是地上一个人去世了。"这段古老的"无字史"并不伤感，它曾令年少的我仰望"眨着眼睛"的群星时，泛起无限的好奇与想象。

我并不经常仰望星空观看这本永远弄不明白的玄妙"天书"。长大以后，我觉得母亲讲的，包括牛郎织女在银河两岸厮守的民间传说，有"天人合一"的意味，反映了人民群众追求平等和幸福生活的愿望。而今自己年过古稀，星空知识和人生阅历多了一点，常想的却是：宇宙浩大，但地球并不渺小；地球庞大，但人类并不渺小；人类伟大，但作为匆匆过客的每一个人并不渺小。

人类成为地球上的"万物之灵"，历经几十万年的奋争，演进至今真不容易。"女娲补天""后羿射日""精卫填海""普罗米修斯盗火"这些艰险故事不计其数。史上记载的、民间流传的多是各类英雄人物，他们确实应该受到敬佩、传颂，但也不要忘记他们都来自人民，只是他们这些"星"发出了更多的光和热，离开了与之同代人民群众的"群星"将一事无成，也无历史意义。不是说"一颗星照不亮一片天空"吗？所以，我觉得人类历史是由英雄人物和人民群众合力创造的。

近点看，新中国的成立、建设和发展，靠的是"人民的英雄和英雄的人民"；大点想，解决世界性难题，如战争、瘟疫、气候变暖、贫困等，应该说大致也是如此。全球抗击新冠肺炎疫情的斗争，也正在以正反两方面的经验教训做出证明。整体上可以说，人类正是在不断解决各类难题的过程中显示了团结、智慧和力量，共同推动历史的进步。

（二）

在宇航员眼中不分国界的地球上每天都在发生无数事件。20 世纪初以来，在东方这片土地上，中国人民从苦难中站起来，走向富裕、强大，这是人类发展史上最绚烂的历史画卷之一。我们从西方引进马克思主义，经过"星火燎原"，1949 年中华人民共和国成立，从此"自立于世界民族之林"；我们总结历史经验教训，1978 年实行改革开放，以史上罕见的年均近 10% 的经济发展速度，根本改变了"一穷二白"的面貌，跃升为世界第二大经济体。我国现代史上无数英雄与人民群众展现的智慧与力量、付出的牺牲与汗水将彪炳千秋。

我是 1949 年背着书包上小学的，属于"生在旧社会，长在红旗下"的一代人。幸运的是，在"百年历史画卷"中，我亲历并参与了改革开放至今的全过程。七十余载学习工作成长的岁月使我明白了"仰望星空，脚踏实地""国家兴亡，匹夫有责"等基本道理，滋养了自己的家国情怀。

从履历上来说，我于 1962 年 9 月进入北京大学学习的是起初兴趣不大的理论化学，1968 年 12 月毕业后从事的是不得不做、后来兴趣大增并有使命感的经济工作。我先后在一个国有企业、两个国家专业部、六个国家委员会工作，兼过七个全国性社会经济团体负责人，有人说，我的这种经历在同代人中可能为数不多。

从国家经济体制来说，我经历了四次变换：一是在企业工作时所处的基本上是"文革"中的计划经济；二是计划经济为主、市场调节为辅；三是有计划的商品经济；四是社会主义市场经济。有人说，我见证了新中国成立以来经济体制渐变的整个过程。

从国有企业改革来说，它是经济体制改革的"中心环节"，攸关整体改革的成败。从宏观管理到微观管理，我历经了改革的四个"职位"，即执行政策、参与制定政策、探索行业管理、监管中央企业，直接参与企业改革 16 年。有人说，参与国企改革像我这般因"机缘"而有一定"深度"和"宽度"的在同行中可能不多。

从企业创新发展来说，我兼任中国工业设计协会会长 16 年，有机会为推动我国设计事业的发展出一份力。有人说我做了件对各类企业都"很有意义"的工作，是"历史性贡献"。

企业强则国家强，企业兴则国家兴。我与国企 50 年的不解之缘还存在某个"巧合"：1968 年底我被分配到沈阳黎明机械厂（即沈阳航空发动机制造厂），2020 年 1 月我辞去在上海任职四年的中国商用飞机有限责任公司工业设计顾问一职——职业起止都是航空工业。我所经历的这五十年的国企变化岂止是名称、符号的变化，上天、入地、下海、救灾、走出国门……都有其坚实的身影，国企已成为中国特色社会主义的重要物质基础，并发挥着战略支撑作用。但它们的"蜕变"之难、成长之难，可能少为人知。

国企改革是一个世界性难题。世界上近 200 个国家，尽管其社会制度、治国理政模式不同，但国企都有存在的必要，要去弊扬利，方法也不同。我国原有国企数量大（占全部企业 99% 以上）、门类全，要从 20 多年计划经济体制下政府部门的附属单位转变成符合社会化大生产要求的法人实体和市场竞争主体，适应与他国企业的合作、竞争，又不失中国特色，难度近似"脱胎换骨"。

但是，改革开放就是我们党自我革命、自我完善传统的继续。国外的改革经验，我们认真学习借鉴，但不照搬。在无样板可循的起步阶段，我们只能在明确以市场为导向的前提下"摸着石头过河"。在我看来，我国破解国企改革难题历经曲折终上顺道，从操作实施上看，我们的改革起码有三个独特且有效之处：一是中央决心大，企业有内生动力；二是配套改革跟得上，社会形成合力；三是基层敢试敢闯，推广步子稳妥。而从宏观把控方向看，它也可以说是改革更大的"配套"，是处理好"改革、发展和稳定"的关系，坚持"一个中心，两个基本点"的社会主义初级阶段的基本路线的体现。这表明我国改革开放的艰巨性、复杂性，它也是世界上他国难以复制的中国特色社会主义建设的成功经验。

（三）

地球上生活的一代代人，都向往过上美好幸福的生活，但怎样算是美好幸福的生活？怎样才能达到这个目的？观古今抚四海，尚无也难有统一的答案。就分别站在银河两岸的"牛郎""织女"来说，他们一年才能见一面，却为代代传颂，其实最多是苦甜各半。人世间既有"深宫怨"，又有"农家乐"。再想象一下，现代拥有手机的人难说一定比当年只能鸿雁传书的人更幸福。世间一切事物都是在相对的客观环境里，人与人、国与国之间的"横比""竖比"带来的博弈、比拼、争斗永难终结。

我们党顺应民意，明确提出"人民对美好生活的向往，就是我们的奋斗目标"，立言"为人民谋幸福""人民至上"。在建设中国特色社会主义的进程中，中国的经济总量增长了270多倍，创造了相当于过去数百年的巨额财富，人民的生活水平提高了二三十倍，不但完成了从"解决温饱"到"总体小康"再到"全面小康"的目标，而且做到了"脱贫"与"全面建成小康社会""一个都不能少"，举世惊羡。

美好生活之路就在脚下，但各个国家的路线图不可能一样，每个人的足迹更是不同。我17岁、21岁时，两次在日记里重笔写下"把青春献给祖国"，但当时并不知怎么"献"，只知道"知识就是力量"，认真读书以实现自己想当记者的"个人梦"。20多岁时我记住了"风声雨声读书声声声入耳，家事国事天下事事事关心"，并渐知只是"入耳"不够，还要"入心"思考，只是"入心"也不够，还应有行动。在见过一些风雨世面后，我多懂了些"家国天下"的相关道理。从30多岁起，我全身心地投入改革开放大潮中，在老一辈领导的教诲、熏陶下，边学边思边干，几十年里有过晦暝忍抑的忧虑，更多的是激情燃烧的亢奋、柳暗花明的喜悦。最为庆幸的是，我成为一名光荣的共产党员，是我国改革开放亿万亲历者、参与者、受益者之一。但是个人磨砺不多，少有坎坷，没有可圈可点的业绩，也无写自传、出文集和回忆录的资历。

那为什么写这本书呢？有人撺掇我说，"一沙一世界"，现在科技发展到可以为世上每一粒沙子做档案。我这个曾经当过大学校刊记者的人也想当一回自己的记者，把我这粒"沙"记录下来，也许可以增加一点发展的"立体感"，或许还能以此折射出改革开放大潮中的一段辉煌。正因如此，这本书的形式有些别样，手法像美术中的"白描"。全书分上、中、下三篇，上篇主要讲工作经历，中篇主要讲参加工作前的学习成长；下篇是有关文章、讲话，包括杂文、散文的选录。这样，本书有叙事但不多不全，有议论但不深不透，而如果能撩起同事、友人对往事的回忆，为其他读者提供闲评高论的话头，我愿足矣；如有年轻人能浏览此书知点"过去"之事，当是我之奢想了。

（四）

星空无限，岁月悠悠。

少时读唐诗有"今人不见古时月，今月曾经照古人"，初知时空更迭，人生苦短。中年时闻西方一国王竟然说出"我死之后，哪管洪水滔天"的话，令人齿寒。如果来个天地颠倒的"换位思考"：我们（或"外星人"）站在火星或土星之上俯视地球，会有何见何感？很可能我们看不见地球在哪里，更不知它是否像其他星星一样"眨着眼睛"，地球"渺小"得像是宇宙中的一粒沙子，那么，地球上生活的人类，一代代的人呢？我们应该把"仰望"与"俯视"结合，把科学家们的睿智与政治家们的良知融接，那就不会太乐观也无须悲观，毕竟宇宙里、世界上的"伟大"与"渺小"相依并存，并非一成不变。重要的是，应有此共识：地球必须在乎群星，否则地球自己转不起来，也不会有光和热；地球不一定需要人类，但人类需要仰赖地球生存。人类世代都栖息在这个不停转动的家园里，共享生命所必需的阳光、空气、水等自然资源，有对美好生活的共同向往，必然有共同的命运，有共同应该做的事情。

按中国人"家国天下"的说法，一个人有"家庭""国家""地球家园"三个家。小家、大家都是家，都值得我们去爱，特别是对地球家园这个人类"大摇篮"，更要倍加敬畏、爱护，绝不能自毁家园。我们每个人生而平等，都有追求美好生活的权利，但同时应尊重他人、他家、他国选择"家规"、文化和生活方式的自由。"邻居好，是个宝"，"邻居"生活变好了，应该高兴，可以以此为榜样把自己的家事做好，而不该嫉妒，更不可抢夺。如果地球人能共同吸取历代战争、瘟疫等灾难的教训，摒弃少数人的偏见、傲慢、自卑与"见不得别人家好"的自私，消除没有人性的弱肉强食的丛林规则，朝着"各美其美，美人之美，美美与共"的方向努力，建立和平、竞争、合作、共赢的世界新秩序，那么就有更多的人和更多的力量去解决"三家"（家庭、国家、地球家园）各自的难题，为人类共同的未来着想。

思想有力量，理想也有力量。一个人、一个国家为理想之"美"奋斗有力量，几十亿人为"美美与共"的共同理想奋斗会更有力量。天上的星星可以和谐相处，地上的人群各色各样，也可以相融、相惜、相帮。人类文明才有数千年，地球寿命还有 50 亿年（科学家预测），地球人有很长时间可以调整思想，加强交流，克制互疑互斗的"渺小"，不为"聪明"所误，不因互斗所伤，让生产方式、生活方式、人与人的关系、人与自然的关系更加文明、友好，在地球家园的生活就会更加美好，进而去宇宙旅行甚至寻找新朋友、新家园也将成为可能。

再回到 21 世纪，眼前每个国家还应把主要精力放在自己的"治国理政"上，让人民满意；每个人把自己该做的、能做的事做好，像天上"对应"的星星那样在合适的空间里奉献不同的光和热。

目　录

上 篇

"文革"中的 1968 年底,25 岁的我从"北大"校门进了沈阳"黎明"厂门,开启了人生的工作之旅。11 年间,黎明厂由"老大难"变先进的实践,给了我第一次磨炼。

1979 年底,我调到北京,先后到 8 个国家经济管理部门工作,都与各类企业关联。在建设中国特色社会主义道路上,我直面企业的变革,并直接参与企业改革 16 年,推动企业设计创新 16 年,我的视野、观念也有了从"山外有山"到"天外有天"的变化。特别欣喜地看到,在改革开放这场深刻革命的推动下,社会主义市场经济体制的优势在其完善中逐步得到发挥,中华民族在又一次伟大觉醒中迸发出时代的活力,万千企业在变革中变大变强,我为此深受鼓舞和教育。

我个人亲历的感受是,改革是动力,要讲"配套",形成合力;发展是硬道理,要讲"平衡",提高质量;稳定是基础,要讲和谐,不能"折腾"。

第一章 从"北大人"到"航空人"————————————

> 风雨后不一定有彩虹，但彩虹一定在风雨之后。生活中总有大气候与小环境的差异，选择与得失的纠结，还有偶然与必然的混搭，但恒久的是挑战自我。

走出校门进入社会，应是学以致用、自立于世的开始，也是人生的一个里程碑。但此时的我，却自感前程坎坷难料。在"内乱"、喧扰一年多的校园"平静"了几个月后，我们接到驻校"工宣队"颁发的毕业证书和分配通知单，我心里既兴奋又忐忑：下个月就能拿到"460毛"（当时毕业生月工资46元），可以自食其力了，但身带"硝烟"味儿的"北大人"，自信的底气已丢了大半；再说，学了四年多的化学理论知识到机械厂能派上用场吗？

还没走出北大校门，就听人说过，东北什么都大，不止麻花、馃子（油条）大，土豆、地瓜、森林、煤矿大；女人眼睛大，男人拳头大。我走上社会的第一站沈阳黎明机械厂就很大。这个厂直属于航空工业部，有近两万名职工，是机械加工的大厂。毛泽东、刘少奇、朱德、邓小平等中央领导都来视察过。这个当年苏联援助中国建设的156项重点工程之一的军工企业，生产制造的是我国从未有过的被誉为"工业皇冠上的明珠""蓝天心脏"的歼击机发动机。其前身是军阀张作霖最大的兵工厂，因而也有历史悠久一说。

那时我并不知道，"文革"还没有结束，也未料到自己在这里待了11年、在航空工业部待了两年后仍然舍不得离开，更没想到身为"黎明人"、后为"航空人"让我感觉那么充实与自豪。

对口与不对口

"1968年12月28日，大约是下午一两点，火车到达了沈阳。比我早来一天的同年级同学许耀明来车站接我。我们乘卡车进厂。在装满行李的卡车上，我第一次尝到了东北初冬寒风的滋味。晚上，我和许在一个堆了很多行李箱子的房间里睡了一觉，他告诉我不少年级同学谈恋爱的趣闻。"（引自日记，后同）许是另一个班的班长。我也告诉他，与我同次火车来的同班同学冯陶是我的女朋友，她与另一个同学葛琛被分配到辽阳化学厂，今天她们先去辽宁省工业局报到去了。

很快我就知道，和我们同一拨分配来的有北大数学系、哲学系、俄语系的同学，还有北航、南航、清华、北师大等院校的学生，而最多的是黎明技工学校（以下简称黎校）的学生。我和许耀明及四个大学生被分配到一个宿舍里，邻间宿舍里大多是黎校的学生。这些黎校青年都是本厂职工子弟，年轻活泼，派性犹存，经常斗嘴打闹，不过与我们这些外来的"年长"邻居倒相安无事。通过与他们的交往，我们知道了沈阳"文革"和工厂的一些情况，了解了一些东北习俗和方言土语。比如"你干哈（há）呀""贼拉（非常）""傻了吧唧""别泡（pào）我啦"，等等，这类因说话对象、场合、语气的不同而有不同含义的方言，令我们感到十分新奇，尤其是形容一些人不好好干活是在"泡社会主义"，真是通俗贴切，非其他俗语可比。

入厂后，我们参加了厂里为新职工举办的为期10天的学习班，有一次是听一位老工人做忆苦思甜报告，许多人感动得流下眼泪。闲时到厂内外走动，觉得黎明厂不但大而且美，连从北大燕园出来的我们都感到意外。它号称十里厂区，有被黎明河渠环绕的三个职工宿舍区，食堂、医院、商店、幼儿园、托儿所、文化宫、体育场、中小学等一应俱全。电网围墙内厂房次第排列，道路宽敞，松柏常青，还有高大整齐的杨柳树及花簇草坪。宿舍区有两路公共汽车通往市区。厂区里时有火车隆隆驰过，特别是发动机试车时巨大的轰鸣声，不时宣示着黎明厂强大的生命力。我们还得知，黎明厂实力雄厚：1954年建厂，国家投资两亿多元，从全国各地调来的政治和业务骨干有8000多人，其中地师级干部30多人，工程技术人员1200多人。这些让即将成为新一代"黎明人"的我，心里充满自豪和憧憬。比起北大许多同学被分配到边疆和边远的农村、基层单位，我们无疑是幸运的。

不过，我是学理论化学的，分配到机械加工厂，怎么才能发挥所长呢？但是，话说回来，如果没有北大工宣队讲的"什么叫专业对口？哪里干革命，哪里搞阶级斗争就是对口！"我也不会被分配到黎明厂。虽然黎明厂的"文革"高潮已经过去，但还未结束，我们在北大是"革命"的主力军，到企业成了"再教育"的对象。我们怀揣的毕业证书就很奇特，签署人不是校长，而是长达24个字的"首都工人中国人民解放军驻北京大学毛泽东思想宣传队"，套红印上的最高指示，明确了我们是"旧学校"培养出来的，正文的黑色铅字则警示我们要"接受工农兵再教育"。同期学习班里的黎校学生按照惯例成为工人，直接就进入工人阶级队伍里了。

入厂职工学习班结束后，进入具体的工作分配环节。我们像在北大毕业时对工宣队表态一样，都表示坚决服从分配。但厂革委会政工组没有把我们当作随便拨拉的"棋子"，还分别向我们征求意见，尽量考虑所学专业，结果北大化学系的三人中，女同学王春菊被分配到理化室，我和许耀明被分配到一分厂搞表面处理的车间，这在机械加工厂里算是最对口的了。黎校同学则不同，他们没有"包袱"一身轻，底气比我们足。他们当中流行"车钳铣没个比，凑凑合合水电气，最不得意玩铸坯（铸造）"，所以挑选工种时，一些人不服从分配。后来听说厂里把这些"刺头"组织到污染最严重的市先进单位沈阳冶炼厂参观、劳动了几天，回来后他们就都服从分配了。

说到沈阳冶炼厂，它是黎明厂"外来的和尚"之一。一次，我和许耀明去看望比我们高两届的一位化学系同学，离着很远时就可见工厂上空飘浮着淡淡的橘红色烟云，走进镀铜车间直至距离三四米时才看清他的脸。这位同学后来是市劳动模范，此后又当了辽宁省朝阳市市长。我们进厂前后，黎明厂是部、省、市三级"老大难"单位。由于内斗不止、人心涣散、组织瘫痪、制度荒废、管理混乱，工厂新机研制工作停滞，老机生产质量和数量直线下降，厂内和外场事故不断。发动机经常处于"吃得多（耗油）、发高烧（温升）、打哆嗦（振动）、没有劲（推力）"的状态。为了从领导权上解决问题，黎明厂不但实行军管，由沈阳空军领导兼任厂革委会主任，而且由沈阳冶炼厂派出工宣队驻厂。外界说他们是"外来的和尚好念经"，厂内造反派"头头"则说这是"牛打江山马坐殿"，意思是他们夺了工厂走资派的权，却让解放军和外厂人掌了权。不管怎样，我们几个北大同学经过商量，一致认为不能"对口"参加厂内三派的斗争。每逢有人明言或暗示要我们加入某一派，我们就说在北大闹派性受到了毛主席派去的工宣队、军宣队的批评，予以婉拒，或者以对这里情况不了解、过一段时间再说的理由来搪塞。但此话也不宜多讲，否则好像我们是不想继续革命，甚至有"教育"别人的嫌疑。

走出校门进了厂门，我们早就做好"缩头夹尾"的准备。不过，除了示意"入派"和被介绍对象让我们有点为难之外，我们多是感到了基层工人师傅给予的丝丝温暖。

在车间师傅的鼓励下，多么"不对口"的活我也努力学着干。我到车间后被分配到静电喷漆小组，十几个工人中有五六个老师傅。这个小组的主要工作是把发动机压缩机转子上的叶片喷上一层保护漆，以延长使用寿命。这项工作全部是手工操作，与"静电"技术毫不相干。操作工序是把镀锌后的叶片插在夹具上，工人一手握住夹具并转动，另一手用喷枪朝叶片上喷漆。由于叶片形状扭曲，两只手要配合好才能使漆面均匀。喷薄了发动机试车后叶片上的漆会掉，喷厚了会有漆疙瘩影响发动机的推力，返修时要把烘烤后的漆打磨掉又不能伤及好不容易加工出来的叶片，费时又"闹心"。下道工序车间的人经常找上门来，厂领导多次来检查指示。召开质量分析会时班组两派工人争吵不休，一致对外找客观原因，比如外购的漆质量不高，压缩空气压力不均、有异物等，这个不起眼的班组成了"老小难"。

班组师傅们都真诚待我，热心介绍情况，手把手教我喷漆，还有的教我怎么卷"烟炮"，甚至有个老师傅要教我武术。让我受宠若惊的是，我来了不到20天，班组就报车间革委会同意，口头任命我为工人工艺员。他们说我是北大高才生，什么都该会，我再三说我还未掌握喷漆技术，解释化学理论与化学工程和机械加工的区别，但都没有用。

班长说，我们要突破"苏修"的封锁，把静电喷漆技术搞出来（当时的工艺基本上是苏联援建时的那一套，哪里有了改进，就报喜说"突破"）。我知道这已上升到"政治任务"，只能硬着头皮领命了。像其他"政治任务"，比如被抽调到厂里整理校对"活学活用讲用会"材料，我尚能应付自如，但搞静电喷漆"技术攻关"，却似张飞穿针——难入门。不过，我这个人对新东西有兴趣，车间班组又这样瞧得起我，我只能以"世上无难事，只要肯登攀"给自己鼓气，决心从头学、从头干。

班长王师傅是个 40 多岁的老工人，技术好、脾气倔、心直口快，是某一派的基层骨干。我在 1969 年 3 月 26 日的日记中写道："上午，王师傅要我去写大标语：'厂工代会声明和厂革委会开门整风公报都是错误的！'落款是'某车间革命群众'。他还说标语用黄漆写，上面要涂铝粉。我考虑到两派不同意见及其他原因，没有答应，为此与他顶了起来。这是我第一次与他顶起来。"记不清我是怎样"顶"他的了，无非是早有准备的那些话，后来他不高兴地叫上也是刚来上班的黎校学生一起出去写标语了。这是在上班时间当众发生的事，我心里一直打鼓，担心班长会给我"穿小鞋"。事后证明，王师傅并未因此心存芥蒂，依然积极支持我去参加技术革新。除班长外，攻关小组的主力曾是一位大专毕业的技术员，实践经验丰富，动手能力强。一个月后，一位戴着深度近视镜、身材瘦小的厂级技术专家钱运庠"被解放了"，他也来小组参加试验工作。我买了《喷漆施工常识》《喷漆工业》等书自学，查阅相关资料，边学边看边跑腿。我们参观了防爆灯具厂、中捷友谊厂、自行车厂、农机厂等七八个工厂的静电喷漆装置流程。比黎明厂小得多的厂自动化水平都比我们高，这激发了我们改变现状的决心，我们积极到本厂其他车间联系如何制造相关设备，到理化室讨论合作搞电泳挂漆技术的可能性。我们边学习边试验，有两次试验相关装置时把电容击穿，变压器被烧坏，出火星、冒浓烟，弄得我们手忙脚乱。这期间我听说，原来有规定，厂里工艺上的修改要报航空工业部批准，设计上的修改要报"莫斯科"批准。现在这种攻关，在乱哄哄的工厂管理环境中，没有立项、批准、投入资金一说，全是车间班组工人自发的革命行动。我此时心里明白，静电喷漆如果成功了，对班组肯定有益，但达不到突破"苏修"封锁的高度。

我还知道，工厂应该实行的是计划经济，军工企业要求更严格。现在不知道还有没有计划，即使有也是一纸空文，靠的是"抓革命，促生产"。这些日子里，厂里开展各种批判会、批斗会，实际上对生产、工作没什么促进作用，我们车间也大致如此。一次，批判原车间技术副主任，此人说话很慢，但检查交代得很详细，其中讲到解放前他和几个同学到一个伪连长家里玩，喝了一杯水，吃了几片洋饼干，坐了十几分钟，批判自己阶级觉悟不高。批判他的人中有一位措辞激烈，说他妄图蒙混过关，邻座的工人告诉我"文革"前他俩就是死对头，这些话都说好几回了。又一次，批判一位车间女工，说她是过去车间党支部捧上去的劳动模范，经常上全厂大会主席台，做过忆苦思甜报告。这次清理阶级队伍，根据土改年份计算，说她应该是地主婆，一下子从天上掉到了地下。会上有一段对话，我记在日记里了："问：'你父亲是怎么死的？'答：'打电报来说死的，没病不能死。'问：'你家住哪里？'答：'飞机场。'问：'什么飞机场？'答：'就是有飞机的飞机场。'"每次开这类会都有许多人提前离场，我是不敢的。班上老工人告诉我，车间三派有矛盾，内部比较乱，掌权的一派内部又斗了起来，这也许是车间领导顾不上解决我们"老小难"班组问题的一个原因。

真正使全厂直至车间班组受震动的，是1969年中央发布的关于战备的指令，为应对苏联扬言要对我国大规模入侵和进行核打击，北方不得已进入紧急备战状态。中央指令突然、迅速地被传达下来，加上上任十余天的新军管干部兼厂革委会主任吴瑕两次激情动员，全厂职工无不惊愕、震撼，深感大敌当前，必须团结一致，准备打仗。我们车间"头头"经过一个多月的斗私批修，许多人流着泪谈心，结成"一对红""一串红"，厂小报《黎明简讯》头版以"坚决清除一切无原则的派别纠纷"为题做了报道。与此同时，以"山、散、洞"为主要形式的"三线建设"也在加紧进行。我班班长王师傅响应"好人好马上三线"号召，也为了解决妻儿农村户口问题，不再犹豫，很快被调到贵州山区的航空工业新基地去了。这使我想起两年前在《新北大》校刊接待三线企业代表的情景，那时他们批判刘少奇，要求回城市，幸亏那时我不懂也没表态。我想，现在"苏修"在我国北边大兵压境，估计他们能比较安心工作了吧。

解决"个人问题"

自从我和许耀明住到单身宿舍起，就不断有热心人提及我们的个人问题。有的未等我们回答有没有女朋友，就说要给我们介绍一个，甚至拿出了姑娘的照片。一开始，我俩一般都是笑而不语。老金是厂政工组负责人之一，是个精干的朝鲜族干部。我第一次去他住处拜访，了解了城里朝鲜族人的生活习惯，他也问了我的个人问题。王树茂（后来我们成为好朋友）是北大哲学系研究生，我们分过来时他在六分厂当铣工已经一年多了。我听说不久之后他就要去省革委会宣传组工作了，我们认识早、交谈多，他对我女友的情况很了解，给我提了不少参考意见。一天下午，我去许耀明的电镀小组，恰逢他们工间休息，一帮女工立即嘻

与王树茂夫妇一起度假（左二为王树茂、右一为王树茂夫人）

嘻哈哈地向我俩讲起女朋友的事，有的说东北女人最顾男人啦，男人出差女人在家领着孩子吃咸菜；有的指着在场的几个黎校女生说，这些姑娘多好呀，南方人找她们成了家，什么都有了，弄得我俩一时手足无措。后来我们商定以后就肯定地说自己有女朋友了，免得惹麻烦。

这也是实话。许耀明正在和他江苏老家一位已经大学毕业的中学女同学频繁书信传情，我也曾见过这位女同学，感觉和许挺般配的。只是他们一见面就说无锡话，我也听不懂，有些不大自在。一年后他们结婚，一起去贵州三线工厂了。冯陶和葛琛被分配到辽阳化学厂之后，她俩常来沈阳，我和许耀明也多次去辽阳。我还受葛琛委托，替她在沈阳寻找合适的男朋友。我每月给在安徽老家的母亲寄10元钱，家兄回复时总是转告母亲对我婚事的关心和催促。这段时间，除上班忙于静电喷漆等事之外，我们几个北大同学在休息日时经常一起游玩，度过了不少愉快时光，也有不少高谈阔论，但对北大什么人当选"九大"中央候补委员以及什么人留校受审查之类的消息已不大在意了。记得一次郊外踏青谈到可能爆发的战争，大家并不觉得可怕，还议论起战略战术，对"放弃东北放狗进门再打狗"的说法很不理解。有位

在黎明厂时，和冯陶（右二）及好友在辽阳太子河边

女同学说，要打就早点打，趁我们还年轻还是单身！还有人大声地补上一句：让我们去解放世界上还生活在水深火热中的阶级兄弟！

在风雨无常的大小环境里，我内心隐藏、交织着许多矛盾，主要是想交了两年多的女朋友冯陶的"家庭包袱"不知有多重，将来能否"背"得动。我们离校不久，冯陶的父亲冯亦代去全国政协的湖北沙洋干校接受批判专案审查，母亲郑蓉作为被专政对象去了总工会河南信阳干校，哥哥冯浩从北京被下放到陕西咸阳工厂劳动。为了划清界限，她父母的情况都是她哥哥通过书信告知她的。有点滑稽的是，他们一家四口人都在"阳"（洋）处生活而实际离"阳"很远，只有我在沈阳是在"阳光"之下。冯陶与我交往甚密，但还未谈婚论嫁，她对我的依恋日渐加深，我们一起到她堂叔任教的沈阳农学院去吃饭、采摘，其叔婶已把我们看成"一对"了。但她私下还是流露出"成与不成"由我决定的意思，显然是为我前程着想，这令我动容，更觉得不能有一点伤害她。我也很想知道，像她这样的家庭背景会给我们的未来带来什么样的影响，但是无从打听也无合适的人可以深谈。"家庭包袱"这一点，在校时就有好友提醒过我，我那时表示无所谓。现在分配到这样的军工厂，保密纪律很严，加之内斗严重、"清队"（清理阶级队伍）残酷，将来会不会有被清退的可能？现在，从车间班组到厂政工组对我都很好，将来会有人保护我吗？即使结婚了，我们也很可能面临遥遥无期的两地分居……

在这期间，一位南方姑娘的突然出现，曾在我心中激起爱情的涟漪。我在 1969 年 7 月 2 日的日记中写道："难忘的一天。在厂内与小 zh 谈话。小 zh 的感情深深地打动了我。谈话直至东方日出。但我能给她什么帮助呢？"这短短几行字的背后，是我近一个月时间温馨而苦涩的挣扎。事情的原委是，6 月底的一天下午，我从城里乘公共汽车回厂，在厂南 245 医院站下车（现在已想不起为什么不是在厂北的终点站下车了）时有一位姑娘搀扶一位大娘下车，先下车一步的我顺手也帮着扶了一把大娘。我刚欲转身离开却被这位大娘叫住了，没谈几句话，她就笑着把姑娘拽到我跟前，说这是她的小女儿，还没有男朋友。她是那种看一眼就让人忘不掉的女孩，朴实无华但气质脱俗。我慌乱地、没有抵御地就与她互留了单位和电话号码。犹豫了好几天，我给她打了电话。在那个"带着匕首谈恋爱"的年月，我们的约会地点选在厂内离办公楼不远的几棵松树旁边。她说她是南方某大专学校毕业生，这次母亲来看望她的同时也是来催婚的，还讲了她没有找到合适对象的原因，还说这是她第一次有这样的约会。我讲了北大校园里的一些事，包括在厂里还没有向任何人提过的在新校刊的工作，也讲了我已经有女朋友这件事和她的家庭背景。她却给我解忧说，那也没啥啊，袁世凯的孙子还是我们"头头"呢！这是我在女友之外唯一一次与一位姑娘倾心交谈，彼此都能感觉到对方的好感和爱意。虽然我们没有再约也无结果，但这对我来说是一段铭记在心的记忆，也使我隐约知晓有情人不一定成为眷属。大约过了两年左右，我在厂机关工作时去她单位办事，从远处见她清秀依然，正在伏案描图，看样子已有身孕了。

　　见过小 zh 一个多月后，1969 年 8 月 10 日，我在日记中写道："今天，家乡传来一个不幸的消息：羊子死了！而且死得那样离奇！他是因为爱上……"天哪，一个刚来信不久告诉我已经订婚的好友殉情了！他是我中学最要好的同窗之一，是合肥师范学院毕业生，已经走上教师岗位两年。我曾三次暑假住在他家与之抵足而眠（他是独子，有自己的房间），"羊子"是我们对他的昵称。他风度翩翩，活跃多情。一曲《牧羊姑娘》，数他唱得最动情。与他订婚的不是他的最爱。他最爱的那位姑娘与他山盟海誓，但姑娘的父亲（肉联厂工人）嫌羊子家庭成分不好（记得羊子家解放前是开布店的），暴打女儿，威胁羊子，硬是用无形的"屠刀"砍断了他们的爱情纽带。姑娘坚贞不渝，在一个夜晚两人偷偷约会后走到县城北郊水库，双双溺水而亡。此事轰动县城，但没有人说这与阶级斗争有什么关系。我在日记的最后写了四个大字："痛哉！悲乎！"记录了当时这件事对我内心深处的震撼。借回乡之机，在另一位好友陪同下，我曾两次去羊子家欲见其父母，但在其家门口徘徊不忍进入。结婚十九年后我还与冯陶专程去已经被扩建得很大的北郊水库，向这对勇敢的、对爱情忠贞的青年逝者表达怀念和敬意。

在解决个人问题上，因"响炮"之后又出现"哑炮"，而有了决定性的"转折"。我在班组劳动时，就听到"拆庙赶和尚"的说法，以工人阶级占领上层建筑为旗帜，大砍管理机构，成立以工人为主体的群众管理网；以相信工人阶级为名，废除了原有的质量检验、考勤、财务、成本等管理制度。当我第一次知道车间以上管理干部不属于工人阶级，也要被下放参加生产劳动，要"接受工人阶级再教育"时，颇为惊讶和不解。也是因为这一点，厂政工组曾经要借调我到机关工作，我一再婉拒，怕日后有人和我算"老账"。但是，在厂革委会新主任吴瑕等领导来了之后，他们除了大抓备战，促进联合，还重点抓了干部政策的落实工作，使工厂逐步恢复元气，并以甩掉"老大难"帽子为目标，组织生产大会战。在落实干部政策过程中，厂机关工作人员也进行了进出调整。在进厂近一年的时候，1969年12月中旬，我同意被调到厂政工组宣传组，参加编写"黎明小报"工作（即《黎明简讯》）。我心里也有个"小算盘"，到"非工人阶级"的厂机关工作，也许解决"个人问题"能顺利一些。

平生第一次有了带抽屉的办公桌，心里挺美的。上班没两天，一天早上，我正埋头"天天读"（机关规定，每天7点上班之始学习毛著一个小时），"小报"负责人老孙走到我身边，扶住我的肩膀和蔼地说，

在黎明厂《黎明简讯》办公室

"还有几天就到 12 月 26 日了，请你写一篇祝福毛主席生日的文章，怎么样？"我立即起身连声说"好"。这类文章我从未写过，但有关颂词颂歌烂熟于心，略加构思就动笔起草，两个多小时就把题为《敬祝毛主席万寿无疆》的千字文写好交给了老孙。这么快的速度显然令他意外，他惊讶地扫了我一眼没有吱声。看了一遍后他激动起来，竟轻声念了起来："韶山的清泉流不断，中南海的松柏万年青……什么是最好的献礼，什么最能表达我们至诚的祝愿……看，守卫在珍宝岛的中国人民解放军战士，面对'苏修'豺狼，把手中的枪握得更紧了……听，亚德里亚海岸上空，正传来阿尔巴尼亚人民痛斥美帝苏修的激越的声音；我们黎明机械厂革命工人手扶机床摇把，胸怀五洲风云，正在把对帝修反的刻骨仇恨凝集在车刀尖上……"他当着四五个同事的面大声夸奖道："写得太好了！"这篇署名"黎工"的散文诗在《黎明简讯》第 100 期登载后，我自己觉得好像高考作文得了满分并被发表了一样。此事在厂机关不胫而走，大家说"黎明小报"来了个"笔杆子"。

第一炮打响了，第二炮却成了哑炮，但也因此让我很快有机会见到了黎明厂一把手吴瑕主任。吴主任来厂几个月，到车间科室调研，在大会小会上讲话，已经开始显示他的工作能力和魄力，全厂职工为之一振，连造反派"头头"也不得不一时"口服"噤声。在"黎明小报"时有人议论：这个新主任整天忙个不停，和他名字的意思一样。我说，把他的姓和名连起来看不是没有空闲而是没有缺点的意思。一天，就是那篇散文诗被刊登在"黎明小报"上不久，厂革委会负责宣传的革委会常委牛书林找到我，让我起草吴瑕主任在全厂大会上的一篇讲话稿。我兴奋又茫然，这不是我们"黎明小报"的事啊！这位常委是刚"解放"了的曾做过工厂共青团书记的干部，也是两年后唯一到我狭小、阴湿的住处家访过的"大领导"。当时他笑着给我讲这篇讲话的大致内容、要求，我被他诚恳、平和的态度感染，也觉得不太难就应承了。但是，我"错误地估计了形势和任务"，这一炮没有打响。他看了我写的稿子提出了意见，但不动手修改，反复两三次，两天时间过去了，他不满意我也着急，于是他干脆把我引见给吴瑕本人。吴主任身材不高略微显胖，说话声音洪亮，思路清晰，颇有高级军官

（当时是正师级，后为中将）气度，善于与对话者拉近距离。他耐心地与我俩讲明这次会议的目的、内容和讲话要点。我收集了一些材料，加了两天夜班，总算交差了事。这次"哑炮"事故使我明白，给厂级领导写讲话稿，必须了解黎明厂现状、黎明人所思所想才行，必须掌握上级机关"精神"才行，最好是把自己想象成演讲者。所以，从此我睁大眼睛、伸长耳朵、迈开双腿、多动脑筋，像刚进技术攻关小组时一样从头学着干。

吴瑕比我大十七八岁，地位、"官"级更不能比，但我俩有两个共同点，我们都进厂不久（我还早来半年多），都在厂内"三派"之外，因此交往起来顾忌少，话题也随意。在他直接或间接交办给我任务及私下聊天中，我感觉他极富正义感、责任感，一心想让黎明厂好起来，他那些关于航空工业如何发展的远见都深深感染、激励着我。记得他第一次让我讲在基层听到的群众意见时，我讲了不少职工中存在的问题，如纪律松散、浪费严重、偷盗物资、骗取救济等，还有新进厂的大学生说"没想到工人觉悟这么低"等话题。他说，这是工人阶级队伍内部分裂、派性斗争的结果，是暂时的，对工人阶级要看整体，看真正的代表人物（不是指造反派"头头"），并举了一些事例。这使我豁然开朗。有一次，我们谈了稿子的事之后从办公楼去文化宫参会，不知道为什么他忽然提出不坐小汽车，叫人找了两辆自行车（那时我还没有这个少有的交通工具），与我一起骑车去开会。途中，他冷不丁地问我，怎么才能搞好黎明厂？我这个刚进厂一年多、资历很浅的人怎么能回答这样的大问题呢？恰好此时正要跨过厂内的火车轨道，路面颠簸不平，需要下来推着车走，我借此机会飞快思考，脑筋急转弯一般脱口而出：那得一靠思想、二靠制度吧！这个简单的回答，居然让他很高兴，称我"说得对"。我想，他可能也是联想到《共产党宣言》了，还以为我有多少马列主义知识呢！

与吴瑕交谈时间最短但对我而言分量最重的谈话，还是"个人问题"。他主动问我有没有女朋友，我很敏感，虽有思想准备，但内心仍很紧张，也担心他给我再介绍一个什么人，我立即平静地说已经有了对象，讲了她父母正在被审查的问题，并试探地询问这种情况会对我有什么影响。他明确地回答："重在表现嘛，这还是家属问题，不会有什么影响。"略微一顿，他又补上一句，"可能出国会受到限制。"这可是那会儿能得到的最权威的政策解释了，不管可信与否，吴主任这几句话最后解除了我内心深处的惧虑。我想，只要有工作、有饭吃就行了，出不出国有什么关系。不久，我就开始与冯陶筹划结婚的事了。

1970年4月24日21时35分，我国第一颗人造地球卫星发射成功，消息传来，举国欢腾。当晚，我和冯陶在我宿舍整理出行用的行李，与室友们谈笑。有人揶揄"革命化结婚"是：把两只箱子放在一个房间就办完事了。我们结婚比这还简单，我们不仅没有房间，还是两地分居。大家都高兴地以卫星上天为题为我们"找乐子"，说这是好兆头啊，天上地上都在为你们祝贺呢。第二天，我们开始了"旅行结婚"，从沈阳坐火车到大连，玩了两天转乘轮船"天湖"号到上海。在船上，我们虽然感到疲倦但看万里海波，赏日出日落，在群星灿烂的夜空里寻找陪伴我们的卫星，内心充满了完成一件人生大事的舒畅和轻松。在上海，我们得到了我要好的同学郑路在新华分社工作的父亲的热心帮助，照了不少照片，尔后顺利回到了生我养我的安徽老家。

我们携手进村，邻里乡亲喜气洋洋，母亲、兄嫂和侄儿们更是分外高兴。母亲拉着冯陶的手，端详再三，笑逐颜开，这在家乡是"小儿子娶媳妇，大事完毕"啊！我们的洞房是四哥刚建成的村里唯一一间瓦顶砖墙的小屋，床铺用具里外全新，登门道喜者络绎不绝。旅行结婚是"文化大

旅行结婚时与夫人冯陶在上海外滩游玩

革命""扫四旧"后的新时尚，不办婚礼不请客，只是家里人和至亲欢聚庆祝。我们把从上海带回来的糖果分发给村邻和孩子们。一件"出格"而无非议的事是，回村头一天，大舅家的表哥一行人从南边离我们村四五里地的另外一个村子，扛着用竹竿和一面新的大红床单做成的旗子，吹着两支唢呐，放着鞭炮走过来，给了我一个惊喜。十几天后，我们回到了沈阳。大家正在宿舍里吃喜糖、讲闲话时，老孙悄然走进门来。正是这位充满善意的老干部数月前第一个批准我们办结婚手续，现在又是第一个来看望我们，还带来一件小礼物，令我们感动不已。这可是我在意的机关同事对我婚事"看法"的第一个反应啊！

"寒窑"冷暖

在单身宿舍过了两个冬天，我并不觉得关外东北风如传言那般"硬"。房间向阳，双层玻璃，因离热力站不远，暖气比较热；整个冬天不开窗，靠人的进出来调节空气，亦无缺氧的感觉。雪后晴日，我们参加集体扫雪、铲冰，出一身热汗，比打场篮球还舒坦。我这个南方人，对这里的夏天情有独钟：温度不高且清朗气爽，黎明河渠边上的丛草、杨柳，每枝每叶都极显清亮。北陵、东陵公园和沈阳农学院植物园林木葳蕤，森罗万象，百年松柏挺拔峭立。假日里我与友人结伴闲步其间，享受夏日的阳光和清凉，常常流连忘返。还有沈阳的白菜、土豆等各类蔬菜个大、水灵，茄子、青椒、胡萝卜蘸着大酱生吃都香脆可口，这些无不显示着东北这块沃土的魅力。

照理说，守着东北这个粮仓应该不缺粮、不缺肉。我们刚到的两三个月，星期天食堂里还有爱吃的馅饼、油条、氽白肉，但1969年春节后，全市除原发的粮票、工业券之外，油票、肉票、鱼票等相继下发，种类多、定额少，每人每月只能买半斤肉、三两油，逢年过节商店里才供应少许米面。在沈阳单身宿舍里，我和许耀明等室友逢星期天喝酒，从食堂买回的菜吃光了就吃咸菜，最后用筷子蘸酱油，也喝得兴高采烈。这无须用"苦不苦，想想长征两万五"来做精神填补，与我们经历过的"三年困难时期"相比，这在物质上不知好了多少倍，所以"票里有粮，心里不慌"。

生活上一个又难又急的事不期而至。婚后不久，妻子怀孕了。闻讯后，我真是喜忧参半，现在我俩还是两地分居，以后她怎么坐月子，我们怎么养孩子？冯陶只能做些小儿衣帽鞋的准备，室友们告诫我一定要保证孕妇营养，否则将影响孩子一辈子的健康。当我听到产后要吃几只母鸡、几百个鸡蛋时，头都大了。当时对产妇的补贴只有几斤鸡蛋、几斤红糖，我到哪里去补这个缺啊！巧的是，那天我到沈阳农学院看望叔婶，就和婶子说起坐月子、买鸡蛋的事，她满口答应说这事没问题。事关营养的大事总算是解决了。

从长远看，还是要把冯陶调到沈阳来。对于此事，我当然早有考虑，但这么短的时间怎么解决？这会儿我已从宣传组调到厂革委会办公室的调研科。厂办和科里领导一直关心支持此事，经多方联系，后经已在省革委会工作的好友老王的努力，以沈阳市一个工人和辽阳市一个工人对调的形式，几经周折，在三四个月后终于将此事办成。在寻找沈阳的接纳单位时（冯陶的家庭背景决定了她不可能进黎明厂），副科长亲自带着我骑车跑了周边三四个单位，最后选定去厂北隔着河渠的地方国营沈阳绝缘材料厂当工人。两个多月后，又传来一个令我心乱的好消息：厂里可以分配给我一间 10 平方米、一楼阴面的房间。当年工厂住房极为紧张，两年多工龄就能分到住房已经是对我相当照顾了。科里一位同事提醒我，符合要房条件的人一般都不要最差的一楼阴面房，因为"一次分配定终身"，这样的房子以后再调几乎不可能。但我对厂里心存感激，自己又急需一个"窝"，没几天就拿钥匙去看房了。这是建厂时按苏联图纸建的三层楼房，地处 204 宿舍区最西边，对门阳面住的是新光机械厂一位老工人，一家五口（睡上下铺的两个男孩都已上小学），房子的面积比阴面还少一平方米。这房子唯一的优点是离冯陶的单位很近。在同事和好友的帮助下，我们两三天就将房间粉刷一新。新安装的日光灯照耀着不大的空间，我顿觉这立锥之地还是很漂亮的。

在收拾好住房前，临产的冯陶居然住进了全厂最好的干部楼。房子的男主人是新光机械厂的老书记、厂长，女主人关敬敏是厂革委会宣传组副组长。我在《黎明简讯》工作时，她就是我上一层的领导。她主动邀请我们暂住她家，说她的两个女儿下乡插队，正好有空房。

那时我忙完公事忙私事，一天下午我用自行车把冯陶送到厂南医院住下，回来就倒头呼呼大睡了。第二天早上老关叫醒我，见她已准备好了煮鸡蛋和肉菜，这令我心头一热，感动得眼里噙泪。1971年5月我们的第一个孩子顺利出生，当天我即悄悄地给在湖北信阳干校的岳母、我的家兄发去告喜电报，尔后高兴地把他们母子送到沈阳农学院休产假。50多天后，冯陶推着我在机关同事那里买的二手婴儿车，载着新生儿走上了新的工作岗位。

我们的新生活苦乐交融，"柴米油盐酱醋茶"，一切不会做、不愿做的事都得开始尝试做。买粮、买菜、买煤、买劈柴等看似琐碎简单，对我来说都是第一课。比如买劈柴，我以为带上定量购本和一个麻袋装回来便是了，谁想赶到柴场一看，哪有我想象中的劈柴，全是杂七杂八、形态各异的整根树段，叫我不知如何下手。少许，一位技术人员模样的人过来说："咱俩合伙吧！"经他解释我才知道，最好是选择易劈易燃的树段，两人合作才能拉大锯。锯段小了自己吃亏，大了要去掉很麻烦。我第一次蹲在地上拉锯还真费劲，头上都冒汗了，出门过秤果然超重，把门的递给我一把大斧让我砍掉一块。他见我抢了几下斧头，劈柴一点动静也没有，知我是"初犯"，一挥手让我过去了，也没多交钱。一个多小时后等我回到家，冯陶已用对门邻居的柴火做好饭了。收拾好碗筷去楼门口劈树墩，几个邻里师傅在那儿闲看，好心地教我如何顺着纹路用巧力，一个师傅教着教着一会儿就帮我劈完了。

家务活里技术含量高一点儿的是做饭，尤其是包饺子。而孩子生病发烧最令我们伤脑筋。我买的两本书《食堂大众菜谱》和《农村医生手册》跟随了我们多年。但是，"不会过日子看邻居"还是最管用。虽然那时两家合用一个厨房、厕所有许多不便，但这两位大连籍工人夫妇热心帮助我们，给了我们许多直接有效的"再教育"。比如生火，先点着废纸，引燃木柴，加易燃的块煤，再加耐燃的灰煤，需看好时机，掌握分量，否则弄得满屋子烟气还得重来。教我如何做酸菜、渍酸菜，我第一次学做大缸渍酸菜就成功了，师傅也为我高兴。我还学会了孩子不爱吃饭时如何在他背上"捏积"，等等。有时他们的两个孩子问我们作业题，两家合用的电表分摊时我们偶尔多交几分钱，他们都要感谢。大约三年后，这对夫妇调整住房搬走了，我们与新来的邻居也相处得很好。只是女方脾气大，宠爱小儿子，经常训斥从杭州爷爷奶奶身边回来的女儿，听说女儿后来回杭州自杀了，甚是可惜。

到了冬天，我们住的房间就渐显"寒窑"之本色。不但"寒"，还有点"漏"、有点"臭"，还有老鼠作祟。寒风乍起时，我们就用面糊把旧报纸贴在窗外缝隙上（天更冷时用水来"糊"都可以），在门框上加挂了棉帘。与我住过的单身宿舍相比，房间没有阳光，暖气微热。风不但"硬"而且带点"刺"，它不但可以借我们掀起门帘之机乘虚而入，而且可以从地板与墙壁之间的裂缝里钻进房间来。特别是西伯利亚寒流来袭时，它会大规模地从地窖通风口冒到房间里。我开始用报纸，后来用塑料布裹上报纸去堵地板边上的裂缝，并撒上"六六六"粉驱赶老鼠，但作用不大。我便从主通风口爬进地窖里看个究竟。原来一楼底下是上下水管道，便于维修才留下了不到一米高的空间。由于20多年失修，管道渗漏，地下阴湿、积水、气味难闻，成为老鼠们串联聚会的通道。第二次进去我就带上塑料布裹着的报纸从房间底下把裂缝再塞上一遍。就算这样，房间室温也常在8℃以下，双层玻璃窗上的冰花经久不化，算是给我们送来了一块天然的窗帘。

为了解决"布衾多年冷似铁"的问题，睡前我们每人脚下都放一个装满开水的瓷质"水鳖子"；孩子的尿布裹在装满开水的医用葡萄糖瓶子上烘干，小棉裤湿了不好干，就把这种热水瓶插在裤筒里……这些办法，可比"诗圣"杜甫当年在破草屋面对"冷似铁"的窘境而只能哀叹的情景要积极和"现代"多了。此外，我这个走路都不会蓄意踩死蚂蚁的人，对"人民公敌"老鼠（"大跃进"时全民"除四害"中老鼠被列为首恶）却恨之入骨，这帮大小坏蛋在地板底下嘶叫、打闹，影响一家人的休息，竟然还在壁橱里咬噬我的书籍、衣物，十分猖獗。一次，我打开橱柜门，两只硕大的老鼠居然与我对视，我举起斧头以迅雷不及掩耳之势将一只砍伤，再一斧将其击毙；又一次，我听见声响，未及拿上工具，就大胆、飞快地用手抓住了老鼠的尾巴。回想起来，为了保卫自己的家园，我在这个"对敌斗争"中一点恐惧感都没有。

"寒窑虽破能避风雨，夫妻恩爱苦也甜"是家乡黄梅戏里的两句唱词。在当今世上，孤立的冷暖、不变的苦甜是不存在的，即使有也不会长久。我在这里住了 7 个冬夏，直到任职科长，恰好厂里又建了一批新房，我才调了一个三层向阳的、大一些的住处。

黎明人的忧乐

"人过一百，形形色色。""黎明"有职工两万人，算上家属有十万人之多，自然不可能是一副面孔。每个大、小单位、每个家庭都有一本难念的经，每个人都有不同的善恶本性和自己的忧乐。在报纸上说"大好不是小好"的形势下，难于掩饰的是生活物资的匮乏。一般职工明白发怨气不顶用还危险，只能是"猫有猫道，狗有狗道"，千方百计从不同渠道取得一点供应券以外的吃喝用品。还有胆大的，把铜块切段放在饭盒里带出厂，夜里把钢条扔过围墙装上车去贱卖或以物易物等。被人羡慕的工作是"方向盘、听诊器、采购员"，他们的路子比别人多。"有个国家叫加拿大，你们这里是大家拿"，后来有大领导这么说，不知道算不算是对"工人阶级"的批评。

厂办调研科没有实权，但是我这个外来人也有时断时续的渠道得到点儿外援，聊补有粮无油之炊。除偶尔老家亲友捎点咸肉、麻油，后来"解放"了的岳父岳母寄点肉罐头之外，我还利用去北京出差的机会，以"兔子"奔跑的速度采购猪肉和挂面，像"驴子"一样卖力驮回来。排队买肉时，北京本地的老人小孩都是买五毛、一块钱的肉或馅，我们每次都是买最大限额五块钱的肉，并且常用巴结的口吻对操刀者说："师傅，买五块钱的。请你多给点肥肉啊！"一次在新街口，卖肉师傅把刀往案板上一拍，嚷道："肥的都给你，我瘦的卖给谁呀！"他这么一喊，后面排队的对我们这号人早有怨烦的人开始嘟囔起来，有个女的声音大一点："是呀！你们这些东北……"我知道她想说"东北虎"什么的，一时怒火上升，用比他们还要大的嗓门喊："你们北京有什么了不起！你们产猪肉吗？还不是国家从全国调肉给你们吃，我们买点回去不行吗？！"肉店里霎时无声。

把分装于三四个专用行李袋的几十斤猪肉带回家，这事要比买肉费力得多。沈阳和北京之间晚间有两趟几乎是对开的特快列车，8 个小时行程睡一觉就到，我们被特许坐卧铺以便运送沉重的行李。即使有人送站，这身行装在北京坐公共汽车也受歧视，上下车售票员不但不帮忙还恶声恶气地紧催，拥挤中我常两条腿跨在"肉堆"上保护这些特殊的行李。上了火车，我可能还面临跟同类"东北虎"争地盘、生口角的无奈。最难的是从沈阳站下车后走到公共汽车站，我不但要过天桥，而且这段距离又远，我两肩挂着、两手提着行李袋，一步一挪，步步难挨。有一次，好不容易走到了站前广场，我已浑身是汗，好像散了架子，蓦地想起"要依靠群众"的说法，于是在广场上寻摸行人，见走来两个空着手、穿工作服的人，就笑脸迎上去请他们帮忙，未曾想这两个电工模样的人一口应承一直把我送到车上。这十几分钟的帮忙，我说了十几个谢谢，都难表我当时的感激之情。而在沈阳公共汽车上的人们，见我这等狼狈相儿，有妒羡神情，也有鄙视眼光，大概是觉得这种"投机"行为有损沈阳人的脸面吧。

我唯一欣慰的是，当我用旧报纸把头天晚上分割好的一二斤、二三斤猪肉送给对门邻居和同事时，回报的是他们满脸真诚的谢意。从中我似乎还意会到："流通"也能创造价值。

"黎明"人的主要忧乐当然不在油盐酱醋、米面肉蛋的多少。这支建厂以来就充满豪气和"牛劲"的队伍，会聚了各类英才，他们关注北京变幻的风云和北部边境外的百万陈兵，忧虑工厂半瘫痪的状态，心里挂着"这样下去行吗？"的疑问。虽说家家都有一本难念的经，但工厂、国家的难处更大。这种中华民族根深蒂固的"位卑未敢忘忧国"的良知和正义感，同样潜存在工人群众的基因里。1970年上半年，在"甩掉老大难"生产大会战中，有一次我参加全厂先进职工代表座谈会，大家争先恐后发言，热情高涨，提出了"我们不用讲也会好好干，但要把大家都组织动员起来才行"的建议。其中看似瘦弱的女工任志勤却说出铿锵有力的话："我们一定会说了就算，算了就办，办了就实现，不完成任务不下火线！"这些基层工人的心声深深地感染、教育了我。

为了把全厂职工组织、动员起来，把潜能发挥出来，厂革委会吴瑕主任的办法之一，是大讲大用"团结起来""准备打仗"等新"矛"，不攻也不提"造反有理，革命无罪"之类的旧"盾"，以增强大局意识，减少小局争吵。当时，我们参加一些内部会议，知道美苏飞机、导弹的水平之高已超出我们的想象，特别是看到内部影片中导弹从海中潜艇喷射而出的震撼画面，令人触目惊心。听了会议传达，大家很受刺激，我们厂也是新产品研制工作停滞不前，老产品生产任务完不成还有一大堆质量问题，外场事故又不断，不能不让人心急心忧，大家普遍增加了危机感、增强了责任感。吴瑕主任的办法之二，是以点带面。面上工作包括解放干部、促进联合、狠抓生产、整顿质量等，都是选择一些个人、班组、车间为典型引路。重点是做好造反派"头头"特别是厂革委会常委里的"头头"的思想转化工作。吴瑕等几个军代表分别找他们反复谈心，请外单位先进人物来做专题报告，让老工人代表参加"头头"们的学习班，包括为了防止他们"开门说假话，闭门说私话"，把他们的讲话刊登在小报上，还让转化好的"头头"再去做分厂、车间小"头头"的工作。吴瑕主任的办法之三，是直面职工"大多数"。他们表面上随大流，实际上心里明是非，嘴上却不敢说，有劲不知往哪里使。一旦登高者振臂一呼，引起共鸣，积聚的内在能量就会释放出来。在不同类别的大会上，吴瑕几次讲话赢得热烈

在北京和夫人春节去吴瑕夫妇家拜年

掌声就是证明。就这样，新班子调整不到一年黎明厂就在艰难中甩掉了"老大难"帽子，成为航空工业部、辽宁省、沈阳市的先进单位。

作为中国发动机摇篮、航空工业尖兵，"黎明"人的忧乐与中国空军相通，与中央领导相连，与敬爱的周恩来总理相连。

在生产形势较为稳定之后，厂领导和广大职工决心继续抵制、排除各种干扰，将注意力、精力更多地集中在解决质量问题和加快新机的研制上。但是，大气候风云无常，林彪事件之后，先是批极左思潮，后又改批形左实右。在战备的阵地上，厂领导和广大职工有进退两难、手脚被缚之感。就在这时，1971 年 12 月 11 日，空军某部训练时，发生一架"歼六"飞机机毁人亡的重大事故。1971 年 12 月下旬，国务院、中央军委召开航空产品质量问题座谈会，吴瑕主任参加了会议。会上，周恩来总理痛切地说："飞机事故这么多，我心里很不安，很难过"，产品质量问题不是哪一个地方的问题，也不是一个部门的问题。"各单位一把手要亲自抓质量"。对此，吴瑕在一篇纪念文章里，有生动的回忆，讲到周总理不但听了他的发言而且与之交谈，指出发动机是飞机的心脏，指示工厂和研究所要结合起来。叶剑英副主席为落实周总理关于"厂所一定要结合起来"的指示，于 1972 年上半年，在北京花了 20 多天时间进行研究讨论，倾听各方意见，吴瑕也参加了会议。

这两次重要会议，我作为随员之一，住在西苑饭店做些配合工作。每次听了传达的内容都很受感动、受教育、受鼓舞，与吴瑕和全厂职工一样感同身受。日理万机、身心交瘁的周总理，此时不畏恶风妖言，对质量问题、厂所结合等讲得如此高瞻远瞩，果敢求实，意浓情深，使我们刻骨铭心，也又一次感受到周总理虽居"庙堂之高"却悉"江湖之远"，是躬身实践"先天下之忧而忧，后天下之乐而乐"的楷模。

航空工业部和工厂坚定不移地执行周总理整顿质量的指示。从1972 年初至 1973 年上半年，工厂通过思想动员、暴露问题、系统整改，不但使发动机三批生产都达到优质要求，改革了不适应生产发展的管理体制和制度，加强了生产指挥系统和检验系统，恢复了以岗位责任制为主要内容的 14 项制度，使工厂生产管理秩序初步走上正轨。

老产品改型研制也在"促进"之列，如涡喷 6 甲、涡喷 7 乙等被加速推进，涡喷 7 乙发动机后来获得国防工业重大技术改进一等奖。还有一个重大"新产品"，就是测绘仿制英国的斯贝 M512 发动机。虽然有始无终，但我厂和 606 所（发动机研究所）相关科技人员所表现出的不畏技术艰难、不惧政治风险的精神可歌可泣，而且通过这期间的实践为厂所合并创造了条件。当时，大家像久别沙场的将士又披挂上阵一样，废寝忘食地投入战斗，有关科室经常彻夜灯火通明，使我这个观战者、听战者也常为之动容。

这里我满怀敬意地简短介绍三位航空发动机专家。第一位是吴仲华，他被英国罗罗公司尊为"我们的老师""斯贝发动机之父"，因为他在该公司工作过，斯贝发动机设计制造用的是以他姓氏命名的"吴氏通用理论"（叶轮机械三元流动理论）；后来在中英谈判引进合作项目时遇到了障碍，才有人想到他的作用，而那时他还在某大学扫厕所（后来又被派遣去"五七"干校养猪）。第二位是吴大观，我进厂时他是沈阳航空发动机研究所副所长，被誉为"中国航空发动机之父"，是全国优秀党员。第三位是程华明，在延安参加革命，我进厂时他是工厂总工程师，后来获得中国航空工业最高奖励的航空金奖。这三位专家有三个共同点：一是巧为同龄人（1917 年生）；二是抗日战争期间都在我国的西南地区读大学；三是"文化大革命"中都被批斗、戴过"三反分子""叛徒""反动权威"的帽子。这三人的经历令人深思。

"发动机"的思辨

我进厂一年多才见到发动机，许多职工进厂十几年也没见过。为了保密，苏联管理制度规定不同的车间人员不得"串门"。"文化大革命"打破了许多制度，但总装、试车两个车间仍有岗哨守卫。走进全厂最宽敞、最明亮、最整洁的总装车间，看到一排排装配好的发动机，并不是我初次听到它吼叫声时想象中的庞然大物，而是一个个直径约 1 米、长 4 米左右、外形不一、身上有许多不同颜色的管子和附属物的金属圆柱体，它们静静地躺在专用手推架车上，等待发威时刻的到来。在试车台的操作间，隔着隔音厚玻璃和消音墙壁，随着试车员推进油门把手，发动机的轰鸣声越来越大，我的已经装上耳塞的耳朵还是承受不了，得赶紧再用双手把耳朵捂上，特别是加力燃烧室一打开，那巨大的声响似乎要把墙壁撞破、把屋顶掀飞。我第一次去沈阳松陵机场看歼 8 新型歼击机试飞，当飞机从低空掠过观众席时，先是见到飞机无声地从头顶闪过，接着是发动机霹雳般的爆音砸向人群，引起一片惊呼。

把"战鹰"送上蓝天的，就是我们厂制造的发动机啊，我们心里洋溢着自豪！我如果不是想到从资料上知道的与国外先进水平的差距，那时会觉得我们已"无敌"于天下了。

把发动机喻为"飞机的心脏"，喻作"工业之花""现代工业皇冠上的明珠"，凸显了发动机的重要地位和作用，这些不少人可能已经知道，而它的制造之难更多人还是不知道。我曾去总装车间劳动过几天，参观过研究所，增加了少许知识。装配时是先分装后总装。装配前对所有协作件进行检查，装配时每道工序都要现场检验签字。发动机空间很狭小，却由上万个零件组成，工作温度高达 1800~1900℃，转速在每分钟 10000 转以上，加工精度以"发丝"（头发丝）为计，要求零差错；特别是叶片加工，大小不等，形状各异，有的叶片不仅空心还要有极多细微小孔，以便冷却。发动机的设计制造，可以说是世界上多学科、多行业集成的，最复杂、最精密的工程机械系统，是一个国家综合工业、科技实力的重要标志。它确有"花"的美丽，"心脏"的精细，"明珠"的高贵。

校友老王是哲学系研究生，在黎明厂工具分厂劳动一年后，在省革委会宣传组工作。一次，他带领省市十余位社会科学工作者来厂里参观学习、座谈。他们和我一样对发动机是外行，但同样对发动机原理、结构、设计制造中体现的辩证道理饶有兴趣。发动机工作温度高推力才能大，需要耐高温的合金材料，还要有能够对这些材料进行加工的刀具和设备，而对口的钢厂不愿意、当时也没能力研制新的特种合金钢，这是诸多矛盾中的一个。大家讨论后，提出很多问题，也讲了一些自己的看法。比如，把发动机造得大一些，是不是可以增加推力？这有发动机自身推重比问题，有与飞机配套协调问题，且设计飞机时对发动机性能有要求，留出的空间不会大，你只能在"螺蛳壳里做道场"。发动机设计制造除了要适应飞机的需要，还要考虑自身大量苛刻的互相制约的要求，如推力大、重量轻、寿命长、油耗低、噪声小、可靠性高、维护方便等，即既要"马儿跑、马儿小"，又要"力气大、吃得少、不生病"。发动机设计完成还要能被制造出来，要有配套的材料、设备，还要对其进行反复试验和修改，最后按程序评审通过后才能领取型号合格证、生产许可证、适航证。

既然发动机设计制造体现了辩证唯物论，那么是不是可以研究用辩证唯物论指导发动机设计制造以提高自觉性呢？与会者对此无所表示。他们觉得在"文化大革命"中已经没有多少人提辩证法了，经常讲的是"最最""彻底""绝对""凡是"之类的词语，甚至有人说"辩证法是变化法、变戏法"。我虽有这个研究念头，但我深知自己没有足够的哲学理论和专业实践，也就打消了这个念头。

制造发动机的人与发动机心系魂萦，不去研究不等于不去想。我甚至想，我国发动机设计制造落后的原因，除了对设计重视不够、工业整体水平不高之外，是否与我们信奉辩证唯物论、唯物辩证法，但是对其研究深度、实践力度不够有关。我工作中写的很多材料不能说与辩证法无关，也离不开"人"和"机"。几年来，我对"人""机"都有了深厚的感情。我甚至觉得"黎明人"生产的发动机，不只是一个"战争武器"、一个"人造物"，它也有生命，像"花"一样惹人喜爱，像"心脏"一样充满活力。

组成发动机的每个零部件，加工每个零部件的每一道工序，都是由人操作的。我们发现整顿质量运动中存在的"揭摆"问题60%以上是违反工艺纪律造成的。我根据调查情况和在班组劳动（还在另外一个车间蹲点劳动3个月）的体会，建议全厂在整顿质量运动中开展技术表演赛，并得到厂革委会主要领导特别是总工程师程华明的支持。大致做法是，每个班组先集体重新学习和讲解图纸要求、工艺规则，让技术人员辅导，老师傅介绍经验；然后，按自愿排序，一个一个轮流上岗操作，班组其余人员集体观看其操作方法并逐个对其讲评。这个不打分、不发奖的演练性活动，给平日里干得好的人提了精气神，给干得不好甚至不会干的人以学习、提高的机会，夯实了技术基础。

全厂供应水、电、气单位及食堂、幼儿园、医院等后勤、配套单位也都在整顿质量运动中得到整顿和提高。间或听到一些反对意见，说这是"不相信工人阶级""变相整工人"。

这些使我思考，就我们厂而言，发动机与黎明厂工人群众（工人阶级）应该是什么关系；每个零部件与每道工序应该是什么关系；每个工人与工人阶级应该是什么关系。没有整体高素质的职工队伍，就不可能制造出整体优质的发动机？什么条件下可以防止一个劣质零部件毁坏一台发动机？什么条件下可以防止一匹恶性之马祸害一群马？如果说若干个造反派坏"头头"不能代表工人阶级，那么把若干先进人物的先进水平视为工人阶级整体水平可能也会使新的决策等方面出现偏差。根据有关理论，工厂曾把车间以上管理人员划出了工人阶级行列（不知他们该属于哪个阶级，其中包括共产党员），又增加了"不敢管理""不会管理""不服管理"等复杂问题。

进而言之，人与人民的关系又是什么呢？"文化大革命"中，社会上流传着一个小故事：一位农民到商店买东西，农民说"要斗私批修"，女服务员答"为人民服务"。按当时规矩打过"语录"招呼后，女服务员态度并不好，两人发生口角。男的指着女的胸前别着的"为人民服务"的徽章说："你这什么态度！你就这样为人民服务吗？"女的回答："我就这个态度！我是为人民服务的，不是为你一个人服务的！"没等男的缓过劲来，女的又加上一句："我还不知道你是不是'地富反坏右'呢！"老农民只好带着不明白愤愤离去。

如果说发动机里的辩证关系搞不搞得清楚无所谓，那么人与人民的辩证关系是否应该运用其他思维方式、科学办法来厘清，让人民这个"发动机"更好地发挥推动历史前进的动力。

工作"转向"不成与吴瑕二次进厂

人世间大气候与小气候有区别，但相互关联、相互影响是常态，个人"未雨绸缪"有时也没用。1973年至1976年，国家先后发生了邓小平复出又被免、唐山大地震、三位伟人（周恩来、朱德、毛泽东）相继去世、"四人帮"倒台等重大事件，其影响巨大深远，人们经历了欣喜、震撼、悲痛、热望等思想、情感的起伏变化，我也难以置身于外。

1973 年 6 月，可能是我在工厂整顿质量工作中表现较好，加之岳父岳母的历史问题有了结论（均为"不做问题提出"），不再是"社会关系不清"等原因，我如愿加入了中国共产党。但高兴了不久，我却为自己要不要转变工作方向而纠结起来，起因是在全国一段时间全面整顿初见成效的形势下，重新重视业务工作渐成风气。我的不少大学同学准备"回炉"（返回母校继续学习）甚至报考了研究生。厂机关一些原是搞技术的和原是工人"掺沙子"进来的人，不少人申请调回原岗位并获批准。我去厂办搞调研、写讲稿、写报告已有四年多，虽然为领导"重用"、为一些人称羡，但自觉自己没什么可发展的政治优势（家庭成分在入党政审时已从依靠对象下中农变为团结对象中农，还有似乎永远抹不干净的"社会关系"），也渐对"背着鞋找脚"的不正文风心生厌烦，故而想转搞业务工作。正在此时，技术大楼理化室主任找到我，希望我到他那里工作，并含蓄表达他会重用我之意。我感激又心动，对学化学的人来说，那是全厂最对口、最高级的业务单位，我当即表示同意，心里颇为舒坦，以为工作"转向"已经"八字有了一撇"。

未曾想，此事过了不到半个月，没等我向组织提出申请，吴瑕主动找我谈了一次改变我"去向"的话。他真诚、委婉地提出一个问题："你觉得留在厂办还是去理化室，哪个对全厂贡献大？"我明白此问不仅是从"工作需要"出发，器重的好意也在其中。我无法作答，心里想：他是穿军装的"飞鸽牌"啊，全国"支左"解放军官兵已经陆续调回了部队。这些话我自然说不出口。果然，一年后的 1975 年 8 月，在又一场新的政治风浪中，在厂工作六年成绩斐然、临走前却遭造反派泼污水的吴瑕和几位同事一起被调回了部队，沈阳市委派了两名地方干部接替他。此时，我恰巧在航空部帮忙，没法与他话别而深感遗憾。

很难说清"小气候"对我有什么影响。从北京回厂没几天，尚未熟识新来的厂领导，我被厂机关派去参加 3 个月的干部劳动，为厂外新建一栋三层宿舍小楼当小工。我曾参加过冬天到小河堰公园清淤挖冰泥，夏天到大伙房水库堤上防洪等集体劳动，这次与 20 多位机关同志搬砖头、运水泥，时间较长但按部就班，轻松愉快。尽管我身心得到休息，每天也可以早点下班为"小家"做饭，但心里一直牵挂着工作"转向"问题，理化室去不成了，有无新的出路？又一次想到工厂一位小有名气的诗人对我说过："你是工厂大笔杆子，怎么老写报告，不搞创作呢？"想起已是济南军区文工团创作员，曾一起在《新北大》校刊工作过的中文系校友徐恒进两次到我家做客时鼓励我"写点东西"，这些提醒了我，也增强了我自寻出路搞业余创作的信心。

在吴瑕调离工厂之后，我开始酝酿写一篇长篇小说，梦想着一炮打响。小说以在四川省峨边县参加社会主义教育运动为背景，讲述了一位大学生的成长过程，拟名为"我的大学"。偷空摸闲地写了十万多字便停笔了，自感素材不足，编故事能力较差。之后又决定写个短篇来练笔，写成后不敢投稿，一友人看后说文笔不错，但缺少"时代感"。后来政治大气候发生巨变，我工作更加紧张，写小说的事只好作罢。

1977年上半年，在"四人帮"倒台、国家万象更新的日子里，航空工业部机关也是一派热气腾腾的景象，忙着贯彻中央部署，"把耽误的时间抢回来"，要搞一些专题调查，筹办几个会议，我非常高兴又被调去部里帮忙。

1977年9月的一个晴日，一个意外的电话使我高兴又紧张：吴瑕约我到空军学院（现空军指挥学院）见面。我知道他回部队后先是任空军政治学校校长（在上海），我去上海出差时看望过他一次。当时他四处奔走，想以上海为基地，建立中国第一个大型飞机维修基地，还征求过我的意见。后来他调任空军学院副院长（在北京），反而没什么联系了。我和他夫人老李、女儿都很熟，曾几次与同事到他沈阳的住处一起包饺子、喝酒。有一次我托他把我大儿子从我岳父、岳母那里乘飞机带回沈阳，儿子主动叫他"吴爷爷"。我的大哥年龄与之相仿，是我的小学老师，所以我心里也把吴瑕视为"老师"加"兄长"。如今，工作上已经分开两年，他再找我是有什么事情要办？

出乎我的意料，吴瑕破天荒地要第二次进厂了！之前我在部里时就知道有黎明厂群众强烈要求吴瑕回厂的呼声，但我觉得这根本不可能，毕竟部队在基层"支左"任职的名声并不好，许多人工作一两年就被"撵"或"请"回去了。尽管吴瑕前几年在黎明厂工作出色，业绩卓著，深得人心，但也经不住"批林批孔"风浪的冲击，被调回了部队。打倒"四人帮"，真个把颠倒扭曲的历史正本清源了，黎明厂职工的"民意"成真了。航空工业部会同辽宁省委向中央军委、国务院打报告，请求让吴瑕再回黎明厂工作。当时正值党的十一届二中全会后，邓小平同志又一次被正式恢复工作。1977年8月8日呈送的报告，8月12日邓小平就批示"我同意"，时任军委主席兼国务院总理华国锋和副主席叶剑英随即圈阅同意，转军委办公厅办理。这样的"二进厂"，在全国军队、地方干部中没听说过第二例。

我自然满心高兴，吴瑕却面色凝重，他深知又一次受命于艰难之时，不像我"无官一身轻"。整个下午，我们顺着操场跑道走了一圈又一圈，两个多小时的谈话内容主要是商量回厂以后怎么办，其间也有对过去"共事"的回想与议论。我带的烟都抽完了，两条腿也走酸了，没有喝一口水，吴瑕仍兴致不减。后来他告诉我，航空工业部李部长（北京空军司令）找他谈话问他有什么要求时，他只提了两条：一是希望部领导到厂宣布任职时，带上中央领导的批示复印件；二是要求我从部里回厂和他一起工作。李部长一口答应，但不无好奇地问了一句：那某某是谁……就这样，我们先后回到了黎明厂。1977年9月28日，当航空工业部政治部主任、沈阳市委书记在全厂中层以上干部会议上宣布吴瑕再任黎明厂党委第一书记时，全场爆发了热烈的掌声。不久，航空工业部又任命他兼任厂长，厂所合并后，即任命他兼沈阳发动机研究所党委书记。

在吴瑕重新任职"一把手"之后，他那思想开放、刚直不阿、求真务实、爱厂爱民的工作作风得到进一步发扬，他那善于发动、组织群众的能力得到进一步发挥。工厂揭批"四人帮"的运动在前一阶段开展的基础上，在工厂的每个角落如火如荼地展开，大、小字报铺天盖地，大、小会议群情激昂，班上班下热议纷纷。这种历史"反弹"的力量，出乎意料得迅猛。然而一些带有政策性的问题也被提了出来，有的上级有界限有的还没有，有的有界限也不够具体，但如果不及时引导或做出规定，斗争矛头、对象变了，内容、任务变了，就有可能重蹈"文化大革命"初期斗争形式的覆辙，甚至可能出现新的混乱。厂党委在充分调研、听取各方意见之后，日夜兼程地讨论，及时做出类似"三查两不查"等一系列规定，重点查清"文化大革命"中"打砸抢"致人死伤的重大事件的骨干分子以及冤假错案等，这些事件影响大，争议小。要查的则查清、查到底，最终依法处置；不查的要自查互帮，学习提高。在他的领导下黎明厂党、团组织逐步健全，加强了思想政治工作，有关干部和知识分子的政策得到进一步落实，全厂职工精神面貌焕然一新。

"两年升四级"的惶恐

清除"文化大革命"结束后的污泥浊水，把无序变有序，有很多事要做。1977年9月国家决定恢复停了十年的高考，这一决定震动社会，影响深远。工厂10月就召开了首届科学技术大会，成立科技委员会，加快新机研制步伐，"找米下锅"准备生产民用物品，给万名青年工人补习文化知识，恢复黎明工学院，把8000名待业青年和下乡回城青年安置在服务公司工作，等等。记忆深刻的是从1978年2月起，根据中央和航空工业部指示，全厂开展了第三次整顿产品质量的运动（以下简称整质运动），并以此促进、推动各项工作恢复正常，提高生产水平。那时，我是黎明厂整质运动领导小组成员，办公室负责人之一。从做计划方案到动员部署，从抓典型推广到检查总结，从写讲稿到介绍经验，我都全过程参与，我深刻地感受到工人阶级的觉悟、力量和黎明人的风采，他们"说干就干，干就干好"，全员参加，不留死角。在整顿思想、整顿现场管理、狠抓批次管理、进行技术攻关、加强班组建设等重点工作中，整质运动火热进行，昼夜兼程。

其中，有这样两个小故事。那时，黎明厂自排自演的话剧《第二次握手》正在文化宫上演，此剧给十年凋零的文艺活动带来一股新风，很受厂内外观众欢迎，一票难求。一个夏日的晚上，我正在陪客人看剧，开演了半个多小时，忽然停电，剧场内一片漆黑，大家慌忙找来蜡烛点上；外面正在下雨，未等有人准备离场，不到十分钟又通电了，演出继续的同时，大家也议论纷纷。事后派人一查，两个配电室值班人员说，是下雨打雷致使跳闸。我知后有疑，如果是跳闸，值班人员未离岗，应该一两分钟就可以合上电闸，遂派人去附近的东塔机场查问气象记录，得知当晚有雨无雷。再问值班人员时，他们终于承认是他们心里有气故意拉的闸，说靠着文化宫却没票看戏。有人气愤地说这是"搞破坏"，我认为这是"文化大革命"中"有权不用过期作废"的遗毒、无视纪律的表现，必须做出检查，通报批评。同时我建议给有关人员也发放一定比例的戏票。这件事看起来是小事，却使我们进一步认识到全员参与揭批"四人帮"和质量整顿的重要性。

另一个是没有情节、但事关重大的"故事"。一次小型座谈会上，有人发言时引用流传极广的两句"格言"——"大河不满小河干，大河有水小河满"以说明国家、大局的第一重要性。我那时思想比较解放，胆子也大了一些，忍不住插话讲了一直想讲又不敢公开讲的批评意见。我说，国与家、大局与小局的关系是辩证的，这个比喻并不恰当，也可以说是错误的。就自然现象看，大河的水来自众多的小河，小河还是源头，而不是大河有了水倒流到小河中去；物质财富是社会

与黎明厂部分老友聚会

在航空工业部工作时回黎明厂调研，与新老领导合影

参加航空航天部所属企业召开企业管理工作会议后合影
（前排左四为朱育理、左五为陈清泰、右二为孙广运）

基层单位直接创造的，国富民穷、国穷民富那是没有处理好国与民的辩证关系。我还说，工厂不能什么都指望上面给，职工也不能对工厂"大家拿"，每个人都要像主人一样做好本职工作、把本单位搞好。我说了这通涉及个人、企业和国家关系的心里话，座谈会上有人点头称是，有人不作声，但我坦然无忌。

1978 年 12 月十一届三中全会召开，在全党学习贯彻把工作重点转移到现代化建设上来，并实现改革开放等重大决策的喜庆日子里，黎明厂进行了一年多的整质运动，经航空工业部验收完全达标，并在黎明厂召开了来自全国各地数百名代表参加的经验交流会。在整顿质量的基础上，黎明厂管理开始探索由生产型向生产经营型转变，以适应新形势需要。1979 年上半年，黎明公司（1979 年 3 月，厂所合并后黎明厂改为黎明公司）先后成为辽宁省、航空工业部命名的大庆式企业和航空工业系统"排头兵"。总之，各种荣誉、好消息纷至沓来，全公司面貌从里到外发生了深刻的变化。

在工厂两年多的巨变中，我的工作职务也从一般干部到调研科负责人、科长到厂办公室副主任再到企业管理处处长，连升四级，这令我诚惶诚恐。这是厂党委对我的信任和重用，似乎也有对我进厂以来工作的肯定。我卸下了背上的无形"包袱"，而肩上的担子更重了，唯以凝心聚力地学习、工作以报之。

重要的是，这些职务升迁，触动我心底潜藏的对黎明厂、黎明人的情感。回想从我分配到厂，到结婚生子，到厂内工作变动，不能说没有异样的眼光和沟坎，但更多的是友情和信任。如果在婚后背上社会关系"小包袱"，组织上不用我还可能歧视我，那么我就会失去几年磨炼的机会；如果有人把我平常一些"出格"的言论（比如，抓革命促生产很难，唯物辩证法不能只讲对立不讲统一，主要矛盾是否有个"范围"问题等）上纲上线，想保我的人都会为难；就我有点文字专长、有点综合分析总结能力来说，如果没有领导支持、同事配合、职工实践，即使主意方案再好，也只是一纸空文。

正当我全身心投入新设立的企业管理处的工作中时，另一个改变我人生之路的好消息不期而至。1979 年 12 月下旬的一天，航空工业部已经向黎明公司发出调令，调我到部企业管理局工作，全家户口可以同时转到北京，希望我尽快报到。这对我是意外的惊喜，在场同事都为我高兴，表示祝贺。航空工业部不仅是黎明公司的直接领导机关，而且我也被多次借调去工作，我对其情况比较熟悉，自然很是乐意。但我还是恋此处长之职，与同事友人惜别，拖了几个月才一人先去报到。

我还先后到大庆油田、鞍钢、松陵机械、包头一机等国企住厂学习调研过，但我始终对把我从"北大人"变成"黎明人"的这块曙光之地充满感激之情，并为曾是一名"黎明人"而自豪满满。

探访"山、散、洞"之后

1980 年 3 月，我持调令到航空工业部报到。告别黎明公司时，我说到部里我要当个合格的"小和尚"。这是真心话，我用两句诗"苔花如米小，也学牡丹开"勉励自己。我曾多次进出这个位于北兵马司的琉璃瓦屋顶的办公楼，这次大概因为心绪不同，竟然觉得这座熟悉的楼房真的有点像许多"和尚"进出的现代寺庙。刚去部里时，我暂住在部里的羊房招待所。这里人来人往，也就成为部机关和"黎明人"的一个联系点了。

外人不知部里的办公室和住房都很紧张。企业管理局只有一个大套间，里间是三位局领导，局长是部机关资历最老的老红军曾明，副局长有两位，其中一位是从中组部调来的浦侠，另一位是我在黎明公司时接待过的、比较熟悉的盛树仁；外间面积较大，挤着十几位不同年龄的干部。我这个后来被定为副处长级的年轻干部，与早就认识的两位 50 多岁的处长组成一个处，三张办公桌临窗两竖一横靠在一起，大家抬头低头都可见，相交甚密。因为我初来乍到，李军处长关照我边学习、工作，边把举家迁京的事办好。因为"单身"，我经常出差、参加会议。在参加部里的计划会、工作会，到贵州、成都、南昌、长沙等地出差过程中，我见闻了许多改革开放中的新事物、新故事，令我应接不暇，对航空工业有了新的了解。

这里只讲我分别跟随企业管理局浦侠、盛树仁两位副局长去贵州三线企业调研管理和发展问题的经历，一次是第一天受"批评"，另一次是第一天受"表扬"。那次在贵州，我和老浦住处与食堂有步行约 20 分钟的一段土路，若是坐车绕行也只需 5 分钟。我俩早上一出门，见到一辆轿车等在门口，老浦就不高兴了："不是讲好去食堂不用车的吗？"我劝道："既然车子已经来了，我们就坐吧！"老浦不言径自走了。路上我解释："昨晚虽是这么定的，但他们说这里'天无三日晴'，随时下雨，怕路滑。"老浦说："不是有伞吗！"我又顶着解释："对部里来人厂里都备有车，我在黎明厂时也是这样。"这下老浦声音大了："他们山里能和你们城里比吗？他们生产成本要高得多！"见此，我只得点头称是。

"江南千条水，云贵万重山"，我和老盛坐在行驶在盘旋公路上的汽车里，尽览高峰绝壁，青山绿水，兴致盎然。记得在路边休息时，我说了一句，"这里没有污染，苍蝇比其他地方的都要美丽干净"，老盛一时无法应对。我想，话虽这么说，但那时的青山绿水常常与"穷山恶水"并存啊，何时才能变观念、换新颜呢？当晚，吃过晚饭后，喜欢小酌但酒量不大的他在房间踱步，乘兴吟诗一首："……山远近，路横斜，青旗沽酒有人家。城中桃李愁风雨……"至此，他突然一停，考我："你知道下一句吗？"我也被二三两酒提了神，兴奋地接上："春在溪头荠菜花。"老盛大笑："不错啊！学化学的还知道点诗词！"其实，这也是碰巧，我虽然也喜欢诗词，但能背下来的极少，只是辛弃疾的这首词太过雅美而记住了。

什么是战备的"山、散、洞"，这两次贵州之行让我略知一二。许多车间建在山洞里，我们见到工人干活，他们头顶上的岩壁在渗水、滴水，不工作的机床多用塑料布盖上；一个车间占一个山坳，零件装配运距较远，山坳之间多是不宽的砂石路。有个很大的山洞里停放着两架歼击机，机库门前是几个篮球场大的水泥场，不知这种机库能做何用。有的工厂一年中有近半年时间要忙着储备过冬的生活用品。有些人说他们是"献了青春献子孙"，他们最担心生大病和孩子上学，山洪暴发、大雪封山时，把病人运出来都难。有些人说这么建三线是抗日战争时期的经验，现在几个导弹就把一两个车间炸毁了，一台发动机、一架飞机也装配不成。现在的条件尚且如此，可想十几年前工人们跋山涉水初到这里时，山里的孩子背着粪筐在汽车后面等着这个大家伙"拉粑粑"的场景，那时的条件更不用说了，那该多么艰难啊……我只是想，在可以迅速动员资源办大事急事的体制下，科学及时的战略决策多么重要，多年来在国际国内非常困难的条件下，执行者不怕苦累、勇于牺牲的精神是多么可贵！这种不屈不挠的精神，在军品任务减少的现在，还在三线企业努力开发小汽车、摩托车等民品方面继续有所体现。

航空工业怎样贯彻十一届三中全会精神和新"八字方针"，怎样调整？对此，部机关忙得不可开交。要从"左"的路线、错误中解放出来，哪些是"左"？航空工业特点是不是"技术精，周期长，协作广，更新快，花钱多"？现状、问题、发展方向是什么？不能只看需要，还要立足可能，钱要花在刀刃上；计划要量力而行，工作要尽力而为；等等。吕东部长在发展思路、规划上首次提出"三个一代"（即"改进一代、研制一代、预研一代"）的导向性意见，获得一致赞同。虽然先后也有"嘴里吃一个，手里拿一个，眼睛看一个"的类似说法，但没有"三个一代"更准确、更科学，这兴许是后来业界常说的"第几代机"的由来。吕部长提出用"质量第一"的思想整顿质量已有成效，但要贯彻国务院要求，他又提出航空工业也要讲"经济效果"（后统一改为"经济效益"），不能总是吃"成本 +5% 利润"大锅饭时，有人表示根据战备要求和航空工业特点，不好强调这个问题。会上会下，各抒己见，很是热烈。

我也在思考：国家给的钱少了，发动机研制这个重头戏可不能停啊！三线企业那么困难还在努力开发民品，还是应该支持他们。另外，会上常提到的宏观与微观、战略与战术等问题，我觉得都是科学思维方式问题。大企业会有微观管理，小企业也有宏观管理，经营运作中都有战略与战术问题。这些想法，我多是会上不说，会下偶尔讲点儿"看法"。

第一次受部长表扬

大约是 7 月初的一天，盛副局长要我准备关于航空工业经济效果问题的讨论材料，说吕部长要在某干部培训班和部机关专门讲这个问题。打招呼后没几天，就让我正式起草。他问我要多长时间写出初稿，我知道这个问题部机关包括局里已讨论过多次了，所有我参加的会我也认真做了记录，于是回答说：一个星期。他似乎有点意外却没改口。我提的条件他马上答应，局里一个放资料、杂物的小库房让我单用一个星期。

这是以分钟计算的六天。没有合作伙伴，题目又这么大，好像是一场"考试"。我说的起草时限，是基于过去在黎明厂的习惯和经验，还打了"富余"，现在脱口而出也不好改口，只能硬着头皮上了。我连夜做出计划：两天收集材料，一天列出细提纲，两天写出草稿，一天修改誊清。未想到头两天的计划提前半天完成了，楼上楼下到几个局索取资料时大家都很支持配合。除两三次向局长们请教几个问题外，其他时间我集中精力，夜以继日。在阅读、梳理、摘录、分析各类资料时，头脑里不时显现黎明公司、贵州基地等军工、民用企业的画面，纸上的数据也鲜活了起来。我又用方格表及纵横表让它们直观地为一些重要观点服务。

当我把近两万字的初稿按时交给老盛时，他未置一词。为了准备"大修"甚至推倒重来，我请假在招待所里睡了一大觉。待我上班，老盛把他用特有的红笔小字修改的、有几处打了问号的稿子送还给我时，我知道第一道关过了。如果他不动笔，只是说点原则意见，甚至说再研究研究，那就麻烦了。我把又修改了两次的稿子誊清楚交给老盛，三四天后有人通知我去开会，进门看见部机关包括老盛在内的几位重量级智囊人物在神聊。过了一会儿，我看到吕部长在稿子上批示的铜钱般的大字："这个材料整理得很好，请 XX、XXX……"方知被点名的这几位领导是按照吕部长的批示在这里复审这个稿件的。其中一位党组成员说，吕部长都说这个材料写得很好，我们还有什么意见啊。另一位说，吕部长来部里三年了，好像表扬材料是头一回吧。此时我站在一旁木然无语，心跳已在兴奋中加速。

当晚，我约上也在部里帮助工作的王秀媛——已在贵州工作的好友许耀明的夫人——一起在附近的小饭店喝酒，但她不像我那么兴奋，她是懂财务的，认为航空企业应该讲效益，这很自然。其实，我高兴的是第一次受到部长表扬。

有了"金窝"

人生何事为大？父母在与逝，国家兴与亡，恐当属之，其间的苦与甜每个人都会有忆思不尽的事题。

1980年9月8日，我参加部里关于扩大企业自主权问题的讨论会，研究在航空系统如何贯彻国务院9月2日发布的《关于进一步做好企业扩权试点的意见》。我对这项改革最感兴趣，在黎明公司时已经历此事，也有亲身体会，但工作笔记上记录得很简单，因为那时我的心境还没有完全平复下来。

我停写日记已多年了。在这次会议记录的前两页，我特意写下如下文字：

> 1980年8月12日凌晨，我亲爱的母亲因患冠心病逝世，终年79岁。从此，我再也没有养育我、惦念我的母亲了！无限的悲痛！
>
> 1980年7月16日我回到沈阳，计划接妻小进京，但自20日起患疟疾，苦不堪言。我愈后，小子（指我的第二个儿子）又患痢疾，小子愈后，突闻母亲病逝。我在沈阳接到北京转来的电报，即于当天（13日）出发奔丧；15日晨到滁（县），7点多到家，即为母亲出丧。22日返沈（阳），24日到达。接着就紧张地收拾、打装行李。29日晚携妻小乘火车回京，30日晨到达，9月1日上班。

我的母亲辛劳一辈子，疼爱我们一辈子。对我这个最小的儿子、离家最远的游子，她老人家对我惦念、关怀有加。我亦是"远望使心思，游子恋所生"，几次提出让她来沈阳看看，怎奈她年事已高、路途遥远未能如愿。每月给她寄的10元钱，她一如既往节俭舍不得花，听说只是给家里和邻居的孩子们买糖果吃。前一年她病重，我回家探望，得知我坐了那么长时间火车赶回来，她心有不忍，埋怨家兄不该告诉我。"文化大革命"初期，父亲过世时我从四川峨边奔走千里未能见父亲最后一面，已是心结。上次回来，我特意带上刚上小学的大儿子回乡见奶奶，原本我和母亲讲好要给她老人家过八十岁寿辰的，却未想到我还是未能见她最后一面，铸成终身遗憾……想到这些，我跪在母亲身边，抚握老人家变凉的手，不禁痛彻肺腑，叫声"妈"后便放声大哭起来。

我在沈阳患疟疾，是在母亲去世前 20 天左右。这件事也使我觉得不解，我在家乡上小学时得过疟疾，20 多年来走南闯北经过多少蚊虫叮咬也没再犯过，为什么回到蚊虫相对少得多的东北反而"重犯"呢？从 7 月 20 日起，我莫名其妙地发烧如关进蒸笼，冷时似坠入冰窖，高烧时最高温度达 40℃；不犯时，除体虚外其他如常，黎明医院给的药吃了也无用。过了 10 天确诊后，我通过市医药局才寻到特效药"奎宁"。事后我突发奇想，我难受之日正是母亲病重之时，难不成是慈母与爱子冥冥之中有某种感应？

"忆苦思甜"还是"忆甜思苦"，要看何为苦甜，为何思忆。举家迁京时，我把全家户口暂时落在孙广运家（市里有时限要求），在此前后，较难的是穿插联系冯陶来京后的工作单位，最后经大学同学介绍，定在北大医院泌尿外科研究所。选这个单位是因为冯陶所学的化学专业与医学有关联，算是"半对口"，且离岳父岳母家也比较近。现在，冯陶亦已上班，大儿子朱晔就近上了小学，小儿子朱桦进了招待所附近的幼儿园。国家日渐兴盛，小家也安顿就绪，我自然觉得组织眷顾，生活甜美，心里充满了感恩之情。特别是岳父岳母与我们千里相聚，三世同堂，我们心中有了团圆的温暖。不过，冯陶带着两个孩子拥进岳父岳母那个 30 多平方米的只有两个房间的房子里，确实把二老挤得够呛，打乱了二老特别在意的晚年生活规律。

我还是住在羊房招待所，每个星期六晚上到二老家里吃顿饭，他们总会特意给我添加一两样菜，自斟自饮二三两二锅头，颇为惬意。那时，二老已进入翻译、写作的新的高潮期。岳父撰写的散文及书评、影评风格独具，约稿甚多，登门求教的文艺青年络绎不绝。岳父来访的老友中我见得最多的是黄宗江，他每周去新街口往南的一家浴池泡澡，经常顺路来这里喝茶。我向他动情地说起我的中学伙伴们特别喜欢电影《柳堡的故事》，爱唱其插曲《九九艳阳天》，他作为

我们夫妇与岳父冯亦代、岳母郑蓉合影

这部电影的编剧，听后只是嘿嘿一笑，大概是因为听的"颂词"太多了。那时，家里还没有电视，二老早起早睡，岳父每天还舞剑，晚上主要收听新闻和他们好友侯宝林的录音相声。记得冯陶上班后，年底托人买了一台录放机，第一次在岳父岳母家播放时，三代六口人晚

两个孩子朱晔、朱桦儿时合影

饭后围在书桌（兼餐桌）旁边听《外婆的澎湖湾》《军港之夜》等歌曲，或轻声学唱或击掌和唱，温馨意远，其乐融融，胜过欣赏任何音乐会。尤其是会弹钢琴的岳母，不知是哪几句歌词触动了她的心弦，竟对她的两个外孙深情地讲起了她自己外婆的

往事。那是跨越时空的沧桑往事啊！1991年1月，因体弱劳累，岳母突发脑出血不幸病故。之后，岳父给岳母写了《一封无处投递的信》，情深意切，令我们子孙和亲朋唏嘘不已。两年多后，经黄宗江牵线，80岁的岳父与比他小12岁的黄宗江的妹妹黄宗英结婚，成为文化界一段名人"黄昏恋"的佳话。婚后12年，他们相爱相助，写了不少为社会关注的文章。2005年2月，岳父以92岁高龄谢世，黄宗英一封《写给天上的二哥》的信，又一次感动了许多人。郁风曾在

岳父冯亦代和黄宗英合影

回忆纪念冯亦代与郑蓉、黄宗英两段跨世纪姻缘时说，是文学灌溉了两朵爱情之花。

说来说去，人总归得有个自己的"窝"。有一次，帮局里一位老处长搬家，新居在六楼，无电梯，我上下跑了好多趟，出了几身汗，累得直不起腰，看老同事合家喜庆的样子，不禁幻想自己未来的"窝"会是什么样子。

"面包会有的，牛奶也会有的。"虽然我在中学时还没吃过面包、喝过牛奶，但这个比喻是在我们困难时期听过的，因而铭记在心。果不其然，接近年底，好消息传来：通知我去看房。这是位于德内大街、南邻西藏驻京办事处的一个平房大院，可能是搞某个基建时留下的横

列若干排的工作用房；房子有上水无下水、无暖气，共42户人家，男公厕只有4个蹲坑，有人告诉我这是机关住房里最差的一处。预定给我的又是院子里最差的两户之一：10家共用一个水龙头（其余的是5家共用），而且水池子恰好在窗前不到两米的位置，对面住的是一对尚无孩子的年轻夫妻。要不要呢？家里人都不表态，我想这比十几年前在黎明厂的一楼阴面的房子还要差一些，比厂里后来调的一套20多平方米、水电气齐全的住房更差。但这是在北京，而且还是里外两间，长大了的两个儿子可以和我们分开住了。现在是"形势"逼人，有房总比没房好，别人能住我也能住。再说，这里离岳父岳母家只有三站地，孩子上学不用挪校。再往前看，北京正在大兴土木搞"拆迁"，也许这里"最差"会变"最优"，变成最好吃的"面包"，有希望啊！

在原住户搬走后，我们立即全家总动员，先是清扫、消毒、粉刷，然后把放在招待所的包装箱运过来，打制柜子、桌子，购置蜂窝煤炉、液化气罐，办理户口、申领各种票证，忙得不亦乐乎。北京这么大，我们终于有了属于自己的两间小屋，这就是我们的"金窝"。

"金窝"尚未进住，意想不到的调遣又不期而至，要我到中南海去工作。那天晚饭后，我正在平房昏暗的灯光下清扫木工留下的刨花，浦侠副局长突然出现在门口，他招手把我约到西藏办事处的红墙下谈话。寒暄两句后，他说："你还是去吧，这事组织上已定了！"几天前，他在办公室已经找我谈过此事，说吕东部长与盛树仁副局长半年前调到新成立的国家机械委工作了，在中南海办公，他们希望我也过去。我当时就明确表态我不愿意去，理由说了好几条，重要的一条是部里对我这么好，刚给我分了住房，在部里正式上班还不到一年……我以为此事已经过去，未想到他这次竟然找上"门"来，这么郑重、严肃地对我说了这番话。怎么办呢？左思右想，还是顺其自然吧！这次调动使我有机会了解更多的机械工业企业。

第二章　认知全局中的国企改革与发展

从基层企业到国家部委，我并不觉得是什么从"江湖"走进"庙堂"的转变，只感到视野扩大，知识"减少"，对全局的事忧乐增加。如何应变，自知唯有从头从紧学习。

这期间，有两项全局性的关键改革被启动、推开。一是国企改革的"扩权让利"，实行资产经营承包制；二是以"放"为主的价格改革。令人感动的是，当时"庙堂"里有众多政治、经济领域的领导人，他们是"第一次革命""夺权"后计划经济体制的塑造者、掌权人，现在是"第二次革命"探索新体制"放权"的拓荒者、工程师，他们"先天下之忧而忧"，把国家前途、人民利益放在第一位的领导行动，与"江湖"上基层人民群众的改革热情、首创精神相结合，成为改革开放上下联动的巨大推动力，也对时为青壮年的我们这些"后来人"积极投身改革予以激励和引导。

一　进出中南海

不全是"不愿意"

局外人可能认为，中南海是个神圣的地方，让你到那里工作，你还不愿意？再说，国家机械委是"委"，下面还有四个部，已进入宏观管理的层面了。你以为你是谁啊，最后还是服从组织决定才去。

然而这是真情实感。我真的不愿意离开自打毕业起就从事的、对其已经比较熟悉的航空工业。再说，进中南海新单位的未知因素太多，"庙"越大越显得"和尚"小，舞台空间是大了，但需有本事才能翻那么大"筋斗"。我自认胸有报国之志，也曾豪情满怀，但根基不深、缺少胆力……当然，大气候早已变化，想来已物是人非，一切都在时移势变，万象更新。

在"四人帮"被判决入狱数日后，1981年1月底的一天，我顶着寒风去中南海报到。当我推着自行车走近北门时，立刻有一位警卫走过来询问，经过另一位手持名册的警卫核对姓名和单位后便挥手将我放行了，进门手续如此简单使我有点意外。我骑上自行车转了一圈，只见这里的房屋、道路、树木与外界并无二致，著名的"中南海松柏"也不如想象中那么茂密、苍劲，较之北京香山、沈阳东陵的古树似有逊色，只是走近富丽堂皇的紫光阁，透过在寒风中摆动的稀疏的柳枝，瞥见中海一片白色的冰面，与北海相隔的大理石拱桥遥相衬映，方显出威严、平和的特有气派。

国家机械委办公室在小礼堂北面的工字楼里。第一次正式和我谈话的是秘书长董峰，他询问几句便温和地说："你是吕部长点名要来的，没多少要谈的了，去办手续吧！"此时我才明白浦副局长对我说工作调动是"组织上定了"的意思。接着陪同我的人事司一位处长要带我去吕东办公室，说吕部长要见我。我上次见到吕部长已经是三四年前的事了，那时我在黎明公司参加接待工作时见过他，后来再也没见过，包括前几个月给他起草关于航空工业经济效益的讲话稿，我也只是见到吕部长的文字批示。吕部长显得很忙，他一边平和地问我："你不是不愿意来吧？"我忙不迭地回答："不是啊，我是怕干不好……"一边递过一张纸给我，"你去找一下莫部长。"我一看吕部长在那纸上写下了这样的文字："莫部长，关于朱涛同志（注：吕部长写我的名字从来就是如此）调动工作的事，请你和党组同志商量支持一下……"不禁心里一怔，我知道吕东现在仍是航空工业部部长，半年前宣布来国家机械委协助薄一波副总理做第一副主任，莫部长暂时主持航空工业部日常工作。也就是说，吕东现在在航空工业部和国家机械委都是可以"说了算"的，可为何为我这个小人物的调动写这个条子呢？我心里这么想但我没这么说，只是谨慎地问："这封信是不是让人事司领导……"，此言一出，自觉不妥，好像我比吕部长还讲究"规矩"，得到的回答是："你就去吧！"我拿着纸条，揣着不明白走出了吕部长办公室。

第二天，我回到航空工业部去见莫部长，他接过我捎去的纸条，哈哈大笑起来："吕部长也真是的，还写什么信啊！"听他解释我才知道，我最早表态不愿意去国家机械委，莫部长就跟部里人事部门（政治部）说，"那就让小朱继续在部里干吧！"这个意见反馈到国家机械委没过几天，我又同意调动了。吕部长在知道我要来国家机械委报到后，以为是航空工业部不愿意放我走，于是就给莫部长写了这个纸条。莫部长是军工元老，曾是黎明厂第一任厂长；后任沈阳市工业办公室主任时，我就认识他。他关心地问我来京后的生活，当他听说机关住房竟然有10家共用一个水龙头，40多家共用一个公厕的情况时甚是惊讶，但只是说：我们的经济还是困难啊！告别时，我真诚地对莫部长说，如果在国家机械委干得不合适，希望能重回航空工业部，他满口答应了。实际上，在我的潜意识里，虽然我视航空工业部为"家"，但出去容易回去难，我的同事、朋友里没有一个人赞成我去国家机械委，并举出几个例子说明调出航空工业部的人都混得不怎么样，也没有一个人再回到航空工业部。

夹带沙尘的春风

春回大地时，中南海渐显园林之美。不多的花草，无论在路旁还是岸边，相间于松青柳绿中都显出与众不同的娇艳，尤其是那一泓湖水，在阳光下波动、舒展，似乎悄悄地告诉后来者它见过的、隐藏着的历史秘密比你想象的多得多。

国家机械委组建于一年前的春天，我到政策研究室上班时是开局的第二个春天，国家机械委内100多人已基本到位了。我们研究室的两位领导，一个是随吕部长来的盛树仁，一个是机械部的傅丰祥，室里一共八位干部。报到没几天，傅丰祥交给我一个任务，把某部一个汇报材料摘写成千字左右的简报。我用半天时间出稿，然后工工整整地誊清送了上去。老傅还未看文就说："这么快呀！"又说，"你的字写得很漂亮嘛！"对他的夸奖，我只是"嘿嘿"两声以应对，这种"缩写"的事我是头一回办，不知他看完材料还会不会这样高兴。第二天下午，老傅面带悦色把几份材料送给我看，其中就夹有我头天摘写的简报，简报被改动得很少，领导只是在上面改了几个字，加了一两句话。让我心爽的是，打字室一位漂亮姑娘也含笑说我的字写得好。我从黎明公司到航空工业部常与打字室打交道，知道她们最讨厌稿件字迹潦草、涂改不清。其实，我也不可能保证以后都写得如此工整，这次是"初次见面"，需"略施粉黛"而已。

国家机械委下辖 4 个部，以及各部所属的若干个有关局、院、所，除了冶金机械、化工机械、轻工机械外，涵盖面很广。正值国民经济面临诸多困难，亟须国家调整、提高的时期，可谓任务重，人员少，工作十分繁忙。好在新委新人活力大，特别是刚从监狱、牛棚里解放出来的老干部，他们"闲"了十来年，心急手痒，抓起工作来"只争朝夕"。我们研究室主动研究问题少，被动参加的各种会议多。

在忙得不可开交的工作中，我大开眼界，知道我国机械工业如此庞杂，第一次听到"泥足巨人"的评价，听到一些重要的看法、有趣的问题，比如生产不断发展与科研不断进步，这应该是一个东西，分开了国家就倒霉；企业发展要"三个一代"；国家机械委的工作与各个部不要重复，各个部是"经"，国家机械委是"纬"；产品开发不要复制"古董"，不能是样品（科研）——礼品（报喜）——展品（橱柜里）；产品质量问题是致命的问题；老路子没出路，得走提高经济效益的新路子；大企业不一定就是大生产，小企业不一定是小生产；要用系统、辩证、长远的观点来调整、发展机械工业；三线建设是必要的，"山、散、洞"是错误的，应研究调整方案等。总理、副总理的指示传达，部、局、企业的汇报，各类专题会议，委内大小会议上的讨论研究，海量信息、不同观点，像北京夹带沙尘的春风，既使人感觉温暖、兴奋，又有被沙尘眯眼的可能。

1981 年 4 月 17 日，我随吕东主任一行九人去沈阳、大连调研，百感交集。听省、市汇报说财政、能源、就业"三大困难"，许多重型机械企业自称是"饿着肚子，抱着孩子，迈不动步子"，但对扩大企业自主权的事没怎么提及，我对此感同身受又无可奈何；看新研制的歼八飞机试飞，银鹰冲天，掠场而过，轰鸣声中大家情绪高昂。说说记忆中比较特别的两件事。4 月 24 日我随盛树仁副局长等几人去黎明厂看望老同事、老朋友，短别一年胜似三秋之情，我们暂时忘却了调研中对所见所闻之郁闷。4 月 26 日，我们乘火车到大连，我碰上一件巧事，我的工作笔记本上单列出半页，记着这样一段话："红日东升，蓝天万里，海面如镜，群鸥飞翔。我们登上交通部大连港务局八楼之顶，鸟瞰大连客运港及大连造船厂。想起十一年前，就是这前后几天，我和冯陶旅行结婚从此处登巨轮赴沪，恰巧又见当年我俩乘坐的'天湖'号客轮正在巍巍出航，不免心潮澎湃，思绪万千。"

　　回京后，即投入海上石油设备和船舶配套会议准备工作（涉及6个委、13个部）中，我在文件组。5月31日上午，我去人民大会堂吊唁前两天以90岁高龄逝世的宋庆龄，当我怀着悲痛、敬仰的心情向她老人家遗体作别时，似乎也弥补了没机会、没资格参加毛泽东、周恩来、朱德三位伟人遗体告别仪式的缺憾。当天下午，我携妻儿去我们的"伊甸园"紫竹院公园，回想当年我与冯陶在这里谈情说爱，听"文革"喇叭喊叫的日子，而今长子已10岁、次子已6岁矣！联想逝去的老一辈革命家和我的父亲母亲，对时代变迁又有一番感慨。

副总理当组长的"小组"

　　为了集中研究解决对机械工业现有企业"挖潜、革新、改造提升

国家机械委研究室部分同事合影（前排左二为傅丰祥、后排右二为盛树仁、右四为高尚全）

水平"问题，在召开日用机电产品、科技工作、轻工市场等会议及一系列调研、座谈讨论后，1981 年 7 月 24 日，国家机械委决定成立技术改造研究小组，在薄一波副总理办公室召开了第一次会议。组长是薄一波，副组长是陈易、林宗棠，成员共 10 人；我年龄最小、级别最低（副处），主要负责小组活动事务、记录、简报等工作。当年，有一组数据颇为诱人："据有关部门调查，对现有企业进行技术改造而新增的生产能力，比新建企业形成同样的生产能力，投资可以节约60%~90%，设备材料可以节约 60%，建设周期可以缩短一半以上。"当时许多人对此将信将疑，即使相信了又如何去做，也众说纷纭。研究小组须集思广益，提出具体的操作办法，这并非易事。

国务院副总理亲任组长，表明国家对这件事高度重视，对机械工业部门和企业影响、促进很大。研究小组到北京、天津、上海、沈阳、大连等地调研，除本委系统外还听取电力、煤炭、石油、化工、冶金、轻工等部门意见，请日本经济专家和企业介绍日本机械工业振兴法出台、实施始末，多次向吕东主持的委党组会、常务会做汇报。小组还借了国务院第二招待所的五间客房暂作办公使用。是年 9 月 21 日，研究小组决定创办《技术改造研究资料》，9 月 26 日出刊的第一期《部分干部座谈机械工业技术改造的几个问题》，是我负责整理的，吕东于9 月 30 日做出"这里提出若干问题"的批示，并在文中有"首先是产品要更新换代""其次是基础件太差""再次是职工队伍素质""其四是成套供应""其五是生产者与使用者合作研发设计""其六是宏观要规划，如何联合""其七是规范""其八政策是动力"等系统批示。吕东所做这八条批示，实际上就是简报中反映的彼时机械工业需要解决的突出问题。他还在四天后的常务会上对创办《技术改造研究资料》和第一期内容予以肯定。

这是我第一次参与国家级专业政策的研究制定，事非经过不知难。在一年多工作的基础上，研究小组历经两个多月调研，开了 12 次小组会后，撰写了《技术改造条例》（以下简称《条例》）的第一稿。把此稿作为"靶子"，出差、开会都拿出来请各方特别是企业"找茬""补缺""出良方"。一个月后，《技术改造研究资料》出了 12 期，《条例》

也形成了第二稿。经过边调研、边讨论、边修改，到 1982 年元旦之后比较成熟的第三稿形成。此时，将第三稿发送国家机械委各委员、相关十来个部委及京津沪辽征求意见。薄一波副总理除了多次亲自主持研究小组会外，不断有批示、指示，并于 1 月中旬集中五天时间亲自主持听取委内外意见。研究小组综合各方意见，又用近一个月时间拿出修改稿。

值得一提的是，《条例》强调首批重点改造单位，要"优先实行扩大企业自主权办法"，"要同经济调整、生产结构改组和企业整顿结合起来进行"。国家机械委党组将《条例》上报国务院后，在国务院常务会议讨论通过。据此，国务院于 1982 年 3 月底向全国发出关于下达《机械工业技术改造试行条例》的通知。从研究小组成立算起，这个《条例》花了近 8 个月的时间。

边"磨刀"边"砍柴"

当时，解放思想、实事求是讲真话的风气正在兴起，思想碰撞也在增加，比如都要讲的大局全局意识和单位权责利（或责权利）就有许多新的矛盾。国家领导人批评下面，下面与下面互相扯皮常用一句话，就是"屁股指挥脑袋"，意指说话、办事从本部门、本单位利益出发的本位主义。听说交通部门要进口八座面包车，生产部门说我能生产，交通部门就改说要进口十座面包车；整机厂质量出问题，指责基础件、零部件厂，后者又指责机床厂、材料供应厂，如此等等。不能说这些批评没有道理，但一般不重点说自己的问题和责任。一天，我随研究室两位领导代表国家机械委参加一个关于科技方面的人数较多的座谈会，会上一位发言者激烈地批评机械工业的缺点、问题，态度严厉、用词尖锐，我如芒刺背。我虽然不是什么部门负责人，也知道机械工业问题甚多，但并非一无是处，遂对两位领导进言说，我们是不是应该正面解释一下啊？他们却说，听别人批评要耐心。我想，副局长出面不合适，我这个副处长讲讲可以吧？他俩也不让。稍后，我才知道发言者就是我早就听说过的朱镕基。其实，他站在国家经委综合部门的立场上，看问题是比较客观的。而我这个反应，就像自己的孩子自己批评、打骂可以，如果别人包括老师批评自己的孩子经常会反感、抵制甚至吵架。这是让我受益颇多的一次会议，也是我第一次见到朱镕基，不到一年时间我又见到他，当然未想到的是，后来我在他领导下工作七八年，直至他当上国务院总理。不过，"脑袋"与"屁股"的关系也挺复杂，与当时说的讲北京话（普通话）与地方话的关系类似。

有一次，研究小组四五个人在一起讨论《条例》草稿，间歇中一位副局长忽然"随意"地问我："小朱，你知道精神磨损是什么意思吗？"这是设备折旧的含义之一，我作答后他虽然笑着点头称是，但我却颇受刺激，还犯起疑来：莫非我过去在发言中多次犯了低级概念性错误，"露馅"了？或许他是以考问促我"好学"？我在航空发动机企业工作多年，却因参观调研其他机械企业后，讲过它们的管理比发动机厂差很多而受到盛副局长的提醒、批评，如今接触的一些宏观经济及管理方面的词汇，如国民收入与产值、价值与交换价值、不变成本与可变成本、经济增长与经济周期等，有些词汇、用语对我来说是陌生的，只是望文生义；有些是熟悉的，但未深谙其意；对企业管理中一些指标、名词与宏观经济指标、名词的对应关系也不熟稔。我不奢望自己"有金刚钻可揽瓷器活"，但起码手里有把能够"砍柴的刀"，边"磨刀"边"砍柴"，并努力不断提高"砍柴刀"适用、锋利的程度。在进京后三四年里，除星期天和每天的早餐外，我大多数在单位食堂吃饭，晚上经常10点左右骑自行车回家。在中南海北区一年多，除了每周在小礼堂有一两个晚上看电影之外，其他时间我都在学习读书看材料。此时我已年近四十，深知学海无涯，到不惑之年就能不惑是不可能的，但学而知不足，我渐尝学之益、学之乐，学习使我在不惑之年多了理智少了烦躁，多了责任少了疑惑。

时代在变，人在变，"刀""柴"也在变，即使只是为了"砍柴"，光"磨刀"也是不够的，起码还要有磨刀砍柴的体能。中南海那神奇的湖面，它镶嵌在桃红柳绿堤岸、玉石般拱桥和亭榭之间，在我心中是一泓圣水，对我这个游泳爱好者来说早已神往能畅游其间。待到冰面融化、水温上升时，我是第一拨下湖的人之一。听说这里曾是毛泽东主席游过的泳池，尽管人很多，下去泡一会游几米也乐在其中。第一次横渡中海时，在太液秋风亭看见一副对联遂默记在心里，回来后写在本上："玉宇琼楼天上下，方壶圆峤水中央"，横批为"银潢作界"，不甚其解，且作探秘一得。探秘另一得是出于好奇，中南海办公区分党中央所在的南区、国务院所在的北区，南区可通行北区，我这级干部不能去南区。但水路没有岗哨阻隔，一天中午我一时兴起，径自游到南区上岸，穿着游泳裤衩逛了一圈，南区警卫视而不见亦无查问。我回来不仅上班迟到还借此炫耀，被领导"小剋"一顿。一年多以后，南海部分开放，家兄来京，我好不容易搞到两张参观票，方知南区比北区庄重、灵气得多，绝不是黎明厂那样一个花园工厂能比的，兄弟俩单是在瀛台就转了好几圈。

"求真"不易

世上有探不完的"真相"，也有论不尽的"真理"；讲真话有利于接近真相和真理，但真话既要真又要在理，也颇不易。如今改革开放的春风仍源自有绿树红墙围着的中南海，因为它与人民的心相通，与历史与世界相通，所以旋即在中国大地上驱走寒流、催生百花，形成不可阻挡之势，也极大地拓展了求真之路。从两年前关于"实践是检验真理的唯一标准"的提出，到1981年6月中央做出全面否定"文化大革命"的决议，极大地解放了人们的思想。改革开放的成效要看实践的结果。我们在研究技术改造，探索机械工业振兴之路过程中经常争执不下，甚至面红耳赤。对于改革、改组、改造如何结合，怎样看待和破除"部门所有制""地方所有制"，怎样走出"一收就死，一放就乱"的怪圈，怎样正确处理自力更生与引进国外技术、资金的关系等，这些大争论套着小争论，小争论牵涉大争论，都在研究《条例》中遇到过。起草者的办法是从实践中来到实践中去，实事求是，达到可操作、解决问题的目的。国家机械委机关及社会上的议论、争论更多。

不要说真理与是非，就事实到底是什么样的、该怎样看待，也常有不同看法。比如对年轻人留长发、穿喇叭裤有争论，有些工厂对此不在意，有些工厂对此规定不能进厂，这该怎么处理？有人认为引进技术用国家外汇，一家独享不公平，应该开个现场会"千家受益"，这该怎么看？农村搞农户承包经营责任制效果好，有人说方向不对，有人建议让"包"字进城，企业能不能试试？一天早上，我们去南方一个大企业调研，只见大门两侧热气腾腾，香气四溢，原来是一些人正用十来口大锅炸油条、蒸包子供应早餐，许多职工在买在吃，制作者中还有工厂职工，满头大汗只为利用这上班前半个多小时赚点钱。还有一次，我们调研后从上海乘火车回京，局以上领导坐软卧，我们几个坐硬卧的来他们包厢里看望、聊天，免不了"海阔天空"，上海一些技术人员当"星期天工程师"问题、浙江私人企业雇工多少问题、广东党员可否"下海"问题、"特区"应该"特"在哪里问题、安徽"傻子瓜子"问题，等等，包括一些不宜在会上说的"牢骚话"，大家在隆隆的火车前进声中"畅所欲言"。记得有一位老同志特别不满意一位年轻歌手学香港艺人的"气声"唱法："这是哪门子事呀？像得了气喘病，还卷着舌头，电视台还给她播出来！"

一位老同志说起上海某饭店的闭路录像："这些乱七八糟的电影有什么教育意义？不是枕头就是拳头，对年轻人影响不好！"对于领导们的议论，我们多是洗耳恭听。而这个看录像的事儿则让我觉得有点心虚。我是爱看电影的，这次住在宾馆里见到录像的广告心里就痒痒，但观看录像付费较高，我晚上又随时开会，同房间的另一位同事也不积极响应，我只好作罢。谁知有一晚在领导房间开会，我看了几分钟武打片后，又有了想看录像的冲动。我想，付钱后服务员就只是给根导线，我自己找一根是否可行？在参观工厂时我带回了一根铜丝，当晚"冒险"一接，居然成功，心中暗喜。这样，时接时断（有人敲门就立即拔掉）地看了好几部不花钱的电影录像。今天听领导这么一讲，莫非没有不透风的墙？我也没敢接茬，赶紧溜回我的硬卧车厢去了。

为什么让我当秘书

没有想到改革开放后的第一次国家机构改革来得这么快，也没有想到因为机构改革我做了领导的秘书。

从时间上看，在研究小组完成《机械工业技术改造条例》第三稿，正待上报国务院时，即1982年二三月时机构改革的消息就正式传来了，说国务院近百个部门要缩减1/3，人员也要减少1/3以上，并强调要废除领导干部终身制，实现干部年轻化。委内干部思想开始活跃起来，议论纷纷。中央决定，薄一波负责新建国家经济体制改革委员会的筹建工作，吕东负责筹建新的国家经济委员会的工作，即将被撤销的国家机械委的100多名干部自然将主要去这两个委，原来从有关部门调来的人一部分可能要转回去。大家按要求坚持正常工作，站好最后一班岗。国家机械委才成立两年多，中南海食堂的饭还没吃够呢，每个人却面临新的选择和被选择。

我在委里算是年轻的，调来才一年多，即使不返回航空工业部，出路选择大概不难。但是，始料不及的是，在一次全委的干部会上，薄一波讲到干部分配调动时有这么一句："研究室的干部和技术改造研究小组干部都要去体改委。"我既是研究室的又是研究小组的干部，但是我的心愿是去新的国家经委工作。该如何表达我的选择，应对权重位高、也算比较熟悉的薄老呢？一起从航空工业部来的盛副局长知情后即向吕主任汇报，商定让我做吕主任秘书，这样就可以名正言顺地带我去新经委了。当时按照规定吕东只能配有一个秘书（秘书吴威立已跟随吕主任两年多了），对外就说吕主任要负责筹建新经委，工作量很大，临时多配一个秘书做助手。薄老当然不管那么细，未见异议，他的三个秘书却私下里分别动员我去国家体改委，一个有诱惑力的理由是新建的国家体改委会继续留在中南海办公，管文字工作的秘书说得更明白：我们还是可以一起吃晚饭、看电影啊！

我自1982年3月当吕东秘书后，并没有随他去新经委"大本营"——皇城根九号院办公，而是在中南海又待了8个月。我按吕主任指示，继续留在中南海办公，起初是协助国务院秘书局长对机械工业技术改造相关文件进行文字校对和定稿工作，后来主要是完成吕主任交办的一些事情（包括摘抄报刊、内参重要文章观点），联系新经委还在"海"里办公的两个局，列席新经委筹备工作的几次座谈会、讨论会。这期间，在一次座谈会上，我第二次见到了朱镕基，那时他已被任命为新经委委员兼技术改造局局长了。

试笔"杂文"

也许是中南海春风的催化，也许是耳濡目染改革开放各种议论、变化的撞击，在忙中有闲时，心里一次次萌动写点什么的意念。鲁迅的杂文、散文、小说我都喜欢，中学课本里的几篇印象极深。文豪在云端，文学爱好者在地上，东施效不了西施，也不知何谓杂文，我还是从有感而发的"小评论"写起吧！7月上旬，中南海的夏夜静谧而燥热，我连续两个晚上写了两篇杂文，均在800字之内。修改誊清后于星期六晚上按例去岳父岳母家吃饭时，将两篇稿子交给了岳父。他阅读时不吱声，摘下老花眼镜时还不吱声，两秒钟后冲我一笑："写得不错嘛！"大有对我刮目相看之意，因为在他老人家印象里，我爱好文学，但从工厂到机关都是写公文、讲话稿的，因而有点意外，此时我受审待判、紧绷的心弦也松了下来。他接着问我稿子投到哪里，我说还没想好。他说那就寄给《人民日报》文艺版吧，我帮你寄。我知道岳父为许多文艺青年"小朋友"做举荐，为我这个最近乎的"小朋友"推荐文章还是头一回。后来才知道，这也是最后一回。

此后数日，我心绪不宁，就像年轻恋人之间第一次向对方发出表白信等待回音一样（我无此经历），一拿到《人民日报》就直接翻看第8版（文艺版）。又过几天，我开始后悔不该心气太高，头一回试笔就想"一步登天"，那是杂文的"大雅之堂"啊！结果，1982年7月23日，第一篇《"我是，但不是"断想》发表了；8月17日，第二篇《有感于"太不协调"》又发表了；我注目报纸上自己的名字，着实喜出望外。需要补充的细节是，第一篇发表后，编辑部来电话给岳父，除了对作者赞许，希望作者以后多写之外，因两篇文章发表时间较近，建议第二篇用笔名。我对此早有盘算，遂在夫人名字里取个"陶"、在两个儿子名字"晔、桦"里取个"华"，笔名为"陶华"。

我兀自陶醉，却见周围熟悉的秘书、领导没有一点儿反应。这会儿才醒悟，你那几个字的小玩意儿谁在意啊，亦如恋人回信答应，你自个窃喜便罢了，与他人何干？何况他人不知。编辑部的鼓励和年近七旬岳父岳母笔耕不辍的榜样，给我平添了很大动力，我又写了一篇《吃螃蟹的联想》，直接寄给了《人民日报》文艺部，于同年12月14日发表了，这就更增加了我的信心。一日，我绕着弯子问秘书局一位熟人看到这篇文章没，他说，不但看了还告诉别人说此文写得好，把鲁迅的一句话发掘得很深，有很强的针对性。不过，他在此之前还以为作者是与我同名呢。在写了数十篇这类文章后，我被推荐为北京杂文学会（相当于全国性学会）的理事、副会长，杂文有关报刊还给了一个开创"经济类杂文"先河的美评。这自是后话了。

我在中南海"留守"的小办公室，位于周恩来总理生前办公的西华厅南侧，北墙上几乎从不打开的小窗户就对着西华厅小院。小院子里有"国艳"之称的数株海棠花绽放期间，许多人借故或特意来观赏，也是对敬爱的周总理表达怀念之情。这里离我当秘书以后就餐的西食堂较近，也让我有机会结识了许多人，听了不少事，受到感染。比如与吕东主任一起出过差的时任国务院秘书长杜星垣，必须在午饭前吃片安眠药保证午睡质量，方能应付下午和晚间繁重的工作；时任总理的三个秘书年龄、性格、专长各不相同，最年轻的秘书小李比我还小，一天晚饭后邀我参观总理办公室，还让我在总理的大椅子上坐了半分钟；还有小食堂做的美味排骨白菜汤，使我第一次领略到同样食材不同厨艺之悬殊。

与国务院副秘书长闫颖在周总理西华厅办公室前

中南海与九号院之间不过数百米路程，我骑自行车来回行走了数月之后，1982 年 11 月 8 日，我离开中南海，把个人办公用品带到了九号院。

二　九号院的如歌岁月

20 世纪 80 年代，"九号院"是全国改革与发展的策动地之一，因而名噪一时。它的全名是北京市西城区西黄城根九号院，位于离中南海西侧不远的地方，中间隔着国务院国家机关事务管理局。这座略显陈旧的宅院，曾是清代的亲王府，李自成进京曾在这里住过几天，新组建的国家经委 1982 年至 1988 年就在此办公。大院里还有中国农村政策研究中心，几位国家领导人的家也在这里。这些都是对我国改革开放、经济建设有深度影响的单位和人物。

这六年，我国社会在巨变中。改革开放不断拓展，党的十二大、十三大先后召开，确立了建设中国特色社会主义的方向，通过了后来被邓小平称为一个字都不能动的十三大政治报告；首次做出关于经济体制改革的决定，促使工业总产值和进出口总额均翻了一番多，为实现 20 世纪末"翻两番"目标打下了基础。其间提出的废除干部职务终身制，实现"四化"（革命化、年轻化、知识化、专业化），对全国上下影响很大，意义深远。

1982 年我 39 岁，正值人们常说的人生辉煌的壮年时期。个人的辉煌年月幸运地与国家进入辉煌时期相叠加，又如愿到国家改革开放与经济建设都要"管"的重要经济综合部门工作，不能不说很幸运。我在一个企业、一个部和一个委工作过，临阵时内心不免有不知山高水深的惴惴不安，但更强烈的是跃跃欲试的自信。

从"二三六九中"说起

到吕东主任身边工作，还没离开中南海，就听到"二三六九中"的说法。我知道这是回答"新经委在哪里办公"的戏谑之词。

为了适应经济体制改革需要，1982 年前后从国家机关开始的全国性政府机构改革，力度大，涉及面广，又带有探索性。新经委是由原国家经委、国家农业委、国家机械委、国家能源委、国务院财贸小

参加国家经委办公厅党组办公室支部生活会后合影（前排左四为吕东）

组和国家建委等单位全部或部分机构合并组建的。建立之初，因职能重，编制大（有1000多人），待安排干部特别是部级干部多，新经委设立23个办、组、厅、局，如农业组、工业组、交通组、财贸组、机械调整办、科技办等，组长、主任均由副部级领导担任，其下面还分别设立厅、局，其架势、规模前所未有，故而有人将其比作"第二国务院"，因此负责筹备工作的吕东提出新经委主任由国务院领导兼任。1982年5月新经委正式对外办公后，由国务委员张劲夫兼新经委主任，吕东主持日常工作。运转数月后，由于层次多，效率低，经国务院批准，新经委于当年年底进行了内部调整，撤销了组、办一级，设置了35个厅局室。

　　显然，由六七个部级单位合并而成的新经委，又要坚持边组建边工作，不可能有一个现成的大楼作为统一办公场所，新经委主要领导以及办公厅、研究室、综合局、人事局等十几个司局集中在新腾出的九号院办公，九号院成为新经委的"大本营"。其他大部分司局则分散于原地办公，包括二里沟、三里河、六铺炕、中南海（原财贸小组等），形成"二三六九中"的新格局。据了解，通信车走一圈是130公里，这在国家机关中绝无仅有。

新经委任务繁重、工作紧张也当数一数二。其名声显赫，各方期望值高，一开张文件、电报、上访就纷至沓来，秘书长彭敏说："真让人难以招架。"我列席他主持的一次秘书工作会时得知，两个半月共收到需办文件4500件（已办1200件），电报1万份；以委名义发文250件；分发各种简报、资料、刊物16万份。他要求委内各局特别是办公厅要迅速适应新机构运转的需要，克服新人多、任务重、办公地点分散等困难，确保工作质量和效率。

根据中央部署，于1983年底开展的整党活动，国家经委是全国进行的第一批单位之一。反对腐败已提高到关系亡党亡国的高度，振聋发聩，给我们年轻干部以警示。记得一位处级干部因收受香港商人数千港币和泄密被抓捕判刑，一位局级干部因将购买彩电的票证转让他人收了数百元的"感谢费"而受到党纪处分，他们都是在九号院办公的同事，大家颇受震动和教育。委党组对整党工作抓得很紧，在委内委外广泛征求意见的基础上认真开展批评与自我批评。记得吕东主任在检讨自己有官僚主义时，其中一例就是没有解决办公太过分散、影响效率的"二三六九中"问题，不无自责地讲到还有两处办公地点至今尚未去过。1984年9月，吕东任新经委主任后，曾研究建盖办公大楼并已有初步方案，但最终没有实现。1987年，国家经委新盖的两栋宿舍楼竣工（地点在新街口外小西天，其中一栋归地皮所有的电影资料馆）。我于1984年搬进了岳父岳母落实政策后新分配的一套两间房里，退掉了西绦胡同的平房，在这次宿舍楼分配中也是受益者之一。还因为我那时已是办公厅主任，分配的是阴面一套小三间，这成了分配住房"公平"的一个标志，我自己对比过去已是心满意足。

如果不在九号院做秘书工作，我不大可能"认识"家住于此的几位国家领导人。张劲夫兼国家经委主任的两年中，我任吕东主任的秘书，后来任党组办公室主任，自然与他接触较多，与他的秘书都很熟。张劲夫说话语速较快，有新意或思索时经常在会议室里踱步说事。姚依林副总理分管经济工作，夫人已逝，抽烟很多，说话较慢。巧的是，1988 年他是副总理兼新国家计委主任，我是他任命的办公厅主任，虽然不在一个楼里办公，但见面机会也算是多的。我与华国锋自然不认识，却记得两件小事。一天晚上大约八九点钟，我在吕东主任办公室加班写材料，突然门被推开（未敲门），一个高个子干部走了进来，我被吓了一跳，定睛一看竟然是华国锋，只见他笑呵呵地说："还没下班啊？"我立马站起匆忙作答，只见身后跟着他的夫人，再往后看有个年轻人应该是警卫员。原来他们在院内散步，见这里还有灯光就过来了。有点"意义"的是，办公厅一位年轻处长爱好集邮，他居然打着办公厅旗号斗胆去找华国锋、姚依林等领导在一个首日封上签名，华国锋等还真给签了，一式几份，其中一份至今还珍藏在我妻子的一个专用册子里。三位领导人的居家都很简朴，几乎没有装修的痕迹。

"管天、管地、管空气"

新经委成立时期特殊、职能特殊、干部来源多元，办公地点分散，运转一段时间后就听到不少人感慨，说国家经委是干什么的呀，"上管天，下管地，中间管空气！"实际上是认为国家经委管的事太多，但是没有多少实权，许多事办不成。不要说实权（可支配资金等）少，连协调权都显得乏力。更多的人则认为，机构改革应该简政放权，谁也不能例外，国家经委工作是服务全局、协调各方，抓大事，不能替代专业部门和地方政府的职能。当时中央对改革开放的发展方向等大局已经明确，比如指出我国现在处于社会主义初级阶段，党的基本路线是"一个中心，两个基本点"，经济体制改革要走商品、市场的路子（文字有表述不同、程度不同）；改革开放的步子要积极稳妥，"摸着石头过河"，宁可"长痛"不能"短痛"；"无农不稳，无工不富""要想富，先修路"；"要让一部分人先富起来，先富带后富"，不争论，不分派；要处理好改革、发展和稳定的关系；摆正效率与公平的关系；国企改革是经济体制改革的中心环节，所有权与经营权分立，扩大企业经营自主权，等等。那时社会上的思想、观念五花八门，封建主义、资本主义、社会主义的观念以及各类伴生的议论互相碰撞，尤其是中央决定和领导讲话，令人脑洞大开。诸如中国女排第一次夺冠、在天

随吕东考察云南边境贸易

安门广场的国庆游行队伍里突然出现"小平您好"的横幅这样的热点新闻，也给全社会平添了喜庆和力量。热议腾腾的同时，要办的事很多，想办的事更多，侨胞、外国友人也积极施以援手。

那时，国家经委党组和主要领导张劲夫、吕东、袁宝华等十分清楚，国家经委的中心工作必须继续按照中央新的"八字方针"开展工作，千方百计"把国民经济搞上去"，完成或超额完成国民经济年度计划。为此，要统揽全局，抓改革开放、抓整顿调整等大事情。在六年时间里，每年都召开一次全国经济工作会议，始终强调经济发展必须以提高经济效益为中心；为了保证会议有实效性，在此之前至少用三四个月的时间在全国进行有组织的调研；会后，根据需要督促检查若干事项的落实。为了消除"文化大革命"对企业的负面影响，全面提高企业素质，建立经济责任制，国家经委花了四年时间，完成了中央提出的把现有企业整顿一遍的历史任务，培养、涌现出一批优秀企业家。单是国务院各部门整顿企业例会就召开了40次，例会地点在九号院南会议室，我参加了一半以上的例会，许多后来成为国家领导人的部长就是在这个场合认识的。在此基础上，国家经委接着就抓企业管理的工作，即"升级"活动。补历史欠账，走内涵式发展道路，企业亟须加强技术改造、技术进步的资金除了向财政、计委、银行协商申要外，还要发动企业挖潜改造。国家经委召开了五次全国技术进步工作会议，抓了180多条"一条龙"的技术改造，并与引进技术、引进人才、研制新产品、进出口工作结合起来。那时企业多数习惯用财政拨款，对银行贷款及"拨改贷"不大理解、兴趣不大。我到一个"大而全"企业调研时，厂长指着火葬场的烟囱说："我可不想我在变成青烟时，还有人指着烟囱骂我是背着一身债的败家子！"实际调研工作中发现"一条龙"改造还存在龙外有龙、龙内也有龙的问题，这些问题也促使大家深入思考"政府－市场－企业"的关系。

　　国有企业改革是国家经委工作的重头戏。除了1984年国务院批准国家经委新的扩大企业自主权意见（简称新的"扩权十条"），对计划经济体制新的突破之外，国家经委的另外一个功绩是适时地把"包"字从农村引入城市，在全国工业企业里逐步推行承包经营责任制。1983年"五一"那天，我跟随吕东主任陪同副总理万里去首钢看望劳动者，实际上是听取首钢承包试点的做法的建议。当总经理周冠武说"上缴利润每年递增7.2%"时，我记得，万里不敢相信自己的耳朵，问了两遍数字之后立马称"好"的兴奋之情（实际上首钢每年利润后来递增20%以上）；我也记得，三四年后全国钢产量上升之快出乎许多领导人的意料。如果说改革开放要"摸着石头过河"，承包制就是给国民经济垫底、渡过当时难关并快速发展的一块"好石头"，也算是"不管白猫黑猫抓到耗子就是好猫"中一只充满活力的"猫"。时任国家经委副主任袁宝华曾用朱熹的两句诗来说当时承包制的意义："问渠哪得清如许，为有源头活水来"，意思是承包制打开了企业创造财富的源泉。我也在一些讲话、文章里肯定承包的做法。那个时候，很多企业说"要政策不要钱"，也有一些企业说"党的政策像月亮，初一十五不一样"，想变怕变的都有。根据实践经验和有关意见，国家经委一直在完善、发展承包经营责任制。1988年2月，国务院发布了《全民所有制工业企业承包经营责任制暂行条例》，规范了承包制。对此项改革有人认为"土""不规范"，但对它的效果，我有一个领悟，即我们每个人、每个企业的潜能真的很大，激"活"起来以后难以估量。

更大的事是经济立法。法律本身是政治，在渐进式改革中立法太快或太慢都不行。企业最早提出了扩大经营自主权的"松绑"问题，对此，国家经委先提出了几条意见并由国务院发布，但要进一步回答厂长提出的"厂长是对国家（上级）负责，还是对企业负责，还是对职工负责"的问题，以及由此引发的有关企业法律地位、领导体制、管理制度等问题，特别是如何处理好"三会"（党委会、厂长办公会、职工代表大会）关系，是从理论与实践结合上最难回答又必须尽快回答的难题之一。为了保障国有工业企业合法权益和正常生产，在前两年工作的基础上，1983 年国务院颁发了国家经委组织制定的《国营工业企业暂行条例》（以下简称《条例》），而规范的《全民所有制工业企业法》（以下简称《企业法》）直至 1988 年 4 月才在第七届全国人民代表大会上通过。从红头文件到《条例》到《企业法》花了近十年时间。虽然这个法律还是阶段性的，但是立法这个过程表明，改革从突破到试点（发一般性文件），从总结推广（政策性文件）到初步规范（法规性文件）直到形成法律，我国做出了改革与立法互相促进、改革走上法制轨道的正确选择。

人们追求完美，但不一定能实现完美，有时只能"两害（多害）相权取其轻"，诚如一个人的婚恋都可能有"恨不相识未嫁时"一样。解决计划转向市场的价格问题，其利弊攸关全局，被喻为"闯关"，大家早就向往着"放开价格—物价上涨—供给增加—物价下降（回归）"理想的经济循环，但是在众多"调放结合"方案前踌躇不决。后来部分商品实行"双轨制"（即同一种商品计划内价格与计划外价格同时实行。这在给企业"扩权"中已有体现），似乎是以传统的中庸之道缓解了矛盾。事后，人们抱怨极少数人玩弄"双轨制"价差而发不义之财，但相比而言，这个过渡性改革避免了很可能出现的极度通货膨胀的风险。据说较早提出这个并不完美方案的，是两位年轻经济学家，他们后来因此获得孙冶方经济科学奖。

以国家经委为主做的和参与做的大事，基本上都是在几难中抉择，有的像是必解的"联立方程"。还因为改革本身就是权责利调整，牵扯单位、个人当前与长远利益的得失，故而一件事办成有叫好的，也有不叫好的，带有裁决性的协调都是如此。比如要提高工业发展质量，扩大出口，须在全国加速采用国际标准，但这样一来，采用标准低的（国标、部标）或者无标准的企业及利益相关者意见就很大，认为只要产品合格、卖得出去就行，不要给企业设"绊马索"。国家经委还在提高工业产品质量和标准的基础上，又专设扩大机电产品出口办公室，促使机电产品出口几十倍、上百倍的增长。关于中国要不要搞专利（知识产权等）进而立法的争论，是我听到的最激烈的争论之一，反对者称同意者是"往自己脖子上套绞索""不懂政治"。对此事，我曾在当秘书时按吕东指示，研究了近一个月，写了赞成搞专利法的参考建议。对于要不要防治污染也有争论，对于怎样防治更是有不同意见。对节约用电、横向经济技术协作、加强基层思想政治工作、制止向企业摊派、发展乡镇企业、培训厂长、对口扶贫、发展散装水泥、搞集装箱运输等这些事应该没有争论了吧？实际上也有争论，其一就是这些是否算是国家经委要抓的"大事"。

　　改革是为了促发展，发展是对改革的检验和保障。国家经委在抓"大事"中受好评、少争议集中表现在"管生产"或者叫"抓生产"，正式的职能是管理经济运行。"文化大革命"时期报道"促生产"中，经常在周恩来、李先念等领导后面加上"还有余秋里、谷牧同志"。到了国家经委，我才知道在"还有"的两人后面不露面的还有袁宝华。他是被早一点解放出来抓生产的部级革命干部，那时他是国家计委副主任兼生产组组长。1978年恢复国家经委，其在三里河与国家计委合署办公，袁宝华任主任，那时他已按中央领导指示开始抓扩大企业自主权等改革。我第一次见到袁宝华是在九号院的吕东办公室，当时只有我一人，他笑着主动与我握手说："我们还是校友呐！"他和吕东都是在北大没有毕业就参加革命的干部，那时已经67岁，比吕东小不到一岁，个头稍高，腰板挺直，显得精力充沛。他是新经委副书记、副主任，在九号院办公，与吕东一起协助张劲夫抓全面工作。此时新经委分管抓生产的副主任是赵维臣，具体办事的调度局仍然在三里河国家计委大楼内，它是新经委除九号院外，第二个人来人往比较忙碌的地方。

发展是硬道理，抓生产就是直接抓发展，似乎硬道理多一些。从中央到地方都设有"调度室"之类的机构，电话多数是红色的专用线，这里传递的信息相对准确、迅速，做出的决定是"调度令"，很少有讨价还价，否则要追究责任。现在要逐步发挥市场的作用，年度生产计划的组织实施遇到了很多新情况、新问题，每天办公厅总值班室都会收到数十份电报，大部分是生产调度方面的紧急求援。国家经委一些人的"牢骚话"是：财政部管收钱、分钱；国家计委管计划、用钱；国家经委管"干活、挣钱"。这些会外的气话反映出部委之间的职责划分、沟通、协调之不易，是"小当家"们之间的龃龉。管年度计划组织实施，不是一个家庭"开门七件事"所能比喻的，不是一个调度室、一个局所能管得了的，也不是国家经委一个机构全能管得下来的。加之改革开放对原有体制的不断突破和冲击，在更多的不平衡、不配套中力求完成生产任务需要的相对平衡、相对配套，被动应付的事很多，一年下来东奔西跑、上下疏通、左右逢源，流水账可以列出一堆。经济运行中矛盾集中点是"煤电油运"：缺煤（或者运不出去）、缺电（总是不足，东缺西不缺）、缺油（原油不够用，多了炼不出来）、运输不畅（铁路有"瓶颈"，公路不接头，车皮到处紧张）。一次有电报称，一个大城市只有不到七天的存煤、存粮；又一次有电报称，某沿海大港口积压货物停在外海的外轮一天要支付几十万美元的罚款。一次我们一行去山西调研被堵在公路上，前后运煤的大货车排出十几公里之长。记得有两次党组会上中间不得不增加讨论解决某些地区火柴断供、食盐不足的问题。"填平补齐"的办法很多，实在不行只能"拆东墙补西墙"，还可能动用国家战略储备物资，特别是在遇到较大自然灾害的时候。至于社会上有"喝一两酒给一吨煤""喝一斤酒给一个车皮""会哭的孩子不缺奶"之类传言的真假不得而知。

宏观管理与微观管理的提法，与抓大事、抓小事的说法相联系。大事是分层次和类别的，中央的大事与一个省（市）、与一个企业的大事不一样。有时候大事可以化小，小事可以了化；有时候小事可以见大，也可以变大。新经委六年的日日夜夜，到底管了哪些"天"、哪些"地"、哪些"空气"？如果说管理就是服务，服务者很难在事前分清是大事还是小事才去办，办成后也不大可能说得准该管的事管了以后能起多大正作用，不该管的事管了以后会有多大副作用。这些问题，都与政府部门如何因时因势简政放权、发挥市场作用有关。这些年的实践，为深化改革中如何探寻新的理念和举措提供了可贵的经验。

不可磨灭的是，当时九号院的服务者们对于改革开放的热情、激情、专注和贡献，使曾经度过的时光成为共同的如歌岁月。

从"写"到"办"

初到航空工业部就有一位局级领导对我说过，机关干部就是三件事：办事情、出主意、写文章。这使我想起在黎明厂的机关工作，好像也是如此。后来，慢慢地知道这是工作形态的一般表述，每个工作人员都应该具备这三方面的技能，只不过在何时何地（和你的同事）能办多大事、出多大主意、写多大文章，从内容到形式会有千差万别。

这时，一个看似不大的自我选择，改变了我成长、工作的路线图。1983年上半年，做了一年半秘书的我转到国家经委办公厅上班，任党组办公室副主任（副处级）。之前，当吕东主任决定我不再做他秘书的时候，我曾想去企业管理局工作，因为我在企业和部的企管局工作过；也想去技术改造局工作，因为我在国家机械委研究过技术改造，但那里都没有"位子"。而办公厅主任盛树仁和研究室主任董绍华都分别找我，欢迎我到他们那里工作。我请示吕东主任，问他我去哪里合适，得到的明确答复是："你自己决定。"我知道机关干部要"三会"，但传统上是研究室主要"写文章"，办公厅主要"办事情"（这两件事中都含有"出主意"）。我走上工作岗位这十几年主要是在"写文章"，是不是应该换换"口味"，更多地检验、锻炼一下自己的办事能力？

党组办公室一共十四五个人，大多是中青年。主任老何是一位"学究型"老同志，委内有名的另类"笔杆子"，他不善于也不参与写大块文章，特长是有较高的文字修辞水平，长期做机关文件的核稿工作。办公厅领导考虑到全委整党即将开始，他身体不太好等原因，让我兼任党总支委员、党支部书记。我们既要做好支部整党，又要服务委党组整党，还要通过整党促进业务工作质量、效率提高，因此我到任后即忙得不可开交。记得一个星期天，我和研究室任克雷等三人，受命起草国家经委党组整党汇报的初稿，几个人围着我的办公桌，没有午餐只有我带来的一瓶葡萄酒和少许炒花生。我们阅读汇集的有关资料，边议边写，自感是一次很好的学习机会，忙了一整天但一点也不觉得累。这些事情使我很快熟悉了同事和相关工作，并逐步产生了一种位于实在的"半拉高坡上"，随时与委机关各方保持联系，可以观察委党组如何做出决定、指示，以及在各主要环节上落实过程的图景。这个感觉使我兴奋，尤其是亲见许多司局主动地、创造性地工作，增加了我在新岗位上工作的压力、动力和责任感。

那时中央对干部"年轻化"工作抓得不但紧而且很具体，对什么级别中需有多少年龄段干部的比例都有要求。我在党组办工作一年多，就被提拔为办公厅副主任。又过了两年多，我被任命为办公厅主任，据说我是国家经委正局级干部中最年轻的一位（43岁），也听说这事与我的老领导、办公厅原主任郝正庭刚过六十就主动让贤竭力推荐有关。在包括废除终身制在内的人事制度改革中，委内一批中青年干部陆续走上了处、局级领导岗位。

办公厅工作不同于研究室，也不同于各专业司局，一般被说成是机关工作的中枢。组织协调办事的任务很多、很杂、很细，有时还很急。事大可以关乎党组、关乎全委，比如会议召开、文件起草、上传下达、左右协调等；事小要天天拆写大量信件，接打无数个电话，接待各色人物。不管事大事小，要求"今日事今日毕，明日事今日计（做计划）"；不管事重事轻，不能出差错，"大事敲钟，小事敲锣，无事敲木鱼"。作为办公厅领导，可谓必须眼观六路，耳听八方，心中老想事，手里不停歇。比如一年一度的全国经济工作会议，是以国务院名义召开的，一般都有国务院领导出席并讲话；会议地点多在京西宾馆；会务工作自然是以办公厅为主操办。一次，会议代表报到，我们忙于接站、接机，一位副省长不知何因没有接到，她让该省驻京办派车到机场接她，然后她几乎逢人便说她是多么着急、多么艰辛地才于夜深坐上自己要的车，报到时已经给她道了歉还是消不了她的气，以致几位委领导都问我怎么回事，我也说不清楚只能检讨。又一次，我在审看会议分组讨论表时，清点参加省市的个数时发现少了一个省，当下惊出一身冷汗。还有一次，会议开幕主持人讲话时麦克风不响（尽管事先已检试过），后面有人喊"听不见"，没等反应过来，忽然喇叭里又发出刺耳的怪叫声，弄得全场轰轰然，台后我们几个人难堪至极。在天津市召开的那次大会，时任市长李瑞环对会议非常关心和支持，会议大力宣讲"有计划的商品经济"新观念，研究制定增强企业活力特别是增强全民所有制大中型企业活力的十项政策措施等，很受与会者欢迎。负责会务的我们在京津之间首次学会使用传真机，这使我们减少了来回坐车的奔波，提高了办事效率。未想到的是，会议结束前，我们同意天津市政府给每位代表发"广告"口袋，里面装着他们新研制的两瓶津酒和两瓶速效救心丸。回到北京没几天，国务院领导在一次会议上就此事对国家经委提出了批评，认为是会风不正的表现。委领导讨论后表示诚恳接受批评并引以为戒，我也参加了检查报告的起草工作。

俗话说："事不过三。"孔子说的"不迁怒，不贰过"，也只有他最得意的弟子颜回才能做到。我在办公厅工作对此深有感触，深感宽严难握。且不论"怒""过"之大小，而如果厅内一百多人，遇事互相埋怨，每个人要犯两三个同样的错误才能改正，那么办公厅岂不成了"农贸市场的早市"？我们抓总结规范、制度完善，抓自己和全委机关的劳动纪律、文件质量、办事效率、服务态度等，多次召开各司局综合处长会，与有关部委和国务院办公厅沟通等，争取"多敲木鱼少敲钟锣"。大约是1984年夏天，被誉为"现代毕昇"的北大王选教授突然造访我的办公室，他的几句话对我刺激甚大。他是来办公厅文印室验证、

陪同袁宝华考察，在詹天佑塑像前合影

演示激光打字照排技术的，当时我们对此项技术创新佩服得五体投地。休息等待时，他在别人引荐下来我办公室小坐。他说："你是北大化学系的，怎么在这里做事务性工作？"他比我年长十多岁，老学长的友好诘问弄得我一时无言以对。事后，恰好委内有两个赴美某大学学习一年企业管理的名额，我积极报名并说服厅领导同意后就抓紧时间恶补英语并做各种准备。但经过一个多月业余时间的突击，自感上不了能用英语听课交流的台阶，终于还是无奈地放弃了。

在学习做好办公厅业务的同时，我仍注意对企业管理和技术改造方面业务知识的积累，因为这是我过去接触较多的专业。我也告诫同事要关注自己认为应该重点学习的业务，以备将来岗位变动之需。我在吕东主任身边工作时，见到一些重要的待批件，我就揣摩吕主任会做怎样的批示，如果批示与我想法差距甚大就想想为什么；旁听党组会也是这样，对较重要的议题，我也想主持人最后可能做何决议，在思考中尽量充实自己。比如一次党组会刚开始，大家兴奋地讨论要不要宣布取消布票、工业券问题，我想肯定会同意取消，因为头几天我住处的邻居小伙子就在院子里一边欢叫一边往天上撒工业券。结果会上讨论是"让它自然而然消亡"为好，出乎我的意料。在随委领导外出调研时更是如此，比如一次随袁宝华主任去包头市调研特种钢生产问题，在途中通过与袁交谈我领悟到每去一个地方应该就调研主题事先有所准备，包括对当地历史地理、风土人情应有所了解。又一次是随吕东主任去新疆调研西部发展问题，在乌鲁木齐坐飞机时看见脚下大片黄土沙漠，从乌鲁木齐到喀什也坐飞机（坐车需要几天时间）看到高山边塞，除了有"不到新疆不知祖国之大"的感慨之外，在调研中注意学习什么叫因地制宜，怎样注意民族政策，怎样慎重地向地方政府提出发展经济和改革的看法建议。

一个人对美国的"访问"

我第一次到国外看"花花世界"，是 1983 年 9 月随团出访。因为我来自机械加工企业，在国家机械委参加技术改造研究时与机械部技术经济研究所打过交道，所以他们邀我去日本参观一个机械国际展览会并进行相关考察。

　　在第一次出国的半个月里我经历了大大小小许多个"第一次"：第一次穿西服、打领带，接受半天出国前的培训；第一次从空中看东京湾，五光十色，令人眼花缭乱；第一次见这么大的机场；第一次发现行李手推车那么好使；第一次见到街上有那么多小汽车，晚上站在过街天桥上看车流一边红一边白，我驻足许久；第一次吃生鱼片，没像有的同事拉肚子；第一次看见饭馆里顾客那么少，老板送了一个一次性打火机我当纪念品留着；第一次看见街上西瓜等水果每个上面都贴有标签，但没什么人去买；第一次坐那么快的火车（新干线），把供饮水用的塑料杯悄悄地藏起来带回；第一次看见小汽车生产流水线，不同车型、不同颜色交叉进行；第一次看见那么精密自动的数控机床，那么整洁的厂房车间；第一次看见中等城市都彻夜灯火通明，而那时我们的王府井的灯亮起来都费劲……尽管我也参与研究过日本机械工业振兴法，听日本友人讲过课，但"闻"还是不如"见"。当时的感觉是，北京要赶上东京，起码也得几十年。除了现有差距，人家也在往前走啊！

　　第二次出国是一个人去美国。那是 1987 年 10 月的事，正值党的十三大胜利召开，中美关系处于上升期。

　　美国政府有个项目，是在世界范围内选择他们认为有政治前途的中青年官员，以国际访问者身份、由美方提供相关经费访美一个月，想去哪、想见谁都尽量满足（总统除外）。不管美方意图如何，中方认为这也是双方交流学习的一个方式。国家经委外事局推荐机关两人

第一次出国去日本在箱根合影

在日本京都岚山周恩来诗碑前

待选，委领导批准后，美驻华使馆选中我参加。美国使馆经济官员李森智与我和外事局一位翻译一起吃饭商定出访的行程安排。

这次访问从华盛顿开始到夏威夷结束，行程匆忙，共走了10个城市和地区（州），飞机起降13次，参观了国家机关、企业、大学、研究所、博物馆、农庄和联合国总部等数十个单位。除了会见谈话时有随行的一位华人翻译，还有志愿者开车接送外，其他时间则鼓励我自由行走，自我服务，以体察"民情"（纽约除外）。我在大学里第二外语虽然学的是英语但没有学完，两次恶补英语也只能做简单问答，但是我胆大、敢讲，再加上手势表情，有时倒也增加了访谈情趣。比如一次前美国驻华大使伍德到我住的宾馆进行礼节性拜访，第二天再面谈，告别时我用英语对他说："非常感谢你来看我，明天见！"他大为惊讶，从落座的车上下来连赞我英语说得标准，但后面又说些什么，我就听不懂了，只能友好地点头谢别。

在参观了麦道飞机公司、美国宇航局（NASA）、杜邦化学公司、IBM、"硅谷"、好莱坞等企业后，进一步感受到美国经济技术实力的强大。在麦道寒暄时，他们居然知道我在航空工业部和航空企业工作过，并说还知道其他情况，令我诧异美方情报工作真是领先。他们在楼门口悬挂中国国旗和中文欢迎标语，把我看得像是贸易谈判代表，高级副总裁向我大讲麦道的优势以及与中国合作的愿望、前景。工厂规模很大，气势恢宏，自动化程度很高，参观要坐电瓶车（公司大楼东侧是高尔夫球场）。面对大厂房、大飞机流水线，我有点目瞪口呆，不时在想：我们何时能有这样大的工厂，造出自己的大客机。在宇航局，做导游的是一位年轻大尉，称给我的是国家级贵宾待遇，许多有警卫、用钥匙的地方都可以让我参观（也可能是知道我是"外行"）。我参观了宇航总指挥部、航天飞机驾驶室、航天科学试验站和宇航馆，还在总指挥部主任的位子上坐了5分钟，观看大屏幕上航天飞机如何绕地球飞行；坐在驾驶室里手握操纵杆，面对据说有两千个仪表和按钮时我手足无措。听介绍说，中国古老的长城是空间站唯一可见的地球之物，联想到"挑战"号航天飞机在空中爆炸的事故，心中不知是惊羡还是失落，也不知我国的航天之路会不会遇到什么艰险。在杜邦化学公司，吸引我的是那一片片又高又大的铁塔、铁罐和管道，当时心里还想着里面正在进行什么化学反应。热情的女高管快速地讲了很多，但她讲的都是专业术语，因而随行的非专业翻译翻译得很少，学化学理论的我化工知识也不多，但有一点我听清楚了却不相信，她说可以把某一个化工厂送给中国，包括拆迁费用。我请翻译再问一遍，得到的回答依然如此，我想这与污染、环保有关，自然也不敢表示可否，只能诺诺示谢。

一个人到美国20天后，我想吃中国菜、想见中国人的欲望日渐强烈，而这些愿望在两个晚上得到满足且超过了预期。头天晚上，我碰巧受邀出席中国驻休斯敦领事馆为欢迎中国民间艺术歌舞团来美举办的酒会。席上菜肴丰盛，杯酒言欢，我大饱一顿解馋。我还见到了在大学迎新晚会上演出的著名女高音歌唱家罗天婵、那时国内正红的民歌歌手阎维文等。记得罗天婵还在热烈的掌声中清唱了保留歌曲。二三十人拥来挤去地照了许多相，可惜事后我一张也没得到。第二天晚上，我去休斯敦大学礼堂观看中国民间艺术歌舞团演出，2/3以上的观众都是中国人，传统歌舞的热情、喧闹与我在匹兹堡听的一次交响乐的气氛迥然不同。我是从北京来的稀客，前后左右的华人都争着与我搭讪，除左边一家三口来自上海（男主人是修小提琴的）之外，余下的都是从台湾来的华人。演出中，他们不时冲着我发议论："大陆怎么这么多美女呀！"阎维文演唱的歌曲《在那遥远的地方》中有一句歌词是"我愿做一只小羊，跟在她身旁……"一位女士听了便对身边的丈夫说："你看人家的爱情！"散场时，一位台胞专门挤过来，对着我把近来两岸可以探亲的事大大褒扬一番。

交流才能了解，不了解就难合作。在美与我交流的都是陌生人，有总统顾问，有为我开车、引路的志愿者。时年八十岁高龄的费正清费老是哈佛大学的终身教授。他特地从乡下住处赶到他的办公室接待了我，郑重地称我是新一代美中交流的使者。他的名著《美国与中国》我看过不止一遍，那严谨、洒脱、叙事中有分析的文风堪称一流。我提及此书，老人只淡淡一笑，他正在研究中国清朝同治年间的中外关系，研究梁思成建筑（费老夫妇的中文名均为梁思成夫妇所建议）。我

访美时拜访著名学者费正清

把岳父的一本书、一份小礼品和一封信转送给他，又引起这位最老的"中国通"对中国往事的一些回忆。在密歇根大学中国文化研究所，由所长、教授李侃如主持的、有二十多位教授参加的座谈会上，我首先介绍了国家经委的职能及企业改革进展情况，然后回答提问。意外的是，提问中有人原以为中国的改革开放和具体政策都是邓小平等几位中央领导商量就决定的，听我介绍后方知还有调研、试点、总结、规范、推广等过程。晚餐席上，我重复地大致讲了"从群众中来，到群众中去"的基本做法。第二天，在李侃如办公室我又与他谈了中国汽车工业和他对中国改革的一些看法，还与前大使伍德等五位教授面谈，其中有一位在研究中国的退休制度。我当然知道在我国也有许多人在研究美国，但不知是否如这般细致。

有点温馨气氛的是在两个家庭做客。一次是在负责底特律市规划工作的女士（Moon）家里，她的女儿上大学一年级，儿子是十二年级，三人都不懂汉语，我们四个人在玻璃幕墙的客厅里边吃边聊边比画，热闹非凡，笑声不断。我把单词式英语发挥到极致，又教两个学生简单的汉语，互敬互谅互学，妙趣横生的两个小时一晃而过。告别时，我拿出一块云南蜡染布，大女儿立刻接过披在肩上，比画着说要做件衣服，我比画说这块布太小了，下次带块大的来，众人又是一阵欢笑。相比之下，在匹兹堡一位律师家里就方便不少，因为他夫人是中国人，还有两位是在他家免费吃住上大学的中国姑娘，其中一位恰巧是北京杂文学会笔友的女儿。该律师是社会主义律师学会成员、民主党市区委员，他向我询问了关于"文化大革命"的一些事，还问为什么现在不让人上街贴大字报等，我则以中国正在进行民主与法制建设做解释。餐后，律师的女儿演唱了中国歌曲，朗诵了"床前明月光"等古诗词。那天我们还为一位中国女学生过生日、合唱"生日快乐"歌。这次在美国访问，接待人员、受访人员都很认真、热情，但记得有一位国务院官员，我进去时他的两条腿正搭在办公桌上，见我后放下了，谈话没几分钟他又把双腿放在桌子上，自觉不妥旋即收回，我见之心里不快，敷衍一会儿就告辞了。

以较多文字讲述 40 年前我第一次去美、日的情景，除再显友好交流必要外，主要是与现在对比，感叹我国在改革开放中包括航天事业的发展进步之快。

涉足杂文界

1986 年 9 月 16 日，当图 154 客机飞离乌鲁木齐机场时，我习惯性地开始思索这 16 天新疆之行的个人收获。此次跟随吕东主任调研的共 13 人，考察了 6 个市、地区的 30 个企业，坐了 3 次飞机。除了在返京前两天晚上参加讨论与区领导交换意见，以及前一天会见区书记、主席谈的调研建议之外，其间还有一次特殊的、令我萦怀难忘的"内部小交流"。

这个"交流"发生在神奇的艾丁湖边。此湖位于吐鲁番市高昌区内，是中国海拔最低处。9 月 10 日中午饭后闲暇，调研组五六个人徒步来到湖边，"吐鲁番有一怪，40 度算凉快"，在烈日之下放眼望去，湖周"四色"——蓝（天）、白（雪）、红（火焰山）、黑（泥沙）色彩非常鲜明。湖内常年无水，遍地盐碱，脆硬的表层下是黑色的碱泥。我忘情地边赏美景边踩试湖边的硬地，一只脚一下子陷进泥淖，引得"探险"同伴哈哈大笑。当我提着被泥巴包裹的一只鞋子上岸时，湖边

在新疆艾丁湖边与胡昭衡（右二）、董绍华（右三）、任克雷（右一）合影

两位年纪大的委领导正在谈笑，一位是国家经委顾问、经济研究中心负责人胡昭衡，另一位是秘书长董绍华。老董指着我说："胡老，这个小朱文笔不错，他还写杂文呢！"胡老顺口作答："那好啊！"遂嘱我送几篇杂文让他看看。我闻之心头一阵惊喜，我不知老董也看了我的杂文，不禁对他把我向北京杂文学会会长做推介而感到意外。

回京后数日，我将十几篇杂文复印件和我的求教信通过内部文件交换给了胡老。过了十几天没消息，情急之下在一次党组扩大会前见到他就提此事，没想到他说，"不急，还没看完呢！"没想到又过了几天，我收到了他一封长信。他在信中不但对这些杂文表示肯定和赞赏，还进行了分析，提出指导意见，甚至对身边有这样的"人才"而他竟然没有发现表达自责之意。更没想到的是，不久杂文学会便通知我，已将我增补为常务理事，不久学会换届，我又当选为学会副会长。

胡昭衡胡老（笔名李欣）对我的提携、激励之所以令我难忘，是因为我觉得在国家机关工作的并行线上又有了一条让我梦想当记者、当作家的"辅道"。我的杂文也曾有过"亮点"，比如早期在《人民日报》文艺版上发表的《"挂联"与求实》，得到上海《新民晚报》主编、杂文名家赵超构（笔名林放）以《带钩的花环》一文所做的呼应；《人民日报》上发表的《爱的增值》一文，当天在中央人民广播电台《新闻与报纸摘要》节目中摘播并在午间节目里全文播出。杂文学会秘书长称这在杂文界里前所未有。还比如有两篇杂文分别获得《人民日报》文艺部颁发的二等奖、三等奖；《杂文报》以一个专版刊登《胡昭衡致朱橐——谈杂文的形式和内容》（即胡老写给我的第一封信）和我的三篇杂文，并配以短评，说我开了经济类杂文的先河等。然而，因工作较忙、文学水平较低等原因，我终究没有在这条"辅道"上走下去，有负胡老等领导及许多好友的期望，也算是一件憾事。

搁置杂文之笔数年后的一个晚上，我随友去中国作家协会主席铁凝家做客，我随意问她，写杂文的，能算是作家吗？她顺口便答，那当然是啦，杂文可不好写呀！我知道这是茶余饭后的闲话，却也自得一把说，那我也算半个作家啦！大家一乐了之。

筹备组的"难事"

在改革开放的大潮中，以经济建设为中心的万千事项需要在做中讨论，在讨论中做。许多事都要"两手抓，两手都要硬"，而市场这只"无形的手"与政府这只"有形的手"，虽然不大好讲"两手都要硬"，却是需审时度势地进行改革、必须处理好的极为重要的一对关系。1987 年前后有个重要提法是：我国要建立"有计划的社会主义商品经济"，实行"政府调控市场，市场引导企业"。在中央决定和社会舆论中，新一轮的行政体制改革（政治体制改革）拉开了序幕。

改革总是会有不同意见。1987 下半年开始的国家机构改革，重点之一是撤销国家计委和国家经委，组建新的国家计委。撤销国家经委的主要理由是管事多且与国家计委的职能有交叉，摊子大、人员多。管事多的功与过难说清，这些都可以通过转变职能、调整分工解决，但说国家经委有五千人之多却是虚情假报，国家经委机关定编一千人，不应该把国家经委的直属单位如国家医药局、计量局、标准局、专利局等十八个机构的人员都算在国家经委机关里。国家经委党组责成我紧急向国务院有关部门写个专题说明，但送上去后如泥牛入海。在机构改革方案确定之后，国家经委党组仍有不同意见，议由吕东主任于1987年11月向党中央、国务院写报告建议保留国家经委，权当是个备案。两三年后，实践证明国家经委最后的建议是有道理的，保留国家经委有利于国家经济长短计划的实施，适时发挥"有形与无形"两只手的作用。

当时两个大委的"撤并"，又要在两委业务工作不能停滞下进行，其难度和工作量都很大。筹备组由国家计委常务副主任房维中、甘子玉和国家经委副主任叶青、盛树仁组成；时任国务院副总理兼国家计委主任姚依林分管此事；我作为国家经委办公厅主任与国家计委一位副部级领导周之英是工作人员。那几个月，我常骑着自行车来回奔波在九号院与三里河之间不得空闲，但也和同事们一样不时考虑自己将到何处去，有人提议我到某个大公司去，有人推荐我到某个地级市去，还有许多同事找我"商量"去处，这些事与繁杂事务交织在一起难免意乱心烦。

筹建工作最重要的是职能确定，最难办的是干部安排。筹备组与中央编制委员会办公室反复争执、推敲，与财政部、国家科委等部门多次沟通、协商，才把新计委的名称（初始有不同意见）、职能及内设司局基本确定下来。干部安排强调站好最后一班岗、服从组织安排。国家经委原领导如吕东任中国工业经济协会会长，袁宝华任中国企业管理协会会长，张彦宁任新设立的国务院企业管理指导委员会主任兼国家体改委副主任，林宗棠任新设立的航空航天部部长，朱镕基调任上海市市长，赵维臣已在广西任副主席等。因原国家计委办公厅主任马理胜拟定任西藏自治区副主席，筹备组定下让我负责筹建新计委办公厅。原国家计委、国家经委的许多干部，除选留新计委机关外，大部分分流到新设立的六个国家投资公司和中国工业经济协会等社会团体。

告别九号院这个古老的但在20世纪80年代曾勇立改革开放潮头的深宅大院，收尾工作繁多，大家心情复杂。在进行人人参与的文件、资料清理归档时，许多人见物思事，眼里噙着泪水。还记得乍暖还寒的一天下午，我去北京火车站送朱镕基赴沪履新，我提前半个多小时

与九号院老朋友在郊外果园采摘

到达月台，开始还与列车服务员聊天，后来看表离开车只有15分钟了，朱镕基还没到，正焦灼难挨时，只见一辆轿车从站台那边边鸣笛边快速驶来，我大喜并快步迎上，对朱镕基和夫人劳安说："我代表经委也代表计委欢送你们！"他们也很高兴，握手言谢后急匆匆地上车，在窗口招了招手列车就启动了。他的司机对我说，行李都是他夫人劳安收拾的，他在车上还看文件呢！更忘不了的是，1988年4月7日，全国人大3月已通过机构改革决议，新计委已拟定于5月正式对外办公，吕东主任主持了国家经委最后一次党组会，讨论国家经委撤销后相关未完的善后工作，包括技术改造、贷款安排和职工住房分配的遗留问题。列席会议的我们无不为老领导的崇高党性和高度的责任感所感动。

三　三里河的"山"与"水"

自喻自励

三里河是北京市区的一个地名，既无水也无山，和北京许多地名一样只是历史的遗痕。据我所知，自1953年起国家计委就一直在这里办公。悠长的年月里，国家计委的体量、职能有增有减，领导、普通工作人员有更新，但名称、内设机构等大体如常，不像国家经委几度存消。因此这个地名在一定范围内成了国家计委的一个代名词。

说三里河有水有山，则是我来国家计委工作前后内心的联想。两个本来就"大"的委并成一个新委，将如何运作？1987年12月，时任总理李鹏说新计委"是国务院最大的综合部门"。虽然从行政级别上看国务院各部委都是正部级，但国家计委是"最大的""综合的"，唯一不同的是，国家计委主任由国务院副总理兼任，副主任有好几个正部级；国家计委在人们眼里诚然是高出平地的小"山"（有人说是部门里的"老大哥"）。国家计委职能里有"调整国民经济重大比例关系""搞好社会总供给与总需求平衡"的重大权利与义务。我深知"比例""平衡"四个字的分量，也略知过去"平衡"搞不好所带来的问题和灾祸。虽然有"面多了加水，水多了加面"的做法，但国民经济中总供给与总需求这两坨"面"委实太大了，光是"有形的手"难以揉得动，光是国家计委也难以做得到，我就想到了水。水的平衡力量是最大的，不是有"水平"一词、"水无常形"一说吗？它可以自己流动求平衡，也可以在人们修渠、筑坝中求平衡。三里河里应该有"水"。"山"上的人也应该有驾驭、引导"水"的能力。

这些当然只是比喻。再说，新计委再"大"，原本也不是最高的"山"。我还联想到古诗词里有几句相关的"比喻"，其中一句似可增强执政者的"信心"，即"不畏浮云遮望眼，自缘身在最高层"；还有一句则似有警示作用，即"不识庐山真面目，只缘身在此山中"。这两首诗中所描绘的飞来峰和庐山我都登上过，现时品味这些名句中的哲理，心里觉得还有点疑问：站在山顶可以望远，但如有浮云相隔，只是不畏惧恐怕还不行，因为那时山上人即使有穿透的慧眼也难识真，而同时山下众人也看不清上面，恐会隔着浮云生疑；至于第二句，虽然有"旁观者清"的说法，但自己对所在之山及其所为应该有些"自知"，只是山中人与山外人因视角不同会各有己见，若想透知山之全貌，山中之人与山外之人应有沟通和相当多的共识才好。

比喻终归是比喻，这里说说主要是自思自励。自思责任须尽责，尽责须知己长短，知长短后须自补，以不负重责。办公厅是委机关综合部门之一，似乎也可看作一座委内的"小山"。我在国家经委办公厅工作数年对此项工作并不陌生，但此"山"不是彼"山"。新计委这座小"山"比原来的两座小"山"都要大，许多事我是未知大于已知。比如我知国家年度经济计划该如何执行，但不知其是如何制订的，对中长期计划的制订，我更是没有沾过边。又如，我知技术改造该如何制订计划与实施，但不知这偌大的基本建设项目是如何确定、实施和督查的；对宏观经济管理方面的资源配置、宏观调控政策等的由来、变化也知之甚少。有的司局如地区司、国土司初听时都想不出是做什么的。作为被外人称为"管家"的办公厅主任，可以不具体参与各项业务工作，但我需尽快了解新计委这座"山"，熟悉"山"上工作的人。所以到任前后我告诫自己，一是下决心从头学起，尽快充实、提高自己。在参加筹备组工作的半年多时间里，我向周之英已经学习了一些新知识、新名词。二是工作中要"手短"而不要"手长"，不该管的事不管，不懂的事不参与。话是这么说，也有"忍"不住的时候，比如我对"南水北调"不甚了解，却情有独钟，在工程计划一度见冷时我几次在小会上附和必须"上马"的意见，还对两位领导说要以秦始皇修长城那样的"魄力"干这件大事。又如对技术改造我懂一些，在国家机械委时参与过技改政策制定工作，原国家经委把技改当大事抓，我总担心新计委在强抓基建的情况下看轻技改工作，得空就讲几句，以致惹人烦。

办公厅内外的两个"平衡"

我参与做的两个"平衡"不能说不重要，但范围不大，都在国家计委的办公大楼内部。

两个委的办公厅合并成一个，从职能上说不像原来两个委有关司局职能的融合那么难，难在人员要减半。筹备组给每个工作人员发表，除个人基本情况外，要求每人填写关于岗位去向的三个志愿。那些日子大家思想活跃，对于去向问题他们或是同事间互相沟通，或是在家庭内部商量，或是找领导诉说，特别是三个志愿之外的"是否服从组织分配"选项让许多人犹豫不决。原办公厅老领导也出面做了大量思想工作，筹备组更是忙个不停，与大家谈心、接待来访、电话不断。设立的十个处室总得留些骨干和原有人员以便应对工作的延续性，这其中，有的想留留不住，说要去新成立的国家投资公司，那里的工作较为轻松，还能增加收入；有的说已经和某投资公司某经理（原局长）讲好了，要我们去找那个人商量；还有人说如果不能满足他的意愿，他就辞职去公司就职等。原国家经委办公厅老领导选带一帮人去了中国工业经济协会，减轻了筹备组的工作压力。筹备组三人中，还缺一位拟任的副主任。我想三人中有两位来自原国家经委，空缺一位来自原国家计委干部比较好，所以后来办公厅领导为一个正职三个副职，两个是原国家经委的，两个是原国家计委的，心照不宣地实现了"平衡"。令人意想不到的是，较早实现"三定"方案（定职能、定编制、定人员）的新办公厅中，原国家计委和原国家经委的人员恰好各占一半。这是我让综合处处长、原国家计委的霍春林悄悄统计的，在厅务会上通报时，何干、王桂珍、陆凯军三位副主任都笑了，看来对这个不经意的"平衡"都表示满意。

　　第二个"平衡"便难做多了。新计委机关定编 1600 人，分设 29 个办、司、局；各司局职能在构建国家计委大框架时，已与中编办审慎地进行了拟定。在这个过程中，国家经济形势严峻，政治形势不够稳定，党中央、国务院要求国家计委急办、急做的事情接踵而至，省市申报要解决的问题、审批的项目越来越多。其间，各司局之间职能交叉、重叠、界限不清，忙闲不均等问题多有反映。我们一方面要求各司局在办事中多沟通、多合作，不能因此耽误工作；另一方面觉得如果不进一步厘清和界定职能，会从根本上影响工作效率和质量。在委主要领导和分管副主任盛树仁的支持、指导下，周之英和我开始着手做各业务司局职能的调整、协调工作。那时我 45 岁，是委机关两个最年轻的司局长之一（另一位是体制改革和法规司司长魏礼群，与我同龄），其他司局长都比我年长。我和他们一个一个地谈，有时在我办公室谈，有时去他们办公室谈，有时还要加班谈。问题主要表现在综合与专业、主办与协办、程序与衔接等矛盾上，还包括权力与责任、意见的采纳与反馈、业务量的多少等。有的职能做加法容易，有的职能做减法不难；有些职能的调整还要听取分管副主任指示等。好在这些比我年长的当事领导对我工作很支持，表现出很高的素养。几个月后，经主要领导批准，大约在 1988 年底，以国家计委办公厅名义印发了各业务司局职能的调整、协调意见，机关办公的运转进入了新的协调和"平衡"期。

另外，还有委系统上下工作不顺的问题。这次机构改革中省（市）约有1/2没有撤销经委，而国家计委的有关文件按常规只发给省（市）计委，其中原国家经委的有关经济运行、技术改造等内容，要由省（市）计委转达给省（市）经委。这样，省（市）经委认为自己被"降了格""上面没天线了"，也常贻误工作。委内听到这些强烈反映，一些人觉得这样发文"符合规矩"，还可以以此"逼"他们改革。我琢磨了这些意见，综合考虑后给主持日常工作的房维中写了书面报告，认为工作需要是第一，再说国务院早已明确不要干预地方政府机构设置，国家计委文件应该同时也发给省（市）经委，房主任当场就批示同意。

平衡必须力求，但实现起来总是相对的。1989年4月，中央机构编制委员会办公室来人听取落实"三定"的情况和意见，准备进行机构改革验收。大家反映的问题主要是与委外的关系，也反映了委内的一些不顺。其时，国家计委内部确实还有许多关系和新的问题需要理顺和改善。比如机关与6个国家专业投资公司、国际工程咨询公司、直属的几个公司的关系，27个顾问（一半左右是正部级的老领导）和国家计委委员如何发挥作用等。关于机关1000多个编制的分配，因短时间内难以估测各司局的工作量，我个别向房维中主任提出在初次

与甘子玉在航天发射场

分配时预留200个名额，以便日后视情况方便增补，获得了他的赞许。这种对一些"只能做加法，不能做减法"的事情的处理办法，可以掌握实现"平衡"的主动权，似是我模仿学用的一个成果。

甘子玉副主任曾在一次会上对求平衡工作打个比方："你在澡堂子里洗淋浴，冷热水要调整适当，否则烫着凉着都不好。但是，你调整时别人也可能在调，大家对冷热的要求又不一样，那么你还得随时跟着微调，有时还得忍一会儿看看。"此话耐人寻味。国家计委那时还有人说："年年不好过，年年也能过。"实际上，市场调节这股"活水"已在发挥较多的"平衡"作用。在改革、开放、发展的实践中，国家计委逐步改进宏观调控的职能和手段，提高了"平衡"的水平。

"闯关"与风险

人往高处走会有坎坷，水往低处流常有险阻。1987年初，中央领导已经看到国民经济中存在的不稳定因素，尤其是物价问题使得人心惶惶。怎样才能找到一条既震动小又能把价格理顺的路子，还能避开政治风险，各方长期多次研究对策意见又常相左，这令决策者有决心改革而无十全良方。当年年底，几个大城市相继出现了抢购现象，使"闯关（价格改革）不闯关""如何闯关"问题显得越发迫切。

中共国家计委直属机关第一次代表大会合影（右六为盛树仁）

　　1988 年 5 月，新计委正式挂牌对外办公，6 月 18 日我第一次参加新计委办公会，就是房维中副主任主持研究工资、物价的改革问题。紧接着 20 日、25 日连续两次召开办公会，第三次则是外加各司局列席的"紧急会议"，集中研究讨论当前和明后年的经济形势、发展趋势和改革思路，特别是工资、物价改革问题。每次会议都是先传达中央、国务院和国务院物价委员会的讨论情况，学习、讨论这些会议精神，会后还分工专题研究改革思路、测算各种方案带来的可能结果，分析综合后向党中央、国务院提出建议。

　　此时的国家计委，并没有新计委登上国务院"最大的综合部门"高台和新开张的喜庆气氛，各司局既忙着自身的组建、职能调整，又感觉到国家经济形势的严峻和险象，重点司局和有关领导夜以继日地研究相关问题和对策，古老的灰色办公楼有许多窗户里的灯总是亮到深夜。到了 7 月，一次会上，在传达会议精神时，国家计委领导提到一位中央领导说"无限风光在险峰"，我们能否登上险峰，关键在此一举。大家闻之一惊，更觉自己责任重大。房维中严令各司局要集中全力，振奋精神，投入战斗。我也召开了各司局综合处长、秘书组长会议，要求大家积极配合，做好相关工作。一天下午，因为天气炎热，工作紧张，办公室也少有电扇，后勤部门买了两车西瓜运到大楼前分给大家解暑。姚依林副总理虽然兼任国家计委主任但平时不常来办公，那天因有急事面商，他秘书来电话告知他临时要来国家计委的信息。我去大门口迎接他进办公楼，路上恰巧遇见众人卸车时几个西瓜滚落、摔碎，撒了一地。当时我见状又尴尬又着急，忙着向姚依林解释，他却只是瞥了一眼，一边说"没什么"一边进楼去了。

　　运卸西瓜都有失误，何况被称为经济体制改革成败的"关键"、涉及全国每个人利益的物价、工资改革会遇到风险自然难以避免。但这个风险主要会怎样表现，可能有多大，如何防范，经过一年多讨论和研究，各方意见还是没有统一。我这个新来的"外行"人听了众多高人高见，心里想得多，也着急，但在会上不敢轻言。当时有人认为现在进行这项改革时机不宜，"在价格总水平多年上涨的情况下（几年是两位数）推进价格改革，成功的可能性很小"；有人说是否"管住货币，放开价格"；有人主张"把主要注意力放到理顺经济关系，建立有计划的商品经济的体系上来"，等等。一方面，国家计委组织研究价格改革的思路、目标，与财政部等部门进言应稳定物价，稳定经济，1988年计划要采取大一些的措施，防止通货膨胀，使全国经济实现从紧张到宽松的转变，要采取从紧的货币政策和从紧的财政政策，把物价上涨控制在个位数之内。另一方面，国家计委从可操作性出发，组织专门小组，对国务院物价委员会等提出的一次次价格改革方案进行测算。例如：钢材价格放开后，有利于解决"双轨制"带来的混乱，抑制投资规模，但要防止轮番涨价，下游产品涨价要递减；提高水陆客运、平信（多少年都是八分钱）、盐、糖、报纸等价格影响较小；农产品价格提一小步，主要是针对南方稻米价格提价，取消"议转平"等；匡算出零售价格会上涨多少，生活指数上涨多少；工资改革应着重理顺，比如教授、讲师等的工资可以多涨一些；现在，财政中各种补贴已占财政收入的1/3，提价后财政可能增收减支多少亿元，增支减收多少亿元；要采取治理通胀、边治边改的办法，包括提高企业经济效益、压缩机关开支、变卖国有小企业、适当增加职工补贴等措施。

当时，中央对推进物价、工资改革决心比较大，国务院物价委员会开了十几次会议，中央政治局也开了好几次会议。1988年8月15日，中央政治局扩大会议在北戴河召开，原则上讨论通过"关于价格、工资改革的初步方案"。8月19日，国家向全国广播公布了中央政治局会议公报。出乎意料的是，此后即在全国引起许多城市居民的恐慌，很快出现挤兑银行存款、抢购商品的风潮。听说有的居民抢购了二百多斤食盐，有的抢购了几十斤醋、几百盒火柴，有些商店的冰箱、洗衣机等一售而空，有的银行支行现金被储户提尽，抢购风潮四处漫延，物价也随之大幅上涨。

对此，党中央、国务院以及国家计委等部门多次开会紧急研究对策，包括使用一些行政手段，银行实行中长期存款保值储蓄，力图抑制抢购、挤兑风潮。这次价格改革是在"双轨制"带来诸多问题之后，但结果是并未实现当时部署的分期放开价格的目标。出现抢购现象的原因很多，我觉得与上下沟通不够、缺乏共识有关系。我与家人讲了改革的大致思路与安排，他们都很理解，夫人只是买了十几卷常用的手纸，岳母则是买了十几个爱吃的鱼罐头。

在抢购风潮出现了一个多月后，中共十三届三中全会于1988年9月26日在京召开。会议确认了北戴河中央政治局扩大会议提出的物价、工资改革方案，但决定把步子放慢，转向治理经济环境、整顿经济秩序、治理通货膨胀，把治理整顿与物价工资改革、企业改革结合起来。国家计委曾多次开会研究部署按照中央全会精神进行经济调整，包括制订1989年计划、宏观调控政策及产业政策，加强生产调度等，并已渐有成效。

八九政治风波之前，全国经济发展和改革开放已呈下滑、停滞之势；风波之后，又出现了不利于中国发展的外部环境。1989年6月9日，邓小平接见戒严部队军以上干部时发表重要讲话，强调必须坚持十一届三中全会以来的路线、方针和政策，这给大家吃了颗定心丸。6月23日，江泽民接任总书记后，我听了传达他在国务院常务会议上的几次讲话，印象深刻的是他强调要维护政治稳定，要准备过紧日子，要搞活国有大中型企业，国民经济要持续稳定协调地发展等。

国家计委的干部上班在"山"上，下班在家，都常思考"山"上的事，价格工资改革牵涉到每个人，大家自然都始终关注这项改革的全过程。除此之外，我还关心这项被称作"关键"的物价改革与被称作"中心环节"的企业改革（此职能现归国家体改委）的关系。价改前，有领导说："物价改革困难很多，但决定于全党统一思想、市场调节和企业机制改革。"我觉得很有道理。之后，社会上出现抢购、通胀等问题，有领导说"如无承包制，经济情况会更严重"时，我听闻后感到欣慰。政治风波的出现，自然影响到改革与发展，可见处理好"改革、发展、稳定"的关系是多么重要。在政治稳定后，改革的步子在继续，其中包括要搞活国有大中型企业。很快，国家计委按国务院要求，制订了三年治理整顿和深化改革的规划方案，并在1989年11月召开的十三届五中全会上讨论通过。在落实全会精神中，国家计委一边抓治理整顿和有关改革，突出抓宏观调控和当前生产，一边按要求抓委内政治风波后的清查和考核干部工作。我主持办公厅的清查、考核干部工作，进行得也很顺利。经过十几天的半天学习半天工作，大家把思想统一到中央精神上来，提高了认识。国家计委急中央之所急，继续集中讨论1989年工作和预测、1990年计划及实施办法，尽快使国民经济走出困境。

有"惊"无"险"的三个差事

改革创新有风险，守旧倒退更有风险。"山"上人讲"治大国若烹小鲜"，但总有烙烧饼的可能；民间说"吃饭防噎，走路防跌"，但总有人噎过、跌过。国家计委机关工作很快步入正常轨道，1989年下半年我代表国家计委两次出差、一次出国。其间，我也遇到了一些"惊"和"险"，得到教益。按时间顺序，兹录如下。

第一次是看"险"不是险，我受到了震撼。1989年7月13日我带队应邀去甘肃酒泉基地观看导弹试射。从酒泉市开往基地的火车专列上，窗外掠过的是烈日下的一座座沙山，车厢内洞开的窗户有的已经没有了玻璃，地上座位上是一层薄薄的细沙；我们不时清理座位上的沙子，不时见到车外的工人忙着用铁锹往车轨上撒沙子以增加火车爬坡的摩擦力。到达基地时，我们都目瞪口呆：在一片荒原上居然有这么多成"街"的楼房、建筑和绿地。接待我们的一位少将非常热情，还到我的住处讲了不少鲜为人知的动人事迹。我第一次见到发射场附近"三个一千年"的胡杨林（传说胡杨树"千年不死、死后千年不倒，倒下千年不烂"），为其不畏艰险、顽强的生命力所震撼。更为震撼的是在胡杨林旁看导弹升空，第一次近距离地观看，等待发射时就提心吊胆，这比儿时手捏"二踢脚"担心它不蹿天而在手心爆炸要紧张百倍；直至看到导弹在夜空里伴着轰然而起的火焰腾飞，慢慢消失在黝黯的天穹里才放下心来，和数百观者一起拼命鼓掌。我们知道，试验导弹主要是试验火箭，没有它的长进，自己造出的原子弹、氢弹只能像鞭炮一样在本土爆炸是不行的。

还有另一种对心灵的惊动，回京之前我们拜谒了基地烈士陵园，这里长眠着数百上千名献身航天事业的工人、战士、指挥员（包括几名将军），他们生前就誓言终身留在基地，永远与新老战友一起倾听火箭的轰鸣，分享成功的喜悦。我看着、抚摸着一排排的石碑，眼睛不禁潮湿起来，虽然记不住他们的英名和单位，但留在脑海里的是英雄的集体形象。我们国家有他们这样把国家命运放在个人生命之上的、逝去的和奋斗着的一批又一批人，有这种代代相传的不畏艰险、勇敢探索、无私奉献的精神，中国航天事业一定能够赶超他国。十年后，我以监事会主席身份监管了航天企业三年，对航天精神和航天工业发展与前景有了更多的了解，从中备受教育和鼓舞。

　　第二次是遇"险"不知"险"。1989 年 8 月 25 日我去辽宁省丹东市参加中国计划出版社《计划管理》杂志的年会。这本是一次平常的例会，我也只是代表国家计委去表示祝贺并讲点希望，但却意外地经历了一次可能危及个人生命的险情。为了应约参观我国最北边的水陆联运港，我们提前一天到达丹东市住进半山上林木茂盛的招待所。前些日子国务院又一次发文，就严禁大吃大喝做出具体规定。我们与接待人员讲好参观完港口即回招待所吃午饭，但热心的他们却把我们拉到一个县的招待所吃海鲜。面对餐桌上摆了三层碟子的各种海鲜，我这个"带队的"罢宴不得只能守规矩坚持不喝白酒，尝了不知何名也不感兴趣的海鲜。未想到当天午夜我就拉肚子不止，浑身感到从未有过的瘫软无力，从床上起来去厕所都得扶着墙。我独住一幢平房又无电话，只得踉踉跄跄地连走带爬地去同事那里讨止泻药。挨到天亮，稍有缓解我又乘车去礼堂开会，从大门到讲台一人挎着我胳膊，我扶着走道的座椅才入座到麦克风之前。讲完话去照相，别人都是衬衣短袖，唯我穿着深色外衣还怕冷。临时赶来祝贺、感谢、照相的市长问明缘由后大为吃惊："赶紧打吊针，不然要出人命的！"他还讲了近年数个事例，同事听之惊而无语，我则是昏昏地木然以对。打了十多个小时吊针，记不清输的液体是何妙药，到了次日睡觉前腹中空空的我居然恢复如常。那会儿，我只身站在院内，顿觉满眼灿烂的星光是何等可爱。

　　事后，我与友人细说这段"历险"，他说可以编段让人受教育的相声了。我却想：那天若是市长不来或者来了之后不那么敏感救急，会发生什么事呢？

　　第三次是临难受命，担任赴德（联邦德国）考察团的团长。有点

与叶青副主任在出访期间留影

"难"的地方就是此行正值西方国家对我国进行经济制裁之时,又听知国内有人借各种机会外逃之事。因此,10 月是我内心紧张、结局难忘的一段美好时光。这是德国与中国友好签约的为中国进行管理人才培训的项目。此时的这个项目,是在中德双方均不否定也不那么热心的情况下继续实施的。这次培训考察的题目是"市场经济下的法制建设",委领导指定我带领由 20 多位省(市)计委主任、副主任组成的中国高级经济代表团出访。我最担心的事有两件:一是团员外逃(无论是主动还是被策动的,我都难辞其咎);二是对方在政治上和日程上刁难我们。为此,我们做了充分准备,包括我要进一步熟悉我国经济形势和经济体制等情况。组织上指定天津市计委主任李盛霖、上海市计委主任陈祥麟任副团长,委培训中心负责人为秘书长,下分四个小组。我在京西宾馆集中准备会上强调,"从今天起你们的'帽子'(职务头衔)就留在这里了,一个月后回来才能戴上",意即必须严格听从我这个团长的指令。大家很理解也很支持。

未曾料到的是,途中发生了两件有惊无险之事。一是在国内过海关时,一个团员被扣疑为通缉犯(因为长得像),几经交涉、查验,耽误了半个多小时才登机。二是在德国法兰克福机场等行李时,突然有人悄声向我报告说团里少了一个人，我心里一惊：怎么刚刚下飞机就有人失踪了？但脸上还故作镇静，大家也面面相觑。我们立即请机场协助用广播呼叫找人，半个多小时后仍无音讯。正在心急如焚时，只见这位"失踪"团员满头大汗地跑了过来，连称"对不起"。原来他下了飞机走在长廊过道一段时间后，忽然想起一件重要礼品忘在行李架上了，而这两瓶茅台酒和几瓶桂林腐乳是特地给德国一位将要接待我们的部长带的，是这位部长上次访华时赞不绝口的美味。因不便托运，我们交由这位年轻团员专门随身携带。为了挽回失误，他违规逆行返回机舱，用蹩脚的英语和慌乱的手势说服了阻拦他的工作人员取回了这份礼品。彼时我心里一块石头落了地，真想拥抱"感谢"他，但口头上只淡淡说了一句："你要打声招呼就好了！"

也许是做好应付困难的准备，困难就减少了。借各种机会，我主动介绍我国改革开放十年来的成就和今后继续坚持改革开放方针的决心，打消德方可能存在的疑虑。我还讲了不少表示友好的闲话，比如我们信仰马克思主义，马克思是德国人，马克思主义和德国一些哲学思想与我国传统哲学有许多一致的地方，沟通起来比较容易。我还半开玩笑地说："我国目前正在讨论研究建立社会主义市场经济，与你们曾提出的社会市场经济，从中文看只差'主义'两个字，所以我们来

访问英国时在马克思塑像前留影

向你们学习市场经济下的法制建设比较合适。"交流中，我有时还"请教"他们一些问题，比如在中国从计划定物价走向市场定物价，"有形的手"应不应该发挥作用？怎样做才好？中国现有大小汽车总装厂近二百个，早就冲破了国家"三大三小"的原计划，竞争激烈谁也不想退出，这可怎么办？提出类似问题，我也知道他们不会轻易回答，但主要想表明我们确实要走市场经济的道路。

考察中，我们大致了解了德国浩繁又严谨的法律体系，德国的法律与我国的法律同属大陆法系因而也有参考价值，印象较深的有劳动法、培训法、反垄断法等。他们的公民法律意识强，法律队伍庞大，对法官、律师要求严格，执法也很到位。我们参观的大众汽车公司，法律部就有数百人。按照他们的法律规定，失业工人再就业必须再培训；农场主如果退休即使由子女接班，也必须经过培训取得资格认可，等等。但一位做翻译的德籍华人认真地对我说，中国搞法律建设不能像德国这么多、这么细，比如德国修一条跨州高速公路，讨论了几年也定不下方案，乃因土地私有制，各方利益协调很难。交流中，接待人员、受访单位都比较友好，多数人对中国经济发展之快表示佩服。在一个法律研究所，负责人对中国刚刚公布的《中华人民共和国行政诉讼法》大加赞赏，认为有划时代意义。我则笑答，这对我可能是伤脑筋的事，因为委里刚明确如果有人状告国家计委，领导决定由我出庭应诉，我还没做好准备呢！记忆深刻的还有一次气氛友好的交流，是我们与刚从北京大学留学回国的一位女士的交谈。她业余时间潜心研究过《红楼梦》，就此谈了不少中德文化的异同。她长得漂亮，举止优雅，大家说她像薛宝钗，争着和她聊天、合影。坐在我对面吃饭时，她边吃边聊，用叉子把盘中饭菜吃得一粒米饭都不剩。我说，过去中国讲"谁知盘中餐，粒粒皆辛苦"，现在吃饱肚子了许多人却在浪费粮食。她说，不吃干净，对不起种田的，对不起做饭的，还对不起洗盘子的呢！她还说，在北大读书时用筷子吃饭也是这样。在笑声中，大家对这位"大家闺秀"悄然称赞。

这次出国虽然时机殊异，但因大家严守纪律，又和谐相处，收益颇多，团内外反映都较好。留在京西宾馆的"帽子"重新戴上后，团员们又在桂林、烟台座谈小聚过两次。怎奈工作变动、繁忙，大家相会渐少但记忆犹新，多年后仍有人提及此事。

上述这三个差事都很小，但我记忆犹新，因为每一件多少都有些感受和教益。在国家计委这座"山"上，我前后只待了三年，没有多少深悟可言。其间一直主持工作的房维中主任在国家计委这座"山"上连续工作了四十多年，历经我国经济发展的多次风光、挫折与调整。他退休后，在送给我的文集《自序》里总结了改革开放方面四条经验教训，有两条是要"防止急于求成"。我学习后很有同感，觉得这句话可与我国古语"欲速不达""行稳致远"相对应。

随势"转岗"

大约到 1989 年底，市场调节价格的比重已被大大提升，但经济形势严峻，突出问题是通货膨胀和供需总量不平衡，生产速度回落，经济效益下降，有些月份甚至出现连续下滑之势。为了扭转局势，国务院决定加强对全国生产的指导。听分管经济运行的国家计委副主任叶青说，国务院领导问经济运行局需要增加多少人有助于工作。后转而采纳叶青的从体制上采取措施的意见。

1989 年 12 月，国务院成立了国务院生产委员会（以下简称生产委），生产委由 17 个部委组成，叶青兼任生产委主任，日常工作由国家经委划入国家计委的有关司局承担，行政后勤等工作由国家计委继续统管。

1991 年 7 月，国务院决定成立国务院生产办公室（以下简称生产办）。刚从上海调回的时任国务院副总理朱镕基兼生产办主任。

1992 年 5 月，国务院成立国务院经济贸易办公室（以下简称经贸办），仍是朱镕基兼任经贸办主任。

成立三年三易其名的"三办（委）"，说明"发展是硬道理"未变，机构配改也体现了实事求是的作风。意料之外的是，我因此如愿调到企业管理局工作了。

作为国家计委办公厅主任，我为生产委办的第一件事就是按照国务院决定把企业管理局（以下简称企管局）从国家体改委转到生产委。企管局在国家经委撤销时划归国家体改委，现在转给生产委他们不大赞成。我与国家体改委主要领导谈及此事时，他们提出了"退一步"方案，即把企业改革职能留在国家体改委，把企业管理职能转给生产委。我则表示：一是这两个职能不宜划分也不好划分；二是这是国务院的决定，我只是受托来办转移手续，不可能做什么承诺。此事办妥后，生产委就有了两个办事机构：生产调度局和企业管理局。有一天，叶青主任来到我的办公室，说现在企管局的局长调到侨联任副主席了，由于较为复杂的原因，空缺的局长人选不易物色。随后他以商量的口气说："你在企业工作多年，在航空工业部的企业管理局工作过，是否愿意……"叶青是我的领导，我知道他现在工作任务重的难处，理解他担心我不去的原因：国家计委现在权重位高，从"主任"到"局长"似有"走低"之嫌，生产委又刚刚成立前景未知，我会不会婉言谢之？其实，他不了解我的心事，我对企业改革、企业管理工作一直很热心，在九号院时就向主管副主任张彦宁讲了想去企管局工作的意向。所以，我当场爽快地答应了。

过了数日，我第一次去房主任住处"家访"。尽管我说清了理由和心愿，他仍婉言相拒，还鼓励我安心地好好干。经过数次"上访"申诉，他终于松口但让我推荐个接替的人。我琢磨了一段时间，想到在九号院我约请十几个部委办公厅主任座谈时认识的兵器部办公厅主任佘健民比较合适。经过房同意后又经人事司领导考察，定下了接替人选。事有凑巧，1989年底国务委员（后为副总理）邹家华从机械电子部调过来兼国家计委主任，上班后我陪他到各个司局了解情况，一次他就笑问："我刚来，你怎么就要走啊？"我说："这是你来之前党组就定下的。"因为邹主任曾在兵器工业部当过部长，下面就有传言说他来委工作还带来一个办公厅主任。我这个当事人还几次在背后为他澄清这件事。机关里的人事变动是大家比较关注的，常会有一些议论和猜测，我从办公厅"主任"变成企管局"局长"，就有同事对我表示欢送的同时流露出不解之意。另外还有一些议论也颇有趣。企管局的归属变了，但起初的办公地点还未变，还是与国家体改委一起在国务院国家机关事务管理局院内，原国家机械委的一些老同事见了我便开起玩笑：怪不得你积极把企管局从我们国家体改委划到生产委，原来你是

国家计委办公厅部分同事合影

想当局长啊！企管局的副局长张用刚、田军和处长们则表示欢迎："老办公厅主任来我们局当'头'，我们很高兴啊！"这使我感到一种类似"回归"的温暖。

因为在国家计委交接工作，我于1990年6月才到企管局上班。一年多以后，生产委改为生产办，原国家经委副主任张彦宁、赵维臣等调入此处担任副主任。叶青把我调入企管局进生产委，但他这个原生产委主任因邹家华的坚持仍留在国家计委工作，而我和企管局则从国家计委转到了生产办。见到朱镕基副总理后的第一件事，是他让我和国家计委行政司司长吴宝林陪同他在一个星期天去市里挑选生产办办公用房。企管局从国管局院内搬到了三里河一个简单装修的旧厂房里，离国家计委大院约二百米，大家商定可以去国家计委食堂吃午饭。结果工作起来后，大家不愿意午休时走这一段路，就图省事吃方便面。正当我们吃腻了方便面时，街头有居民推车卖家常饭菜，可口又便宜。但没过一个月，这些小贩被市里取缔了，我们又只能吃方便面或者自带干粮和饭菜。从生产委到生产办工作很紧张，职能、机构进一步扩大，特别是把如何进一步搞好国营大中型企业这个具有综合性、全局性问题提到了重要议事日程，大家感到任务重、责任大，办公、生活条件差一点算不了什么。"面包总会有的"，我们对发展前景充满信心。

一个夏天的下午，在中南海朱镕基副总理办公室，我们小范围研究生产办当前工作和机构设置问题。朱镕基忽然走过来扶着我的肩膀说："你去当秘书局局长吧！"我一时怔住，心里不愿意，但只是说："我刚到企管局才几个月啊！"我不知再说什么好。幸亏赵维臣打了圆场："他要是想干这个，国家计委办公厅主任不比这神气呀！"这句玩笑话，也许朱是听进去了，稍过片刻，他说："那你负责帮助筹建秘书局吧！"我立即起身表示同意。然后，他又接着讲要把企业管理局改名为企业局（去掉"管理"两个字，后改为"企业司"）以便工作，我更是立即表示赞成。除了这段小插曲外，会议顺利结束，大家高高兴兴地散去，我的工作任务又增加了许多，但心里是舒坦的。

从吉林省省长王忠禹调进生产办任第一副主任，到成立经贸办，除职能进一步扩大外，所属机构已从 11 个增加到 15 个。1992 年初邓小平在南方发表重要谈话，振聋发聩，又一次对我国的改革开放和社会进步起到关键性作用。正是在这个重要讲话的指引和推动下，在生产委、生产办、经贸办工作的基础上，1993 年 3 月国家经济贸易委员会（简称国家经贸委）正式成立了，王忠禹为第一任主任。有人说，国家经贸委的成立是顺应改革开放需求的产物，也有人说，这是实事求是思想路线、"螺旋式上升"哲学思想的体现。

第三章 践行四个不同的国企改革"职位"

建立社会主义市场经济体制是亘古未有的浩大工程，除"总设计师""总工程师"外，先后有亿万人参加，有无数个大大小小的"职位"。就国企改革而言，我亲历的有四个"职位"。

第一，参与执行最先的政策。在黎明公司、航空工业部主要是参与执行国家关于扩大企业自主权的文件。在国家经委、国家计委关注见识国企改革，也写了一些相关文章。

第二，参与制定和组织实施有关政策。主要是在国务院生产委、生产办、经贸办和国家经贸委任企业司司长时所做的相关工作。

第三，参与探索市场条件下的行业管理。我任中国轻工总会副会长主要做这件事。

第四，参与监管中央企业。作为国企外派监事会主席，参与了为解决所有者到位问题所做的又一次探索。

即便从任企业司司长算起，我在三个很小的"职位"上参与国企改革也有十六年。虽然这些只是国企改革"过去时"里的几分钟，也只是身在"兵位"，胸为"帅谋"，但自己留下了许多闪亮的记忆。

一 企业的"三改一加强"

新宿舍楼里的新岗位

我随"船"就势到了国务院生产委、生产办、经贸办和国家经贸委，成为改名后的企业司第一任司长。

1993 年初的这一次国家机构改革后，国家计委、国家经贸委、财政部、中国人民银行仍是国家管理国民经济的四个综合性部门。从办公楼来说，国家经贸委的办公地点分散、偏僻，一开始是在改建的旧厂房、华侨补习学校等址办公，不久搬进了新建成的宿舍楼里办公，经过两三年努力至 1997 年上半年搬进了新办公楼里，不过在此之前我已经离开国家经贸委半年多了。从职能来说，国家经贸委主要任务是管理国民经济和协调当前经济运行，其具体职能比生产委、生产办、经贸办扩大了许多，主要是有两个新特点、新问题：一是 1992 年党的十四大确定我国要建立社会主义市场经济体制，如何边改革边建立；二是当前经济形势并不乐观，如何用改革的办法解决改革中的发展问题。这些都与国家经贸委的职能、工作直接相关。

改革开放以来，我国经济高速发展，但还没有完全走出"一放就活，一活就乱，一乱就收，一收就死"的循环。从 1988 年开始国内出现通货膨胀，经济发展下滑；国际上东欧剧变、苏联解体，国内许多认识不一，有人甚至把一切问题、失误包括经济发展下滑，都归结为改革开放。1992 年邓小平南方谈话，确定我国要建立社会主义市场经济体制之后，全国改革、发展的热情高涨，前两三年治理整顿也积蓄了力量，因而从 1992 年下半年起经济不断升温。如何按照中央的要求，把人民群众发展的积极性保护好、发挥好、引导好；如何处理好改革、发展、稳定的关系；如何转变增长方式，使我国经济发展进入良性循环？1993 年 3 月，同时到任的国家计委主任陈锦华和国家经贸委主任王忠禹，无疑具有重大的历史担当。在综合分析、上下共同努力下，1993年 6 月中共中央、国务院及时颁发了《关于当前经济情况和加强宏观调控的意见》，规定了严格控制货币发行、坚决纠正违章拆借资金、坚决制止各种乱集资、加快金融改革步伐等十六条政策措施，并检查督促实施，对经济过热实行"釜底抽薪"的策略，进行了适时、适度的微调，使经济发展速度渐入正常。

从改革、调控、协调的覆盖面来说，不只是对生产还要对流通，不只是对内贸还要对外贸，才能适应市场对资源配置的基础性作用逐步加大的新形势，适应对外开放、企业逐步走向世界的新需要。1994年初国务院成立关贸总协定谈判委员会工作小组，国家经贸委任副组长单位就是一例。从部门职能上看，国家经贸委与国家计委、国家体改委等多有交叉。所以，王忠禹多次对委内干部说："我们要学会在交又当中工作，在各部门的基础上工作。"他还强调搞经贸工作有许多新情况、新问题，必须紧张起来，迎难而上，在工作中努力学习，提高素质。

从"基石"到"基础"：建立现代企业制度

国家经贸委职能中有一项"负责企业工作"，其中企业改革自然是重点。作为企业司负责人，我和全司同事对此当然全力以赴。

企业改革的重要性和复杂性决定怎样处理计划与市场、政府与企业等关系。我国在探索中走上中国特色社会主义道路，进行了"第二次革命"，从1978年12月决定实行改革开放的十一届三中全会起，到1992年党的十四大决定建立社会主义市场经济体制，历经14年。我经历的这个过程中的争论、演变、反复都是渐进的，不是苏联实行改革时"休克疗法"的一夜裂变。早在1979年11月邓小平会见美国客人时就说过"社会主义也可以搞市场经济"；尔后，中央相继有许多新提法、新决定，如"计划经济为主、市场调节为辅""有计划的商品经济"等。正是在社会各种舆论和试验中，改革自下而上、自上而下、上下结合进行，中央适时做出决策加以推动，农村改革率先突破，乡镇企业蓬勃兴起，企业改革（主要是国有企业改革）也在稳步推进。

回想国企改革起步之难，难在既要突破20多年计划经济体制在思想观念、运作模式上的束缚，又要增强企业活力，保持社会稳定。改革开放之初两位外国朋友说的两句带"刺"的话让我印象很深。一句是"中国没有企业"，意思是中国的国有企业被政府管得那么紧，人财物产供销都是上级说了算，连建个厕所都要写报告申请，这怎么能算是真正的企业呢；另一句是"中国大企业厂长在我们那里可以竞选总统"，意指中国国有大型企业从职工的生老病死（医院、托儿所、火葬场等）到党政军民学（民兵、派出所、学校等），什么都管。在没有什么模式可以照搬，"摸着石头过河"的实践中，我国企业改革从1979年给企业"松绑"开始，历经扩大企业经营自主权，实行承包经营责任制、租赁经营、利改税等项改革，都取得了显著成效，极大地促进了我国生产力的发展。但随着改革开放的深入，企业改革力度、深度不足等新问题也逐渐显现。

　　我到企业司后主要是按领导要求，研究如何搞活企业以及承包制与财税等改革的衔接过渡问题。1991年9月，中央工作会议适时提出搞活企业20条政策措施，并提出了要转换企业经营机制问题。关于中央这些搞活政策措施，国家经贸委在会前提出了参谋建议（企业司牵头草拟，为此经常加班加点）。为具体贯彻实施《企业法》，国务院11月决定起草转换企业经营机制条例。国家体改委有关司与国务院生产办企业司联合成立起草小组，在时任副总理朱镕基及两委（办）分管副主任领导下，在北京十三陵水库南边的一个招待所里开始工作。起草小组学文件查资料，开各类座谈会，反复讨论，夜以继日，全力协同。大家唯一的休息时间是晚饭后去水库边上散步，还常有争论、切磋。那时，从招待所起草小组的房间到城里办公楼的办公室，都充溢着改革的激情和冷静的思考。

　　数稿之后，悬在众人心头尚无解的是未来我国经济体制的总体"提法"。没有这个"纲"，余者皆是摊散的"目"。一天晚上，大约10点钟，时任国家体改委主任陈锦华突然从城里来到招待所的小会议室，手握一份中央文件兴奋地对大家说："邓小平的南方谈话，中央已经发文了！"大家不禁欢欣雀跃，顿觉房间的灯光倍加明亮。初稿出来后，征求部门和地方意见时，他们主要对将赋予企业14项经营自主权有很多不同意见，担心"一放就乱"。而我们认为，初稿把1984年国务院批准的"扩权十条"扩大到十四条，并对企业在计划、销售、定价、采购、资产、内部机构、人事劳动奖金等方面的自主权又有增添、细化是必要的。国有企业没有这些基本权利，且不受法律保护，如何在国内外市场上参与竞争？经过许多次的"拉锯战"，经过国务院十七次会议的讨论，第七稿后终于在1992年6月定稿，以国务院名义发布了《全民所有制工业企业转换经营机制条例》（简称《转机条例》）。两年后，与《转机条例》匹配的《国有企业财产监督管理条例》（简称《监管条例》）出台。这两个法规性文件，后被国务院领导称为社会主义市场经济体制的"基石"。

　　接下来的问题是，企业转换经营机制要转到哪里去、什么才是真正的企业、我国企业如何重塑才能适应社会主义市场经济体制，才能适应全球企业竞争、合作的"游戏规则"？我们在一年多宣传贯彻《转机条例》中，此前此后也听到、议到一些问题和新的改革建议。企业司内部讨论也认为，企业"转机"很重要，但要从"制度"建设上改革才能根本性解决问题。1993 年 5 月，中央财经领导小组要求国家经贸委牵头研究建立现代企业制度问题。国家经贸委主管副主任陈清泰牵头组织了国家体改委等十三个部委和一些经济理论专家成立调研小组，包括汲取了一些老领导的调研成果，用三个多月的时间向中央财经领导小组呈送了《建立与社会主义市场经济体制相适应的现代企业制度》的报告。1993 年 11 月召开的党的十四届三中全会通过了《中共中央关于建立社会主义市场经济体制若干问题的决定》，正式提出企业今后的改革方向是建立现代企业制度，并指出这是社会主义市场经济体制的"基础"。

这样，从政策创新发展到制度创新，从企业所有权与经营权分离到出资者所有权与法人财产权分离的理论创新，从打造"基石"到建立"基础"，是企业改革深化的重大突破和质的飞跃。我国建立现代企业制度的目的是使企业真正成为法人实体和市场竞争主体。其主要（不是唯一的）组织形式是公司制企业，基本特征是"产权清晰，权责明确，政企分开，管理科学"（对于这四句话的含义、顺序，我们讨论、推敲了多次）。这不仅可以从根本上激发企业的活力，而且是对外开放，之后要加入世贸组织并与外企合作的需要。虽然这是十几年企业改革顺理成章之事，但是新制度"标准"又新又高，必须有多方面改革与之配套，具体操作艰巨复杂，不可能一蹴而就。所以，国家经贸委强调面上重在落实《企业法》和"两个条例"，为实行新的企业制度创造条件，建立现代企业制度主要是按照国务院原则同意的"试点方案"进行试点、探索，决不可一哄而起；对时下企业改革的统一部署是"转换企业经营机制，建立现代企业制度"，简称"转机建制"。

尽管企业改革方向是中央的决定，有薄一波、吕东、袁宝华等老领导讲话、撰文的支持，有著名学者刘国光、厉以宁、吴敬琏、江平等的呼吁、阐述，但上下对建立现代企业制度仍有许多思想障碍、认识偏差和难解的问题。如果说"扩权""承包""转机"等改革有难度，

在中南海王忠禹办公室

那么这次"建制"涉及所有制实现形式，还有一定的政治敏感性。比如有人问为什么叫现代企业制度，难道我们的企业制度是古代的？公司制就能解决问题？新中国成立前不都是叫公司吗？为什么把"产权"问题放在第一位？讲"所有权"又讲"产权"不是"一物二主"吗？股份制破坏了国家所有权，是在搞私有化（还有西方记者问有关领导有无私有化时间表）；股东会、董事会说了算，工人阶级还能当家做主吗？社会中还出现了不少换汤不换药的"翻牌公司"来添乱，使得我们也一度紧张。为此，国家经贸委连续举办了两期共有 45 个部委、30个省（市）经委（计委）负责人及部分企业参加的研讨班，王忠禹、陈清泰等领导及若干专家与会宣讲；委领导、企业司等有关司都通过报刊、电视等媒体广泛宣传"转机建制"。我也到一些省市、大学、企业等宣讲，参加驻京外国记者新闻发布会，去国家计委培训基地与老同事们交流等。

"万千百十"：整体与突破的试点

为了实行"整体推进，重点突破"，逐步、有序地解决观念转变、认识差距和诸多落实中的未知问题以取得经验，稳步推进，国家经贸委于 1994 年初适时提出"万千百十"工程与"转机建制"同时实现重点突破。"万"即一万户国有大中型企业率先、扎实贯彻《企业法》和《转机条例》，实行新会计制度"两则"（《企业财务通则》和《企业会计准则》），完成清产核资；"千"即分期分批对一千户关系国计民生的重点骨干企业派出监事会；"百"即选择一百户不同类型的国有大中型企业进行建立现代企业制度试点；"十"即在十六个城市中进行"优化资本结构，增强企业实力"的配套改革试点。

　　这些试点都是与有关部门协同进行的，试点企业、城市个数和内容在实施过程中也稍有增减变化。其中有三点令我印象深刻。一是我们建立的现代企业制度是有中国特色、符合国情的制度，不会走私有化道路，比如根据当时的情况，公司企业设计国有股、国有法人股、职工股，规定国有股、国有法人股对公司绝对控股或相对控股，即使上市这些股份也暂不上市流通等，以保持公有制的主体地位。我曾与一位著名经济学家讨论说："股份制企业是否也可以看作'新型集体企业'，只不过一部分股份相对稳定，一部分持股人可以'用脚投票'决

在鞍钢调研（左四为张彦宁）

定去留，让'资本'活起来一些，这对资产保值增值有好处。"对此，他表示同意。二是渐显"资本"的概念。以前我们多用的是资产、资金，少用和不用"资本"（似乎容易使人联想到"资本主义""资本家"），经过讨论，这次要解决企业优胜劣汰、核转部分历史债务，有投资者投入，要搞兼并破产等，称"优化资本结构"比较合适。三是以城市为依托，实行综合改革和管理以搞好国有企业，这尚属首次。这比面向全国所有企业发布统一政策或对一个一个企业采取措施更有针对性、代表性和配套协同性。国家通过对试点情况进行综合分析，找出搞好国有企业的新思路、新办法。这些城市的试点内容丰富，可以简单概括为八个字"增资、改造、分流、破产"，以调整优化资产，增补企业自有资金，减轻企业负担等。

近两三年企业改革实行"转机建制，万千百十"，有试点又有推广，有主办又有协同，内容多又有交叉，工作繁难，近似解数学上的"联立方程"。为此，国家九个部委先是联合成立了协调小组，后又由十五个部委建立联席会议制度，办公室都设在国家经贸委企业司。除我司全力以赴外，还从京内外借调十几位同志一起工作。我对大家说，社会主义市场经济体制，就是把社会主义基本制度的优势和市场经济的优点有机地结合起来；"两优"结合是成功，"一优一缺"结合是不成功，"两缺"结合是失败。大家觉得所从事的是建设有中国特色经济体制、具有历史性的创新工作，虽然只是当参谋、助手，做个"技术员"，但感到非常幸运又责任重大，因而情绪高昂，不辞辛苦，经常深入调研、加班汇集情况和总结经验。一年后，1995年3月国务院办公厅转发了国家经贸委《关于深化企业改革搞好国有大中型企业的意见》。

新建的公司与新组建的集团

企业地位上升、经济快速发展，各类"公司"蜂拥而起。在此期间，也发生了产权难清晰、政企难分开的诸多问题。

新建的公司这里主要讲影响较大、破"壳"而出的联通公司。正当国家经贸委全力贯彻落实"转机建制"之际，1992年9月，机电部向国务院报送了《关于申请建立中国联合电信公司的报告》，牵头人是时任机械电子工业部分管电信的副部长胡启立。

我对中国通信技术落后的强烈感受来自两次出国时的经历。第一次是 1987 年在美国，看到一位年轻华商手里拿块"砖"，不知其为何物，问了方知是移动电话，叫"大哥大"，当时我虽惊讶但不意外，美国科技比我们先进得多啊。第二次是 1991 年在马来西亚，一位比我年长约二十岁的华裔小庄主，在棕榈树下的小宴会上非要我用他的"大哥大（已小了不少）"给北京家里打个电话。通话后我不但惊讶而且有点尴尬："亚洲四小龙"都不是的国家都用上了移动电话！看来这不只是个技术问题。在机电部正式提出要成立公司之前，我们企业司已有人应邀参加了他们的一些会议，知道机电部在会同能源部（电力）、铁道部、总参通信部多次讨论研究"打破垄断，开放电信"的问题，且情绪激昂。他们提供的数据是：时下我国电话普及率仅达 1.2%，远远低于 20% 的世界平均水平，甚至低于 4.5% 的非洲平均水平；全国话机总量只相当于日本东京一个城市的数量，在世界 155 个国家中排名第 121 位；"装不上、接不通、听不清"状况普遍存在。我和社会上许多人一样对此感同身受，但没深究。

搞市场经济必须反对垄断。江苏省在兴办乡镇企业之初，一个乡长曾说同样的工厂必须办两个，这样才好管理，才好竞争。1989 年我去德国考察时专门了解了他们的有关法律，而这时我国还没有反垄断的法律法规。但在 20 世纪 80 年代，国家经委就出面与空军合作成立了中国联航公司，打破了民航的垄断，好像未费多大劲，未想到这次攻克电信垄断却如此艰难。

邮电部与机电部等就此问题针锋相对，从报刊发表文章到写内部参考资料，从技术、经济层面到政治高度，双方对垒，争执不下。朱镕基、邹家华两位副总理两三次批示、听汇报表示支持改革，也没能很快使之尘埃落定。我记得双方争论的焦点有三方面。一是国务院 1990 年颁发的文件规定，主要通信业务由国家统一经营。邮电部认为，这是改革开放后的国家文件必须照办，也是通信业务"具有天然的垄断性"决定的；机电部等认为，现在国家要建立市场经济，要"转机建制"，形势已经变了，政府部门要转变职能，改革就不能固守原有的规定，民航、粮食、交通等不就开始放开了吗？二是对比国外情况（那时遇事常与发达国家进行比较，但常有"真实"度不同）。邮电部说，世界各国在其电话网建成之前，都是由国家专营或国营公司垄断经营的，从我国当前情况看必须实行这种体制；机电部等提供的国外情况与此不一样，说德、英、美、日及亚洲的新马泰等国家及港台地区都已经或正在改革、重组、反垄断。三是关系国家主权与安全。邮电部认为，放开经营会搞乱电信，保密都成问题，会"比美日通信自由化走得更远"；机电部说，保密问题从技术上可以解决，总参通信部和一些邮电部专家对此都给予肯定。改革中有不同意见是正常的，但如此意见和交锋对立还不多见。

在经贸办、国家经贸委会同国家计委、国家体改委等部门进行反复协调的过程中，双方还以书面文件形式进行争辩。比如 1993 年 1 月 7 日机电部向国家经贸委又一次报送申请组建联合通信股份集团，邮电部闻讯即于 1 月 19 日直接向中央领导写报告不同意建立第二个公用网，

企业司部分老同事小聚话当年

2月16日机电部便向中央领导呈送报告重申改革的理由。中央领导以及国家经贸委王忠禹、陈清泰和企业司，都多次听取汇报、参与协调和评判，时而一波未平一波又起，时而"疑无路"后又"柳暗花明"。我为企业改革面上的事经常加班加点，而此事有特殊的意义，我为此两次随陈清泰与胡启立、曾培炎副部长面谈，有一次还与邮电部一位副部长直面争执。其间与双方司长交谈更多，多次逐字逐句修订我们的报告和代拟稿。企业司一位分管副司长家有瘫痪在床的老母亲，自己身体也不好，仍在与双方协调沟通中亲力亲为。具体操办的公司集团处长多次因回家过晚，夜里11点电梯停运，只得摸黑爬13层楼梯，回家以一碗方便面果腹。那段时间里，企业司许多同事以及从外单位抽借来帮助搞"转机建制"的增援战友，在头绪多、任务急的情况下，团结合作，任劳任怨，大家把这些工作交叉、结合起来做，有些人经常通宵加班、夜宿办公室。就这件事而言，我们企业司同事从中感受到中央领导的高瞻远瞩，有关领导的深思熟虑、"咬定青山不放松"、包容实干等，从中也获得了鼓舞和教益。

雨后见彩虹，转机后迎来大发展机遇。历时两年多，1994年7月中国联通公司在钓鱼台芳菲苑隆重地宣告成立，挂靠国家经贸委。公司按照现代企业制度的有限责任公司形式组建，股东有电子部、电力部、铁道部以及凯奇、光大、华能、华润等13家，共出资13.4亿元，推选赵维臣为第一任董事长。创业之初，赵维臣以一贯的开拓实干风格，克服走向市场、参与国内外竞争的各种困难，打开了新局面。四年后，邮电部在机构改革、转变职能中，对电信业进行战略性改组，形成了中国电信、中国网通、中国联通、中国移动等七大运营公司，促进电信业的大发展，惠及全国人民。

无疑，新建的联通公司按照建立现代企业制度要求，在理顺内外关系方面也做了大量开拓性工作，但相对算是容易一些，改制、改组现有企业却有另类的难度。

"条（部门）块（地区）"分割一直是个问题，许多干部认为"肥水不流外人田"，背地里扎紧应该拆除的市场藩篱，严重时有的甚至做出"喝爱县酒""抽爱省烟"的内部指令。对此，1986年国务院就指示在全国搞新型的横向经济联合体，以优势企业或名优产品为龙头，开展经济技术协作，搞对口支援，效果显著，这是继扩大企业自主权之后对旧经济体制的又一次冲击。1991年，国务院为了对国有企业进行战略性调整，促进规模经济与专业化生产结合，促进建立国内统一市场，决定组建企业集团。当年12月，国务院批准生产办、体改委、计委经调研提出进行试点的请示报告后，我委即牵头抓紧实施，将涉及国计民生的钢铁、机械、石油、化工、外贸等行业的前三名企业，以及一汽、二汽、一重、二重等知名大企业作为核心，把若干在资产、技术、业务等方面相关的企业通过市场经济形式归聚成紧密层，成为企业法人的经济联合体，初定56家。实施中，对大多数问题有了一致意见，但也有不少难定、待办的事，比如集团公司要不要确定行政级别（副部、正副局级）？有的省市不愿意"上交"企业怎么办？有些党组织关系放在地方是否可行？等等。他们都是后来一百多户中央企业的前身。

在国家组建企业集团前后，一些部门、地区也在机构改革中成立新公司、组建企业集团。某市组织的一个"集团"，收了10个企业，将国家下放给企业的几项权利统统上收，既当"婆婆"又当"老板"；某地强拉硬搞起来的"集团"不到一年就亏损3000多万元，"集团"则将此亏损让所有成员企业平均分摊。有些部门把原来的专业局处改为"公司"，不仅上收企业自主权，取消企业法人地位，还把企业变成"工厂车间"。这类"捆绑"成的集团和"易名"的公司被称为"翻牌"公司，受到社会的批评、抵制。通过"转机建制"等项改革的深入，我国各类公司、企业逐渐步入正轨，在游泳中学会游泳。

"中心环节"内外

企业改革是整个经济体制改革的中心环节，但企业改革不可能单兵突进，必须基本同步进行内外结合的配套改革，特别是必须同时处理好"改革、发展和稳定"的关系。国家经贸委工作头绪多、难点多、遇到的突发问题多、与有关部委协商办理的事情多，不会"弹钢琴"不行，弹不好也不行。

"三改一加强"（即企业的改革、改组、改造和加强企业管理）是对搞活企业，特别是搞好国有大中型企业几项重要举措的概括。国家经贸委根据以往改革经验又添加新的内容，把企业制度创新、企业组织结构调整和重组、技术改造和技术进步、管理创新结合起来。企业改革情况已如前所述，实际上，由于每一项工作量大而且难，委内各司局要分清主办、协办的角色，有些工作还要与有关部委协同办理。

企业改革主要是与国家体改委、财政部等部门合作。"转机建制""万千百十"的配套试点，其中百户企业建立现代企业制度，国家体改委也与单划出的部分企业进行联系，企业司与他们经常沟通，研究一些共性问题。"转机建制"很重要的配套改革是制定有关法律法规，如《公司法》等以国家体改委为主起草，企业司参与，我也多次参加会议，提出修改意见；还有关于财税、金融、保险、投资、外贸、独资企业、股份合作企业、反不正当竞争、劳动、社会保障等法律法规的起草，都涉及企业改革，我们或与有关部门联合牵头起草或积极配合；由我委牵头起草的商会、商业秘密保护等法律，我们也主动听取有关部门意见。讲到这里，有人可能不禁要问："国企改革究竟包括哪些工作？'中心'的外围是否都称作'配套'？"单说"弹钢琴"，不能仅理解为只讲弹琴人（及其水平），还涉及谱曲人、钢琴制造修理，甚至还有演出环境、听众反应等。现代企业制度涉及许多工作，比如与国际接轨的新的企业财会制度（当时简称两则）就是其极为重要的基础制度之一，产权不清晰，清产核资没有依据，国企的历史包袱难以解除，今后"走出去"与外企合作就不能"同规"。这项改革由财政部主抓，我委高度重视，积极配合。陈清泰与财政部主管副部长多次面商、召开会议解决企业潜亏、挂账、债务、资产评估、与承包制衔接等问题。我于1993年3月在上海主持召开财会制度改革高级研讨班，各省市经贸委及企业参加，由安达信等国际专家介绍国际准则，财政部司长讲解"两则"，会上讨论热烈，质疑答疑不断，大家对这个难学难弹的"钢琴曲"兴致大增。与此同时，财税系统也对此在全国进行培训研讨。

我委负责将全国企业转机建制的综合情况和统计分析及时与国家体改委等有关部委通气，向国务院报告。我还根据全国调查，应新华社《瞭望》周刊之约撰写特稿《〈条例〉颁布十个月》，兴奋地介绍有关情况。可喜的是，从 1992 年 6 月到 1994 年 4 月，两年的时间内，《转机条例》赋予企业的 14 项自主权已有 8 项全部得到落实，4 项基本落实，2 项（进出口经营权、拒绝摊派权）有所进展；14 个经济部门出台 15 个配套政策，20 个行业部门制定了 23 个行业实施办法；推动 18 个城市的"优化资本结构，增强企业活力"试点工作，发布了 17 个规章办法。到 1995 年底，18 个城市共增资减债 100.9 亿元，技改投资总额 820.3 亿元，兼并企业 336 户，核销呆账 8.1 亿元，加快了"增资、改造、分流、破产"步伐。

国家对全国 30 多万个国有企业则进行分类指导，在参照国外经验把企业分成大中小型之后，主要是从战略调整出发，对关系国民经济命脉和安全的关键领域、重要行业和企业，如能源、交通、军工等行业，主要通过市场机制，让国有资产逐步向这些企业集中，给予其一定的扶持、引导，但不搞"拉郎配"；对全国国有企业的管理实行"国家统一所有，政府分级监管，企业自主经营"。同时，委里开始研究商定划归中央管理的和省市管理的国有企业；对一般中小企业进一步放开搞活，特别是对其中亏损严重、技术落后、经营困难的小企业，有计划、有步骤地实行"关、停、并、转、包、租、破、卖"，以实现国有资产的战略转移，提高国有经济的质量。这些工作有一段时间里被概括为"抓大放小""减员增效"，其力度、成绩和问题，受到社会的广泛关注。为此，国家采取加快建立社会保障制度，决定破产的资财优先用于安排下岗职工等法律、行政办法，解决实践中的问题。一次，我应邀去北大做企业改革"转机建制"讲座，没想到听众挤满了教室，甚至过道、走廊里都站着许多人。在讲座结束后的提问环节中，一位同学说："一些企业的资产宁可闲置、烂掉，为什么不可以向社会出售？否则，这不也是国有资产的流失吗？"我讲话中"轻描淡写"的两句话，没想到却让他"突出放大"了。在校大学生如此关心、了解企业改革，给我留下深刻印象。

企业管理，实际上同时有个管理企业的问题。20 世纪 80 年代国家经委领导的企业整顿工作起到了很大的作用，但对比发达国家的企业管理，我们的差距仍然很大。我第一次到日本看到的松本、三菱等企业，当时在我国找不到一家可与之媲美，仅它们的清洁生产一项管理就是如此。要想改变这个现状，国家必须从"大"处着手抓企业改革"转机建制"，推动转变政府职能，同时从"小"处做起加强企业管理，并与改组、改造、改善企业外部环境等结合起来。国家经贸委一方面推动、指导所有企业深入开展"转机制、抓管理、练内功、增效益"（包括企业内部的劳动、工资、分配三项制度改革）活动；另一方面推动党政机关与所办经济实体脱钩，改变投资主体，走内涵式发展道路。此外，还积极推动"产学研"联合开发工程，培育技术市场，扶持企业开发新产品等。另外，打击假冒伪劣产品，制止各种乱评比、乱评奖、乱摊派行为等，为企业自主经营、抓管理水平创造良好的外部环境。

国家经贸委主抓的综合协调当前经济运行，由于宏观调控有进有退、有保有压，企业改革等各项改革措施的贯彻落实，及时协调解决经济运行中企业和地方政府提出的问题，不但有效地抑制了通货膨胀，保持了国民经济持续、快速地增长，也促进了生产资料的双轨价格逐渐并轨。

副秘书长的那些事

1993 年 8 月，经中组部同意，委里任命我为副秘书长，仍兼企业司司长。王忠禹主任常讲："经贸委干部要站在自己的层次上，学会交叉办事、商量办事。"这与通常说的"胸怀全局，做好本职工作"是一致的。但是"副秘书长"是什么层次呢？我想，除了做好企业司工作，还要完成委领导交办的一些事，不论这些事与企业司"有关"还是"无关"。

国家经贸委和原来国家经委一样，搭上礼拜天、节假日也有办不完的事。这里，只讲让我印象较深、与企业工作有关的三件事。

一是参与推广邯钢经验。在一段时间里，企业反映"现在政策好，就是没有钱"。国家经贸委一方面与有关部委合作，加快清理"三角债"（后叫"清欠"）、减轻企业三大负担（债多、冗员多、乱拆借）、抑制通货膨胀、开辟新市场等；另一方面开展"中国经济效益纵深行"活动，引导企业在"转机建制"中深挖潜力。我们在调研中发现了一些搞得好的企业，如河北邯郸钢铁厂。邯钢将市场机制引入企业，内部核算以现行价格为准，让全体职工直接感受到市场的冲击和压力。"每个职工头顶一个算盘""千斤重担众人挑，人人肩上有指标"，这解决了职工吃企业"大锅饭"的问题。仅仅两年时间，邯钢的劳动生产率、成本等指标在全国同类型钢铁企业中居领先地位。他们的经验概括起来是"模拟市场核算，实行质量、成本双否决"。

国家经贸委举办全国由省（市）经委主任带队，部分亏损企业厂长、处长参加的现场培训班，每期 300 多人，倡导"加强管理，降低成本，提高经济效益"。我两次去邯郸主持这个培训班，每次都受到启发。不久，国家经贸委又组织召开全国扭亏增盈电话会议和工作会议。1996 年初，国务院向全国转发了邯钢经验。

二是修改《中华人民共和国产品质量法》草案。怎样整顿市场秩序，培育、建设新市场？经济手段、必要的行政手段都需要。比如当时开展的"质量万里行"活动，以及"扶优打劣"等活动都起了很大作用，但重要的是要有法律手段。委管的国家技术监督局这一段时间起草了《中华人民共和国产品质量法》，按程序上报国务院法制办公室但被退回，国务院领导批示让国家经贸委修改。王忠禹主任把这个任务交给了我，我组织委内有关司局讨论，用了近两周时间亲自修改上报。尔后该法律从委领导到国务院法制办，再到全国人大常委会都顺利通过了。

这件事本来并不特殊，令我感动的是国家技术监督局局长李传卿务实、谦虚的作风：他在全国宣传贯彻《中华人民共和国产品质量法》的会议上指出，这个法的草案是经过国家经贸委某人牵头修改的，他是有很大贡献的云云。直至我已经调到中国轻工总会工作，一天，分管质量标准部的主任参加有关会议回来，还惊讶地告诉我国家某局局长又讲了类似的话。对此，我颇有感慨，觉得在国家机关工作中特别是机关之间的协作中应有这样的处事风范。

三是对一份不寻常《简报》的处理。一天，王忠禹主任把我叫到办公室，递给我一份中央送来的特急件，所附是北京市某局的一份简报，称全市有许多企业亏损严重，不少企业关门，如不及时解决，可能会影响社会稳定。两位中央领导随即批示让国家经贸委处理。拿着这份很有分量的简报，我有火烧眉毛之感。经请示，我连夜开会以委内为主组成由司处长带队的八个调查组，分赴有关企业首先摸查核实情况。

情急之下，我定下："五一"不休息。我指定了一个会议室、一部座机电话进行联络；让相关企业写出各自现状、困难和要求，并让厂长签字；让调查组报告情况并让组长签字。这两个"签字"的新要求，增加了接近事情真相的可能性。我也带一个组做调研，很快发现简报中反映的一些情况和说法有"水分"。一周后汇总情况表明，一些企业确有困难，总体来看没有那么严重。在研究讨论处理办法时，我们约请了有关部门领导参加，经反复协商决定，在说明真实情况的同时从资金上给北京市一些帮助，再由市里按共同商定的要求统一安排。

大约十天后，国务院领导把北京市市长等几位领导找来，一起听国家经贸委的汇报。结果，经国务院领导与北京市领导交流，各方都比较满意，列席的我紧张地坐在后排，手上一摞子备用答辩材料都没有用上。

玉泉山上的四个月

这两三年，我的工作岗位变动较快。担任副秘书长职务不到一年，我又兼任办公厅主任；又过不到两年，办公厅主任职务被免去，我就只有副秘书长一职了。当然，主要原因还是"工作需要"。

这一次变动，企业司同事说了许多亲切、挽留的话，还不让我搬办公室，说是方便随时"请示"工作。办公厅同事则表示欢迎，除了要帮忙"搬家"，还急着要汇报工作。最后，我的办公室还是留在企业司这一层没动，好在都在一个宿舍楼里办公。

我虽然当过国家经委、国家计委办公厅主任，对办公厅工作比较熟悉，但仍需"战战兢兢"，一点马虎不得。我主要是主持一些重要会议，充分发挥徐敬业、王忠明、马国安几位副主任的作用，他们作风严实、团结合作，工作出色。企业司接替我的司长蒋黔贵、处长们不时来沟通、磋商，但我不参加他们的会议。彼时我已年过五十，自己不知也未想"天命"如何，不少同事、好友却常给我提醒、念叨，意思是我的位子该"往上"动动了。特别是过了一段时间，我不兼办公厅主任后，议论更多了一些。

1995 年深秋，委里指派我为代表参加国家"九五"计划（即《国民经济和社会发展"九五"计划和 2010 年远景目标纲要》）和中央有关会议文件的起草工作。工作地点在北京玉泉山，为期大约 4 个月。起草领导小组组长是国务院总理，成员是正部级以上领导。我们只是做具体的起草工作，负责日常工作的是国务院研究室主任王梦奎。

玉泉山是个幽美、神秘的地方，是中央和中央军委领导开会、休闲的场所。我最早听说玉泉山，是在进大学后去颐和园的昆明湖游泳，有人在水中指着那个古塔（玉峰塔）告诉我，那里是不让游人去的玉泉山。我报到几天后，方知与中南海、颐和园相比这里又别有洞天，有"水清而碧，澄洁似玉"的汇泉静湖，有历经风霜的诗文雕刻，还有不以时迁的松柏古塔，最难得的是有世外桃源般的静谧与安详。我甚至想，在这里不把"九五"计划写好，会有负于我们所住的有"天下第一泉"等众多美景的胜天宝地。

"九五"计划特殊的历史地位决定了它的重要性和拟订难度。它是我国确定建立社会主义市场经济体制后的第一个中长期计划，是关系到全国完成现代化建设的第二步战略部署的跨世纪发展规划。此前，社会上也有这样的议论：全球市场经济国家都不搞五年计划，甚至年度计划都没有，我们还要不要搞？当然，也听到国外一些评论：中国这十几年发展得快，国家有规划，人民有愿景是一个重要因素。国家计委等部门为制订新的五年计划，早有大量改革等前期工作，比如为使市场在国家宏观调控下对资源配置起基础性作用，国家计划中的指令越来越少，更注重计划的宏观性、战略性和指导性，以及如何把当前与长远、整体与局部、重点与一般结合起来等，都提出了书面意见。我们二三十位工作人员，在王梦奎的组织下，进一步进行综合、协调和文字整理，他的房间里有红机子专线，随时与外部沟通。时任国家计委主任陈锦华几次来玉泉山开座谈会，提问题、讲看法，让我们发表意见。我重点分管企业改革及配套改革等有关内容，即如何加快现代企业制度建设，在五年内初步建立社会主义市场经济体制等，当然也参加整个计划的讨论。大家凝神静气，撰文酌句，反复沟通，经常忙到深夜。后期大家还草拟了当年中央经济工作会议的报告稿。我重温了许多文件和资料，也向参加起草的新伙伴们学习了很多知识和经验。

这段时日，我只有副秘书长一职，所以住宿工作楼时间较长。有一个机灵、文静的小伙子，他是服务员，常在我休息时找我聊天、请教问题。在他的指点下，一次我独自登上了玉峰塔的最高层，未见到他介绍的顶层有防山火的瞭望哨兵，却见到几处民国时期登顶者刻写的歪歪扭扭的字。这个年轻服务员正在自学英语、自学打字，一次他带着一张电脑键盘的影印纸到我房间，问我有无电脑、如何打字打得快等，我只能苦笑回答："既无电脑又不会打字。"这使我想起在中南海工作时见到不少女服务员都在上电视大学，还在为毕业资格能否为教育部认可而找领导提诉求，遂将这些告诉他，并询问这里的情况，他低头默然以对。显然，他和同龄伙伴可能都在想"今后怎么办"的出路问题，又有难言之隐，像是"身在桃花源，心念车马喧；玉泉难相守，欲辩已忘言"。我呢，其时也有类似的意情。

有些夜晚，我仰望无边星空，耳听不尽林涛，此前委内工作变动可能的传闻不时萦绕于心，我当然知道，工作变动是组织上的事，一切都可能有变化，内心虽然有不宁之时，但想到领导和同事的关爱、坦诚，我也深感宽慰。再想想我的同龄人、同级人，"比上不足，比下有余"。这样想来，不但淡化了期待，而且自己觉得在此工作的责任感和进取心更有了新的提振，抓紧每一天的时间不浪费。1996年3月，国务院研究室致函给国家经贸委，对我这四个多月的工作表示肯定和感谢。

值得一记的愉悦之事是，回到委机关后，王忠禹主任派我带上办公厅、人事司几位同事飞往兰州，去"接"甘肃省省长张吾乐来委任第一副主任。说是"接"，他并非与我们同机赴京，而是表达欢迎之意。我们受到省委、省政府的热情接待，张吾乐还以个人名义请我们几位去敦煌一游。赶巧的是，他到任数月，我却离开国家经贸委了。数年后我俩都去了政协，他是常委，我是委员；他是政协经济组的组长，我是组员；退休后我们又成了绿茵场上的球友。

出访与转进

在国家经贸委、经贸办工作期间，我出国访问 5 次，走了 13 个国家，每次都有不同的收获。

1993 年 9 月，我随邹家华副总理一行访问波兰、匈牙利、比利时。一次，邹家华带领我们走了约 3 公里，进入波兰一个深达 175 米的地下采煤现场，不但感动了全团成员，第二天波兰报纸头条对此事予以特别报道。其间，我随叶青副主任考察风力发电、太阳能发电，这令我大开眼界。随石广生副部长与波兰部长谈判双边贸易问题时，即便是旁观，我也感知到了外贸工作的不易。石广生任部长后，还邀我去见多次来我国访问的基辛格博士，虽然与他只谈一个具体事项，但与之聊天也多有受益。

随访途中，大事记不准，小事记得清。有这么一个小镜头：在布鲁塞尔一个相对晴朗的下午，我和煤炭部一位司长到住处附近的街上散步、游览（符合外出需两人以上同行的要求），不时用他的相机互相照相留念。我提议选定地面上的参照物对好焦距后，对方走到那里按下快门以使成像显得自然。两天后，他说其中一张照片我必须请客或者给他 20 美元才能给我，我知道这是说笑，但他的神秘劲儿令我好奇。我拿到照片才知道，照片上与我并肩散步的是一位年轻漂亮的西方美女，还笑容可掬地看着镜头。他"威胁"我说，这张照片有政治分量啊，不答应条件回国后要送给我夫人和单位领导看。我听了哈哈大笑，说这是中比人民友好的标志，登报纸都无妨。我给家人看这张照片时也搞起"神秘"，但很快让我的大儿子发现了秘密：这对"情侣"两人走路步伐跨度不一样。事情当然很简单，在我的朋友盯着我走到地面参照物时，恰好这位女郎快步赶上与我平列，又见两个异乡人这般照相不禁嫣然一笑，如此而已。

这件趣事说完，我又想起"文化大革命"中一件更"小"的但不大好笑的事：那时我在《新北大》校刊工作，一次我骑自行车进城，忽见一位女士骑着一辆自行车"嗖"的一下从我身边驶过，从长相衣着看她应该是位还未回国的女留学生。我想她怎么能骑得这么快，意图追上去看个究竟，可是怎么使劲都追不上，很快她就变成前面人群里的一个花点了，后来才知道她骑的是国外才有的、有快慢挡变换的新式自行车。毕业分配到黎明厂后，我闲聊时与一位年长同事说了此事，没想到他闻之后郑重地提醒我以后不要再对别人说了，否则人家会问你为什么要追赶一个外国女人？你就说不清楚了。闻之我也被吓得一激灵，再未向别人提过"追外国女人"的事。这次与外国女人"一起逛街"的照片，如果在二十多年前落在什么人手里，会发生什么政治事件，可能还真有点儿悬。

1994 年 10 月，正值企业改革高潮之际，我被派遣带队十余人赴日本考察日本《商会法》。企业改革的关键环节之一是转变政府职能，政府既要指导、参与企业改革，又要转变自己原有的职能，可以说我国政府在整个经济体制改革中扮演着重要的、特殊的、变化的角色。政府职能有些被取消了，另外一些职能要被分解、转移，转到哪里去？又不能"一转了之"，政府职能转变与否也关系到现代企业制度建设和整个经济体制改革的成败。人们说政府是"有形的手"，市场是"无形的手"，其实还有"第三只手"即介于政府与市场（企业）之间的社会中介组织。我国自改革开放以来，已陆续成立了一些中介组织特别是各类协会，比如中国工业经济联合会、中国企业联合会等，我还是这两个协会的兼职副会长。这些中介组织如何建立，已建立的如何完善、发展，国内许多部门都在研究探讨，我们代表团此行也是这个目的。

我们在东京考察了二十多天。这次与十一年前我第一次去东京相比，已少了许多"惊讶"。因为多待了几天，有两点印象深刻：一是日本频发小地震，睡在床上经常感觉到轻微震动，心里已无恐惧；二是东京的整洁见于细微，我们住的房间虽小，但精巧干净，往来常见商铺打烊后老板、

在布鲁塞尔街上散步巧与一位女士"合影"

员工用抹布仔细擦拭门窗、门槛和门前的马路牙子。考察中，除了听日本通产省介绍外，我们从日本最大的经济团体联合会开始，到十几个全国性协会以及各层级机构进行了解。总的感觉是日本协会数量多、类别多，成立手续简单，但均有法可依。我们也发现有的社团会长是大企业轮值，掌实权的副会长常由退休的政府官员担任。这些考察对我国中介组织改革、建设都有积极的参考价值，国家经贸委后来也相继提出了一些相关意见。

1996年9月，我随中国科学院去澳大利亚、新西兰考察科研与生产结合问题。刚回国没几天，我突然接到国务院副秘书长、老朋友石秀诗的电话，他兴奋地告诉我，刚刚接到中央的书面通知，已批准我任中国轻工总会副会长，并说他们马上着手办理国务院的任命手续。10月，会长于珍因病住院，临时主持工作的傅立民副会长到我办公室表达欢迎之意。11月，曾任吉林省轻工厅厅长的王忠禹主任亲自送我去轻工总会上班。

这一次从综合经济部门"转进"专业部门的"被选择"，是我人生路上的一个里程碑。除了解决所谓的"副部级"问题外，也正如我的同事所言，这是我从参与制定企业改革政策的岗位转向企业改革的另一个工作岗位——行业管理，因此多少有点兴奋，后来我都不愿意离开。

二 市场下的行业管理

"总会"还不是"中介"

有人戏评我这次"转进"是"升了级，少了权"，我却不以为然："权"不是用来办事的吗？兴许有了新权可以办新事。说个后话，若非如此，我还难有机会与工业设计结缘"深交"。

国企改革最重要的配套改革之一是转变政府职能，这也是我们政府"既领导改革又自我改革"的关键和痛点。1993年2月，我在天津市宣讲两个《条例》，其中就此问题讲了半个小时，诸如"第二次革命重在'放权'，现在政府部门要把很多熟悉的甚至带有感情的权放给企业，把不熟悉的应该做的事赶快做起来"等。未曾想，是"顺其自然"

还是"事出偶然"，1994年10月我带队去日本考察与转变政府职能有关的《商会法》，两年后我就到我国转变政府职能最早、已无多少行政"权"的原轻工部工作了。

事后听说，组织上为我的工作安排还是上心的。比如先是准备让我去一个省会城市当市长，有关部

与于珍在老干部党支部会后步出会议室

门讨论时主要领导说这个干部应该提拔，当这个市长解决不了级别问题，等等。其实，我内心曾有一个"宏愿"，我愿意去一个中等城市主持工作，我有信心把它搞好。当然党的纪律不宜我主动提出这个想法，否则不只是事与愿违。现在组织上这样安排，自我觉得是在国家经贸委工作的顺延。建设社会主义市场经济体制，企业要改革、政府机构也要改革，企业从"笼子"里放出来了，是单飞、群飞还是乱飞？"候鸟"们都是有组织的，还互相照应。我从参与制定企业改革政策转到走向市场最早的轻工部门工作，探索行业管理，不正是参与企业改革一项重要的实践吗？

轻工部的第一任部长是著名的民主人士黄炎培，他在延安窑洞里与毛泽东有个如何跳出"兴亡周期律"的历史性对话让人印象深刻。1993年9月，在我任国家经贸委企业司司长时，在国务院新一轮机构改革中，国家把轻工部、纺织部同时分别改为中国轻工总会和纺织总会，明确规定这两个总会是国务院的直属事业单位，对全国轻工、纺织业进行行业管理，并任命原轻工部副部长于珍为第一任会长（正部长级）。因袭旧规和习惯，包括我在内的副会长内外均被称为某部长（副部长）。我到中国轻工总会工作两年后，第四次规模更大的国务院机构改革，撤销了大部分工业专业经济部，将其改为国家工业局（如煤炭工业局、冶金工业局、机械工业局等共十个），很多职能被取

119

消了，以利于实现政企分开，划归国家经贸委管理。这次把中国轻工总会也改为国家轻工业局（于珍调任国家经贸委副主任，陈士能为局长），人员减少70%以上。内外称呼我们为会长、局长，但更多人还是叫我们"部长"。这样，我又回到了国家经贸委系列，似乎有点戏剧性。但方案中也明确表示成立国家工业局只是过渡，到2001年2月各工业局及一些单位即改为"协会"，如中国煤炭工业协会、中国钢铁工业协会、中国机械工业联合会等，国家轻工业局则改名为中国轻工业联合会，保留中华全国手工业合作总社牌子，与之合署办公，仍统归国家经贸委管理。不过，在轻工部被改来改去最终成为"中介"组织的半年之前，我于2000年6月被调到中央企业工作委员会工作，成为首批国有重点大型国有企业监事会主席之一。

国家机构改革与企业改革相映生辉，应是改革开放潮流中的变色花朵，也改变了众多人的前程与命运。

轻工不轻

我在中国轻工总会分管经济运行（经济贸易部，司长为钱桂敬）、产品质量（质量标准部，司长是杨立）工作，以及综合管理五十多个协会、学会和几个直属公司企业，后来兼任中国轻工企业管理协会和中国工业设计协会会长。工作了一段时间，想起一个最初的疑惑：为什么工业有轻、重之分，轻工真的轻吗？

据说把工业分成重工与轻工，并在政府部门设重工部门和轻工部门进行管理，是源自苏联计划经济时代。我国也没有完全照搬，比如在轻工业里还分一轻（国有企业）与二轻（集体企业），轻工里还包括轻工机械；重工业主要提供生产资料（产品），轻工业主要提供生活资料（消费品）。这里不是要讨论评判两者孰重孰轻及区别联系之类的问题，而是想到当年苏联、中国都是优先发展重工业，以致重工变"重"、轻工变"轻"，这与当年"农轻重"的理论排列相悖。比如改革开放之初，人们议论：我国能生产飞机不能生产洗衣机，能制造原子弹不能生产电冰箱等。大家还把出国访问带回来的油性笔、电子表、一次性打火机等小玩意儿都视为珍贵礼品。当然，任何理论、政策都要因时因地而宜，飞机、原子弹和洗衣机、电冰箱我们都需要，

国家轻工业局领导合影（前排中为陈士能）

但"经济的发展，要最终体现在人民生活的水平上"。

　　1979 年之后，国家专门出台了轻工业发展的"六个优先"的政策，与农村承包经营政策、企业改革政策等相互促进，推动轻工企业最先走向市场，最早出现民营企业，最早出现合资企业，最多出口创汇，为人民生活吃穿住行用等水平的改善和提高发挥了极大的作用，很多限购的票证被取消了。我们这代人结婚成家讲究的自行车、手表、缝纫机"三大件"，很快被冰箱、洗衣机、电视机"新三大件"所代替。我到中国轻工总会工作时，轻工产品已从卖方市场转向买方市场，产品从 10 万多种发展到 24 万多种，年均开发新产品近 2 万种；轻工业在全国工业中已占 5 个"三分之一"（总产值、出口、实现利税等）；自行车、家用洗衣机、日用陶瓷、塑农地膜等产量已居世界第一，许多产品都以几倍、十几倍的速度增长。比如创汇，那时轻工产品每年创汇 450 多亿美元，这在当时是个很大的数字，它为改变我国出口主要依靠农产品、受人打压欺凌的局面，结束我国的"外汇荒"做出了贡献。用轻工人的话说，我们正在从适应市场走向开拓市场进而走向创造市场、走向世界，正在从"浅海"进入"深海"。正是观念转变、政策更新的力量让轻工业腾飞，让千家万户受益。

　　轻工确实不轻。说句后话，如果把家用小汽车、手机也按定义"划归"轻工行业分量岂不是更重，但这已没有什么实际意义了，国民经济还是不分轻重，整体协调发展比较好。再说句近一点的后话，轻工业搞不好，人民生活也难"美好"，我也从了解轻工走向热爱轻工，这也是几年后组织上又要调整我的工作，我都再三表示不愿意离开轻工的一个原因。

探索行业管理

行业管理不同于过去政府直接管理企业的部门管理，如何做也是改革中的一个难题，当时有说法但不统一，有做法但不具体。有的说，政府部门是宏观管理，行业管理部门是自律管理，企业是自主管理。还有的说，行业管理是八个字"规划、协调、监督、服务"。如果与实行"小政府，大社会"相联系，那么需要探索、规范的问题更多了。我的岗位变了，作为轻工行业管理部门负责人之一，只能根据总会职能，转换工作思路和工作方法，尽责任不越权。还有如何处理好与领导班子同事的关系，与分管单位司局级负责人的关系，这些都需要我尽快适应。

1996年12月，到任一个月的我，代表中国轻工总会参加国家经贸委在沈阳市召开的全国经贸工作会议。吴邦国副总理、王忠禹主任先后在会上做了重要讲话。我曾在他们领导下工作，彼此较为熟悉。与吴邦国秘书陈全训和临时来帮助做文字工作的黄奇帆都熟悉。但此刻我坐在台下听报告有一种全新的感觉，好像不是离他们近了而是远了。我离开国家经贸委才一个月，对会议报告中讲到的对全国经济形势的分析、要求等并不陌生，但他们每讲一事我都想到轻工行业在其中该怎么办。比如说全国有两千万职工在亏损企业工作，我就想到轻工行业有多少；比如说要学习邯钢经验，我就想到以前我主持现场培训班要求别人如何学邯钢，那么现在轻工企业该怎么学？特别是大会上点到兵器部、纺织总会已提出扭亏增盈方案，我就想轻工企业有1/3的亏损面也得尽快提出方案上报，等等。会后回京，我立即向一把手和班子汇报沈阳会议情况，组织有关单位研究贯彻会议精神提出扭亏增盈方案。

我自觉具体事务少了，但肩上担子比以前重了，主要是责任感增加了，而且要走新的市场经济路子，必须好好学习。轻工业行业多达44个大类，国有、集体、合资、民营、个体等各类所有制形式齐全，我们可调研、学习的空间很大。总会每年都召开各类工作会议，讲规划、讲质量、讲管理、讲扭亏等，我参与筹备，也是学习的机会。

一是了解情况，关注难点问题。在近四年时间里，我走了三十多个省区市（包括地县级市），到一百多家企业调研。突出的感受是制造飞机、航空发动机很难，但制造轻工产品也不容易，就连制造牙膏、牙刷都不是想象中的那么简单，而且竞争激烈，产品的质量、价格、服务等问题要直面全体消费者的评判。我发现很多民营企业不畏艰险，敢于拼搏，"进海"出国的勇气不比国企差，机制还比国企灵活，创造了不少好经验。因"白色家电"享誉国内外的海尔集团是其代表之一，海尔集团董事局主席张瑞敏善于学习，精于管理，多次被评为全国优秀企业家，与他合作无间的总裁杨绵绵是位女中豪杰，他们都是我的朋友，我多次去海尔，每次都盆溢钵满地带回经验和友谊，他们的改革发展的经验时有更新，对国内外企业都有很大影响。在广州参观一个中外合资公司的易拉罐生产线，1分钟生产1200个罐子，就像打机关枪一样，我驻足许久简直看呆了。别看罐子小，就那个指甲大的拉环既要易拉又要保压，我们就没这个技术和设备。该厂500人一年生产几十亿只易拉罐，销售收入达7亿多元，出口创汇达3600万美元，

在海尔参观（左一为时任青岛市市长王家瑞、左二为张瑞敏）

这又一次使我认识到开放、合资的重要性，他们的企业机制也值得学习总结。一次在钱塘江观潮后，我顺路踩着田埂去看附近的几块农田，见到稻田里的用水都被污染成深酱色，心里很不是滋味。想起在德国访问时，一位绿党女士专门趁我们午餐时找我宣传治污思想，当时我只能说我们高度重视环保，但现在一缺技术二缺资金，希望德方多给支持。国家经贸委当时提的意见是"边生产边治污"，如果停产治污又会带来新的问题，这对轻工行业和地方政府来说都是难事。比如造纸企业，为治污花费了很大力气，但效果不尽如人意。几个大小造纸厂使用麦秸、稻草做原料，希望以此减少对木浆的进口，还能使农民创收，产学研结合历久攻关屡败屡战。我也去过两个造纸厂现场观摩，但最后我见到造出的纸还是较粗糙，污染问题也还未完全解决。我国糖业产量忽多忽少对市场影响很大，不是糖厂半停产就是蔗农受伤害，我带队去广西等地调研（首次有央视记者随同），拟订方案不少，但平衡很难，当时收效不大。

二是宣传推广先进经验。许多企业的经营理念对我很有触动，比如"资金换市场、技术换市场、市场换市场"（对外），"大气候你得适应，小气候你得创造"（对内），"人无我有，人有我好，人好我多，人多我新"，"产品创新是技术创新的核心，工艺创新是产品创新的保障"，"产品最走红的时候，可能就是滞销的开始"，"做生意不仅考虑自己能否赚钱，还要考虑客户能否赚钱"，"企业爱职工，职工爱企业"，"兄长的心，厂长的手"，"今日工作不努力，明日努力找工作"，等等。当然，有些企业说得好，做得也好；有些说得好，做得不好；有些说得不怎么好，但做得很好。我们对企业的各种经验，通过大会介绍、简报、报刊等途径进行宣传，力图引导广大企业学习借鉴。我在调研中，还经常在这个企业有针对性地提及另一个企业的做法，以便共享。我在中国轻工企业管理协会的会议上，常用正反典型事例和数据有针对性地讲些问题，如要关注国家产业政策、"脱困"也要讲质量、不要打价格战，食品安全要放在第一位等，对相关行业、企业有一定影响。

三是分类指导，在"三改一加强"方面做些服务工作。行业管理中的许多工作如规划、政策、宏观指导、咨询统计等主要是做草案、提建议，协调协办类事项虚多实少。我分管的业务包括制订一些物资外汇分配计划、审报企业出口权、制定实施国家标准、进行产品质量认证等"实"事。烟台万华集团公司主要生产聚氨酯，因历史沿革归属轻工行业，它的新产品经产学研结合研制成功，打破了美日等国企业的垄断，准备改制上市但有障碍。我考察两次后心里有底了，即与公司多次一起"拜访"证券会等部门，其终于获准上市。而昆明依兰公司是全国最大的生产洗衣粉原料三聚磷酸钠的公司，特批其仍直属于轻工总会，企业因多种原因经营不善，我两次带队去调研也不得良策，即拟与以色列某公司合作，在京谈判顺利，却因某公司主要领导突然在京逝世而受阻。上海日化行业规模很大，国家拟对其进行重组以应对来自外企的竞争，因有中央支持，我带队调研了十几天，与市经委商定由优秀企业家葛文耀牵头实施重组工作，终于保住了民族品牌并使其迅速壮大。因轻工行业中小企业多，我对江浙一带出现的股份合作制很有兴趣，我曾去山东诸城考察过也有些体会，遂在轻工办公会上提出，后觉得牵涉面广，就口头提给国家经贸委原来的同事了。对于香皂不应被列入化妆品系列而被征高税，电动自行车可以上路，气枪是体育用品不应限产等企业诉求，我们则是积极向有关部门提出建议。特别是1997年轻工部门参与加入世贸组织谈判的具体政策讨论，更是花费了许多时间和精力。

四是研究发挥专业协会的作用。我从综合管理协会的角度，抓了协会的改革试点工作。轻工总会与所属50多个专业协会、学会关系密切，业务还有相近之处，但如何办成真正适应市场经济体制的协会？我抓了家具、五金两个协会进行试点以求突破，在各方配合下两个协会脱离依托的公司自主、自立、自律地开展工作，基本达到预期目的，受到会员企业的欢迎，同时在做好服务工作中增加了协会收益。记得两个协会主要负责人既愿意、敢于以身试验，又担心将来没有饭吃，我鼓励他们说："至少到我家有方便面吃。"

中国轻工业联合会正式成立后，行业管理工作逐步规范，有效地发挥了"中介"组织的作用。长远看，这是需要继续研究、实践与完善的重要问题。

"3·15"也是生产者的节日

1984 年我国成立消费者协会后,每年都要在"3·15"这一天举办活动。在这一天之前,许多轻工生产企业都有些紧张,担心消费者对自己的产品质量问题进行投诉。而在当天的活动中,最受关注的就是央视举办的"3·15"晚会,在晚会上常常突然曝光很多产品质量问题,因而备受消费者、生产者重视。

轻工业有数十个行业、数十万个品种,无一不与消费者相关。在企业走向市场又快速发展的过程中难免泥沙俱下,频发质量问题。我们行业管理部门对质量问题高度重视,平日里几乎大会、小会逢会必讲"质量第一"和打击假冒伪劣产品,经常处理有关质量事端,还在内部办过伪劣产品的展览。到"3·15"这一天,我们在大商场附近人流多的地方,摆上一些问题产品,设立投诉咨询处,我和质量部杨立等同事一起站台,以示积极态度。记得有一位老太太说她家的高压锅总是冒气不好使,要我们给她换一个新的或者赔钱,还让我们去她家里验证,使得我们一时下不了台。还有一次会后央视记者采访我,要我讲针对刚才曝光的质量问题如何抓好整改。我匆忙中想到:中国轻工总会的职能决定我们不可能去抓行政距离很远的每个企业质量问题的整顿,就没有直接作答。事后看电视只有我讲话镜头但配的是画外记者报道,怎么报道的已经没注意听了。这样的事处理是否妥当,我自己也拿捏不准。

在参与了两次"3·15"活动后,我就想到全国不分男女老幼所有人都是消费者,其中自然包括生产者,造鞋子的总得买别人做的帽子,造冰箱的也得买别人做的高压锅。如果生产者也把"3·15"当作自己的节日,不总是被动地甚至带有抵触情绪地应对,岂不是又多了一个"质量日"?因此,在人民大会堂一个会议室的小结会上,我做了题为《"3·15"也是生产者的节日》的发言,反响还挺热烈。后又据此充实、扩展成一篇同名文章,发表在 1998 年的《轻工标准与质量》杂志上,希望轻工企业把自己看成消费者,把下道工序当作"用户",保证和提高产品质量,做好售后服务工作。

在巴黎寻买指甲刀之后

在市场力量的推动下，轻工产品的数量骤增，同时新品种也大批上市，其中中小企业、民营企业对市场需求的反应速度在先，抢"食"、抢"新"的功能见长。出国人员（包括各级领导）把在国外见到的小商品或者小礼品带回来，当时一些企业就能把它们仿制出来。

1997年初冬的一天，朱镕基副总理在中南海国务院小礼堂前接见全国轻工集体企业第五届职工（社员）代表大会的全体代表并与他们合影留念。尽管寒风凛凛，但听到他对轻工业成绩的肯定，大家心里热乎乎的。他话锋一转开始批评轻工业的技术进步、技术改造工作还有很大差距。他从大衣口袋里掏出一个小玩意儿，笑着对大家说："你们看这个指甲刀，用起来指甲不会乱蹦一地，这是一位台湾朋友送给我的，可不是你们做出来的，你们看看吧！"我虽然也坐在第一排，但还没等传到我手里，朱镕基又"认真"地说："把指甲刀还给我吧，我还要用呢！"讲话就在一片笑声中结束了。

朱副总理以一个小小的指甲刀为例，激励轻工行业进行技术改造、开发新产品，此事很快为新闻单位所报道。我虽然不分管技术改造工作但同样受到刺激。恰逢我第二天出访法国巴黎，就抽空去几家商店寻找类似"指甲不会乱蹦一地"的指甲刀。一天，我正在一个商店的玻璃柜台前寻找，猛一抬头竟然发现国家经贸委的一位同事盯着我并问我在找什么。在千里之外的异国他乡，居然因寻找小小的指甲刀碰上老同事，这等概率几乎为零的巧遇令我俩开怀大笑。他不无揶揄地说："没想到原来抓企业改革的大局长，现在在抓一个指甲刀的更新！"我也半开玩笑地说："抓企业改革接触到的人有限，指甲刀可是人人都要用的啊！如果借此推动轻工产品的更新换代意义也不小！"他还有两三个地方要去，我便请他也帮忙找一找。

无果而归后，我即与有关同事商量怎么办。在联系上海某生产剪刀、指甲刀的老牌企业时，他们称已在报纸上看到这个新闻了，很是乐意接受研制新型指甲刀这个光荣的任务，但厂里设备陈旧，相关市场也被韩国占领一大块，需要"部"里投资200万元左右。我们不免相视苦笑，中国轻工总会既无权又无钱，只好将此事暂时搁置。过了些日子，忽听广东省中山市有个企业声称正在设计制造这种指甲刀，现找上门来要汇报工作。我闻之喜不自胜，轻工还是有敢于担当之人啊！这是一个看上去文弱的民营企业经理，他说他是做五金制品的，知道国家领导人关心这个行业很是感动，立即去韩国等三四个国家进行了考察，希望总会以后在标准鉴定方面能抓紧时间、在促销方面能帮点忙。我满口答应后，还去了一趟中山市小榄镇进行实地了解。后来听说他们生产指甲刀的标准，其中有两三项超过了韩国相关企业的标准。

"小商品，大市场"。开放的市场亦如大海，有可亲之面也有可畏之时。指甲刀如此，其他小商品亦是如此，沉浮升降都变得很快。研发设计新产品是共知的增强竞争力的最好出路，但也可能遭遇坎坷与风险。一次，我去广州参观轻工新产品展览，会后去一家企业参观已经研制出的大小便可以分开冲水的节水型坐便器。厂家告诉我，当年总书记听说可以节水大为赞赏，鼓励他说，研制出新产品后给他发奖章。现在新产品被研制出来了，《广东日报》头版头条报道了此事，但他不知怎么找总书记，也不知流水线还改造不改造。回京后，我立即联系了我熟悉的中办主任，他也高兴地表示支持此事。后来，经过漫长的技术鉴定，说服建设部门和企业采用，这类坐便器才在全国逐步被推广使用。

为何四去义乌

我第一次听人讲"义乌"，错以为是"乌衣"，因为我对乌衣有刻骨铭心的记忆。这个记忆来自我与亲爱的二哥光庭"诀别"的小镇火车站。那年夏天，刚上初中二年级的我陪二哥去南京治病，回乡时我在浦口的下一站乌衣站下车，二哥艰难地走到车厢门口望着我走到站台，他要回到蚌埠教书的学校。谁知这竟是永别，从此我俩再也没有见过面。

这个义乌在哪里，我为什么去了四次？开始查了地图才知道它是浙江省中部山区的一个县城，交通并不方便。有一天，义乌市（县级市）一位女副市长坐在我办公桌前面，她的讲述中有三件事令我兴致盎然：一是这个小商品商城，商品品种繁多，有20万多种，价格比原生产地卖的还要便宜；二是它与十几个国家的外商有往来，外商选中商品，确定数量后，有些还未回到国内大宗包裹已经运至住处；三是清朝就有"鸡毛换糖"的经历，据介绍这是一个公社老书记最早提出可以长途贩运并开出一大块地做市场交易而兴起的。我边听边想：这是《清明上河图》里熙熙攘攘的画面重现吗？不，不是，这里来往的人会更多，而且有外国人。这位书记像凤阳县小岗生产队的队长吗？像，又不像，一个是种田承包在先，一个是贸易自由在先，但异曲同工，他们都是"第一个敢于吃螃蟹"的人。这件事他们已做了十几年了，我何不赶快去给他们助点力呢？

1998 年秋，在江苏调研后，我坐火车又转坐汽车去了义乌市，这是我第一次去义乌。那里有一排排看不到尽头的顶棚，下面是一排排摊铺，五光十色，小商品似是应有尽有。一把把张开的雨伞吊在半空，一顶顶帽子、一袋袋纽扣和拉锁、一筐筐针头线脑排列整齐，一次性打火机成堆卖，一捆捆牙签论斤卖，还有家具、玩具、五金、鞋袜、电视机、电子表……人们来往流动，笑语在熙攘中不息，中高档的商品则在新建的国际商贸城内卖。最吸引我的是街道店铺里卖的各类饰品，设计新颖，外观鲜亮，我不由得买了几件做纪念。这等宏大的沟通国内外的轻工产品集散地，不仅关注产品制造还关注产品销售，当然应该支持义乌的发展。我们在全国轻工有关会议上经常宣传义乌小商品城，动员大家把自己的产品放到那里去销售。记得一次去上海，我还在英雄金笔厂进行鼓动，他们开始瞧不上义乌，听说后来也去那里开了一个店铺，效益挺好。

我第二次去义乌，主要是参加大型新商城的揭幕仪式。一个偏僻的山区县城，自发自建成世界小商品集散地，可说是改革开放大潮中一朵奇美的浪花。我一直惦念、关心着它的成长，几次提醒他们要打击假冒伪劣产品，保护商贸城的信誉。进入 21 世纪，在我兼任中国工业设计协会会长十年后，全国设计热正在升温，我想商贸城要健康、持续发展还应该提高贸易质量，即动员深圳市设计协会刘振等同行去义乌考察，了解其优势，把设计创新与商业流通对接起来。义乌市领导也大力支持，决定把市电视局办公楼让出去，成立了地方政府、协会与设计企业合办的工业设计中心。

我第三次去义乌主要是参观这个工业设计中心，第四次是与深圳

参加义乌国际小商品城活动

市设计联合会会长任克雷等同去，与新任市委书记协商解决一些合作中的具体问题。

赴藏归来的转移

著名的藏族歌唱家才旦卓玛曾在北大大饭厅雷动的掌声中连唱十首雪域高原风味的歌曲："雪山啊闪银光，雅鲁藏布江翻波浪……"那悠扬甜美的歌声久久萦绕于怀。从此，我对那有许多历史故事、美丽传说、被誉为"人间天堂"的神奇土地心念神往。

在国家计委工作时，西藏自治区的主要领导曾到办公室邀请我去调研、观光，我碍于工作较忙及心脏有早搏症状等，未敢应允。2000年5月，我因澳大利亚要援助西藏消除碘缺乏病项目而不得不去。那时，全国碘盐普及率已达95%以上，西藏已有了加碘盐厂，但地广人稀运输不便。国务院同意此事后，指派有关部门领导陪同，而中国轻工总会分管盐业生产，理当去一人。党组商量后让我带队，我分管经贸工作又较年轻，自然责无旁贷，于是爽快答应积极准备。

在成都转机去拉萨时，遇到负有同样使命的卫生部副部长。头等舱里只有我们两人，他本人就是医学专家，已是第三次赴藏，因此除介绍西藏风土人情外，主要是交谈高原缺氧可能引起身体不适之类的问题，两三位空姐也不时加入议论，如提前吃什么药，要不要吸氧等，前舱显得热闹平和，一点也无赴"险"之感。走下舷梯，我抬眼看到从未见过的那样的蓝天、白云和清晰的山峦，心里觉得特别敞亮。接着就是欢迎仪式，藏族的特色舞蹈和鼓点音乐更是把我一路上的疲劳、疑虑一扫而空。但是约两个多小时到达西藏迎宾馆之后，我跟随提着行李的服务员上二楼，刚走到一半楼梯拐弯处，忽然觉得两腿发软，到了走廊望着前面数米的服务员身影已经觉得模糊，我停顿一会儿放慢脚步，感觉到这是身体给我的第一次警告。而给警告最多的是晚饭前接见我们一行的自治区主席列确，他告诫我们走路要如何慢，说话要如何轻，什么时候该吸氧，什么情况下要吃安眠药等。就在列确讲话时，我忽然瞥见坐在侧旁的我们一位同事脸上直流大汗，继而面色变白，我急让秘书小金悄悄过来，马上给这位司长送去氧气袋，少顷他就恢复了正常。在藏期间，同事里有俩人因头疼、拉肚子等明显高原反应而提前回京。

　　第三天，拉萨市召开第七届防治碘缺乏病宣传日活动暨澳大利亚援助西藏消除碘缺乏病项目启动仪式。我和卫生部副部长、自治区领导以及澳方副议长、世界卫生组织官员、我外交部官员等分别讲了话，还举办了责任书签字仪式。下了主席台，我的秘书说："你讲话的声音可不小啊，我还担心你讲不完呢！"当天下午，所有人都去参观拉萨加碘盐厂、出席晚宴、观看文艺表演。按照他们的经验，三天下来没大反应就算"过关"了。此时，我也对自己身体增强了信心，毕竟西藏是亿万游客向往的世界屋脊上的圣洁之地，定要借此机会领略一二。当晚，我同意了自治区经贸委、轻工总会等的安排，开始了从拉萨到日喀则、山南、林芝等地的半月之行。在这十多天里，除考察啤酒厂、毛毯厂、民族手工业公司、农牧学院等企业院校及两家农户外，多是参观游览雄浑大山、名胜古迹，领略西藏的风土人情。其印象之深，感受之切，当是我在国内外调研、访问、参观之最，包括到轻工后去埃及、罗马、梵蒂冈等的感受也难与之相提并论。具体所闻所见和经历的兴奋、新奇、懊丧甚至恐惧的心情，回京后头几天我曾口述，由夫人录入电脑，还给在深圳工作的二儿子写了一封信，做了较详细的记述（有数千字之长）。

如今去西藏旅游的人多了，交通、住宿也便捷得不可与那时相比。这里且不说难忘之景之情，只讲两件事。一次，酒后兴浓，二十多人拥我去唱卡拉OK。我自觉状态良好，遂欣然前往。众人又力促我唱时下流行的歌曲《青藏高原》。我喜欢这首词曲兼美、高亢、嘹亮、带有神秘感的高音颂歌，还在某次轻工晚会上"表演"过，此时也觉得身在高原唱这首歌会别有情调。但我在忘情高歌之后便感觉胸部不适，显然是人多屋小缺氧引起的。我自忖："这真是一骄傲就失败啊！此行

在去往林芝时，路遇塌方，自救后登上海拔 5000 多米的米拉山顶

中已经不是第一次了。"提前退场后，随行医生给我进行了检查，让我吃了两片药称"没事"，没想到第二天起床后，我才发现他因担心我，整夜就睡在外间的沙发上。又一次，是从山南到林芝，大雨时下时停，我们乘坐的进口吉普车沿着雅鲁藏布江南岸的泥泞公路颠簸，东倒西歪地行进了两三个小时，准备翻越海拔5000多米的山顶时，却在半山腰上遇到泥石流被截断了去路。对面开过来的一辆大客车侧陷在泥石中，从车上下来的许多藏民坐在山坡上。这时天色渐晚，进退不得，"叫天天不应"，面包、矿泉水车上倒是有备，但若在此高山缺氧的荒野上过夜不知会出什么状况，两车人一时都不知所措。大家商量后决定自救，就都下车上山搬石头。我心里又急又躁，坚持再三要下车"参战"，怎奈守在车外的警卫一直拉扯劝阻。临阵回来看望我的秘书气喘吁吁地说，山上石头难找，搬个小石头扛在肩上就像压了块大石头，嘱咐我千万别下车。好在经过近两个小时的忙乱，大家用石头垫出一条窄道，才使车子冲着开了过去。而这会儿，我已经吸氧好几次了。

我回到拉萨与自治区领导交换意见时，才得知与我同来的卫生部领导因感冒引起肺部感染没过几天就回成都就医去了。事后我还得知，在我回到北京一个星期之后，还在昏蒙中沉迷于西藏之行时，2000年6月，组织上已决定让我到中共中央企业工作委员会任第一批外派监事会主席了。

三　监管中央企业

这次"职位"的"平移"，使我从拥有非公有制企业最多的地方转到国有大型重点企业集中的地方。虽然两者都属于中央"毫不动摇"支持发展的企业，我对其也不陌生，但我在赴此新任前思想很"动摇"，一再向上级组织反映想留在轻工行业的意愿，也因此差点失去一次扮演所有者（出资人）代表角色的机会。

难为的"四不得"

改革开放以来至今国家政府机构进行了七次较大改革，我经历了其中的六次。在经济社会宏观管理方面，资源配置已从计划经济转变为"发挥市场基础性作用"，党的十九大后进一步转变为"市场发挥决定性作用和更好发挥政府作用"，其中，加强各项监督管理是重要的趋势。

企业监督和监督企业，也是企业改革的难题之一。我国对国有企业的监管方式、内容等一直在探索、完善中，从监管单位名称的确定、任职干部级别的确定中也可见一斑。1999年国家改组成立中共中央企业工作委员会（以下简称中央企业工委）。一年前类似监管所属企业的岗位是由副部级干部担任并称为稽查特派员，转并后按《公司法》要求统一称为监事会主席，工作上仍由国务院派出，对国务院负责，向国务院报告。中共中央企业工作委员会是党中央的派出机关，书记由吴邦国副总理兼任，主持工作的专职副书记是郑斯林。

起初，尽管有人说那是比轻工"大"得多的单位，但我打心眼里不愿意去当这个"主席"，因为我现在并不在意什么单位，而是愿意做自己喜欢的事情。我从西藏出差回来，国家轻工局局长陈士能第一次向我传达中央决定，我当即表示"不愿意"，并说我正准备就行业管理问题把出国考察和这几年体会结合起来写个专题材料，并强调自己对轻工有感情，愿意在此工作到退休。陈局长听了很高兴，旋即向上反映至中央有关领导。但陈士能局长此时恰好出国，中组部某局长给我打电话，希望我服从分配。话说到这个份儿上，我仍没松口。没几天，郑斯林打来电话，劝说了我约20分钟，并再三表示欢迎之意。这一推一拉，我只能认可这又一次的"被选择"。

其实，我知道监管工作不但重要，而且做好它要比做行业管理工作难得多。现在的国企是"全民所有制企业"，理论上说全国所有企业的资产，全国每个人都有一份。1994年我在一次座谈会上听到一个"笑话"。上海一个农民进城买东西，不小心用手上的扁担把商店柜台玻璃打坏了，服务员让他赔，他说没有钱，服务员说这是国家财产、人民财产必须赔。老农民说："那好，我那一份我不要了！"没等服务员想明白，老农民走出门了。这个"笑话"也有不可笑之处，苏联20世纪90年代初搞改革就是这么做的，把全国资产以货币形式平分给每个公民，结果搞乱套了。我们在研究建立现代企业制度时，也遇到一个既老又新的难解问题，一方面国有企业有了经营权后又有了法人财产权，有了法律地位，初步解决了自主经营的问题，但国家所有权谁来代表，如何管好国有资产，防止出现"内部人控制"等问题？我们设想了包括"授权经营"等在内的五六个方案都缺乏可操作性。考虑到国有资产经营职能与监管职能也要分开，国家就决定先分批向一千户国有重点大型企业派出监事会，代表国家所有者监督企业。许多国家机关局处级干部就这样兼任监事会主席，企业内部则常由企业的副书记、工会主席兼任。

这样安排的监事会，结果是形式上有了，但权责难到位。我们也了解到德国的监事会算是运作比较好的了，但也难以仿效，原因之一是市场经济成熟程度、所有制基础不一样。对企业监管形式从过去到现在，以及以后的变化表明，我们只能根据国情和体制变化，在探索中走出自己的路子来。

大概是因为当时中央企业的"一把手"已套为副部级或正局级等行政级别，这批外派监事会主席都由副部级干部担任。企业司一些老同事知道我工作又有变动，对我说了点儿"风凉"话："你在司里带着我们参与起草企业改革两个'姐妹篇'以后，先是到轻工亲身体验、实践了《转机条例》，这次你又去实践《监管条例》了！"我听了觉得有道理，这不是就像自己参与创作了电视剧本，又连续参与了两段演出一样吗？"风凉"话里也有"热气"，我回答他们的"实话"则是："我这个人喜欢看别人长处，不善于揭别人短处，不适合做监督的事。"我并没有向他们讲不愿意离开轻工的想法。

离开轻工不久，机构改革中办公楼门前的条牌已换成"中国轻工业联合会"，成了"中介"组织，但我仍心系那幢不起眼的20世纪50年代建成的楼房。2000年，在清华经管学院举办的为期两个月的新监事会的财会审计培训班上，大家提名我当班长，我也再三推辞，提不起精神。一个月后，我的情绪有所变化，主要是同学们（6个主席，32个监事）学习热情很高，来自不同单位的人员相处也渐融洽。老师在会计学课上讲了许多我不了解的知识，比如或有资产、递延资产、现金为王、经济实质高于法律形式、会计是科学也是艺术等，这些对我有新的吸引力。报告里罗列了一些企业存在的问题（多是稽查特派员在报告中提出的），比如财会信息普遍失真，资产转移、流失多，上市公司运作不规范等，有些信息令人吃惊，也使我想去一探究竟。但是，国有企业地位、作用再重要，也有天然的困难，有的正处于三年"脱困"期。所以，吴邦国副总理说监事会工作很重要，做起来不容易，"轻不得、重不得，左不得、右不得"，是开创性工作、有益的探索。大家既不能装好人，又不能当"钦差"；既要查出企业问题，又不能影响企业积极性。做法是"听、看、查、询（对财政、银行等）"，重点是查账。我们被要求"只带眼睛、耳朵，不带嘴巴"，不拿企业一分钱，向国务院报告前必须经集体讨论（然后要征求企业派来的两位监事的意见），还被要求"真实、客观、公正"，落笔千金，板上钉钉等。

这些做法和要求，对我来说并不难，但要让全办事处（约5个专职监事）还有聘用的财会事务所工作人员每个人都做到很不容易，特别是要取得企业的理解、配合还需要经历一个过程。监事会具体做什么，怎么做，可从本书的下篇《当好国有资产"守护人"》答记者问里了解一二。

亲见载人"神舟"一飞冲天

我和我领导的办事处第一次分工监管三个国有重点大型企业，中国航天科技集团是其中之一。20世纪90年代，国家五个军工部门的改革做法大体是：先把一个部变成一个总公司，再把每个总公司分为两个公司（集团）。那时我还不太了解中国航天科技集团公司，只知道他们的"神舟"飞船和"长征"火箭很有名，在国防高科技领域有特殊且重要的地位。中央企业工委之所以让我去监管中国航天科技集团公司，是说我在航空部门工作过（按此时避嫌规定，若干年内我不能去监管航空、轻工企业），了解军工，也有利于保密等。不管说辞如何，我乐意前去。

毕竟是"兄弟分家"，两家公司（另一家为中国航天科工集团公司）的办公、宿舍、食堂以及下属许多单位都交叉相望、相距不远。即使一年多后两家分别盖了新的办公楼，也都耸立在玉渊潭公园北岸，恰似同天竞飞。也有人据此认为这是重复建设，浪费资源，不利于合作，但多种事实表明，分成两个集团公司利大于弊。

2001年1月，我们进驻中国航天科技集团公司，受到总部领导真诚的欢迎。总经理王礼恒一年多前还是航空航天部副部长，下面有人反映他一半是总经理一半是副部长，"市场意识不够强"，我觉得这很正常。我基本上不参加具体查账工作，主要是分别与班子成员、下属单位主要负责人谈话（听汇报），了解公司制度建设及执行情况，接谈个别来访。因为该公司肩负国防安全重要任务，许多职工都是"五加二""白加黑"地工作，我要求下属每个人认真履职（也查出一些大大小小的问题），但不论在什么情况下都不得影响他们的业务工作，反而要认真学习他们可贵的"航天精神"。

在国家计委工作时，我曾应邀赴酒泉基地参观过导弹发射试验，而今可以细致地看到各型火箭、飞船、卫星等的设计制造过程，到总部、院、所、车间去看干部、技术人员、工人如何践行"长期攻关、长期吃苦、长期奋斗、长期奉献"的承诺，深受鼓舞和教育。在北京申奥成功一个月后，我又一次赴酒泉观看火箭试验，从发射前的忐忑不安到发射后的欢呼雀跃，激动的心情比上次更甚，仿佛那无比刚强硕大的躯体上有我在车间参观时抚摸过的手印。

此次事后有个小"插曲"，公司有人写信举报我们一行包了专机直飞酒泉基地搞"特殊化"。中央企业工委问及此事，我当然泰然处之。其一，我们数人是应公司之邀与公司数人同机去的，所乘航班、日期与一般旅客的一样，费用已在机关报销。其二，企业早就有人问过我们："你们监督企业，谁监督你们啊？"这也是很自然的推想。我们与企业见面之初就讲明监事会纪律并欢迎企业职工监督，现在这封信虽然言之不实，却在规则和情理之中。

而真正的一次"包机"却令我终生难忘。2003年10月14日，国家各部委相关领导一百多人乘包机前往酒泉基地，于第二天观看我国自行研制的"神舟"五号载人飞船升空。对这次历史性太空之旅，中央领导非常关心，时任总书记胡锦涛等一行乘专机先行抵达。那天晚上，我们虽然离发射场较远，但每个人紧绷的心弦和迫切期待成功的愿望，可以说是与在灯火通明中巍然屹立于荒原上的发射架"无缝对接"。当看到托举着"神舟"五号飞船的火箭在地动山摇般的轰鸣声

与航天英雄杨利伟合影

中冉冉腾起飞向夜空时，在场观者无不欢呼跳跃，许多人流下了热泪。我想起 16 年前只身在美国参观 NASA 航天基地时的苦涩心情，更是感慨万千。至今，在中国航天科技集团公司单独举办的欢迎航天英雄杨利伟的晚会上，我与杨利伟的握手合照还放在我的玻璃书橱里。

"飞天"是多少代人的梦想，在离发射基地不远的敦煌石窟里就有可循的印记。中国成为第三个把人类送上太空遨游的国家，台前幕后有无数个像杨利伟、像中国航天科技集团公司员工一样的英雄。监事会查企业存在的问题，反映他们的诉求，但似乎没有发现和推荐人才的责任，不过受到感染的我还是多次借机为一些中青年专家和干部说些"好话"，心里觉得也是一种奉献。

"老朋友"一语惊四座

对央企实行外派的监事会（从派出稽查特派员开始），从属中央企业工委，以国务院名义派出，是中央决定的一项重要改革，国内外均无先例。2002 年初的一天，中央企业工委领导传话下来，说朱镕基总理要找时间来看望大家并座谈听取意见，已经搬到安定门外新办公楼里的人都高兴了起来。没两天，中央企业工委领导告诉我，让我在座谈会上发言。我问讲什么，他只说可以反映一下主席们的意见。我想的却是，到这里之前朱镕基总理是知道我不愿意来的，现在要见面了，我怎么面对这位老领导，又说些什么呢？

思虑一天，我决定马上动手提前给朱总理写封信，只讲当年不愿意当"主席"，不说原因，还讲经过一年多实际工作认识到外派监事会的重要性，现在已在安然热心地工作了。同时，我还在信中写了国企形势现在很好，改革逐步到位后形势会更好，对此我充满信心等内容。未想到朱总理很快将这封信批给吴邦国、李岚清两位副总理，一直传到郑斯林手里。2002年春节后一天下午，朱镕基、吴邦国、王忠禹（那时已是国务委员兼秘书长）等一行来委，他们兴致很高，大会议室里气氛热烈。郑斯林对前排四五十个监事会主席逐一介绍，包括大家原来所在的单位。当他走到我跟前时，朱总理哈哈一笑说："这不用介绍了，我们是老朋友！"我即刻回答："你是老领导啊。"随行人员和周围的人立马向我投来诧异的目光，一个年轻人惊讶地问我："你怎么是总理的老朋友呢？"想来也是，我在1982年国家经委成立时就认识朱镕基了，断断续续在他间接、直接领导下工作了七八年，说是"老相识"还可以，说是"老朋友"那是总理谦虚之词，不能当真。我想，对这位年轻人和其他同事一时也说不明白，故而不做解释。

轮到我发言，我提了两点建议。一是企业领导普遍认为监事会调查最深入、时间最长，不与企业交流不利于企业发展，希望监事会能讲点意见、看法。我建议是否半年与主要领导交流一次。朱总理略加思索说可以考虑，但是对交流内容、审核程序要有个规定。二是关于是否调整审计事务所聘请办法，朱总理表示不赞成，还耐心地加以解释，主要原因是不让监事会增加具体事务，不和任何利益沾边。朱总理像现场办公一样果断、明确地处理问题，给大家留下很深的印象。事后，有人还夸我敢在总理面前提建议，使大家关心的问题得到解决。我说提两个建议被采纳一个，我只能得50分。话虽这么说，其实我心里也还是满意的。

谁让我当的全国政协委员

一天，我在办公室里看文件，一位中央企业工委领导敲门而入，直言："跟你说个事。"我请他坐下说，他说不用了，还要逐个向主席们征求意见呢！原来是上面让推荐下一届全国政协委员，经过委党委

与中华慈善总会会长范宝俊（左三）等参观沈从文故居

研究推荐三位主席报上去，他说了名字，随后递过一摞材料让我看看。我说："不用看了，我都同意。"他客气地摆摆手出去了。

我家那会儿住万寿路翠微西里大院，邻居是民政部老部长范宝俊。他退休后仍任全国政协常委、中华慈善总会会长，我们两家关系融洽，常来常往。一天晚上，我们正在吃晚饭，他进门开口就说："给你道喜来了，你是政协委员了！"他说刚从政协开常委会回来，看下届人选名单里有我。我听了一怔，认为不可能，一定是重名了。他说，那不会的，单位名称都对得上。我茫然困惑，第二天上班一切如常。

记不清过了几天，一位不认识的年轻人找上门来，自称是委组织部的，带来一小沓材料说："你是政协委员了，这些表格需要你亲自填写。"他那一副公事公办的表情里似隐含着疑虑还带点冷漠。果然，我还未填完一张表他就抬眼望我，迟迟地说："想问你一下，谁推荐你当政协委员的？"我说："这该问问你啊！我哪里知道。"他又一次提这个问题时，居然问"是不是经贸委？"我告诉他："我离开那里已经六七年了！"这时，我揣测这位来自组织部的年轻人，也是推荐上报另外三

与监事会同事参观大连军港

个人的经办人，难怪他掩藏不住心里的纳闷，但是我并没有问他姓名。

除此，再也没人就这件事找我谈过话。我也曾试探过两三位相关领导的口风，均无明确答案。有友人戏言："'天上掉馅饼'，当然不清楚'天'是谁。"我说："我知道啊，这是党组织对我的关怀和培养。"

这不能只当作一份荣誉，这更是一份责任。应该说，自2003年2月起我作为第十届全国政协委员之一（包括做提案委员会委员）的表现，没有辜负党的培养。我积极参加会议、讨论和活动，建言献策。一次，我就城里人要善待农民工问题做了较长的发言，还有点激动。还有两次关于企业改革、机构改革接受记者采访时，我讲了新建国资委重在解决国企所有者缺位问题以及未来国有大企业是否整体上市等，讲话的内容在网上引起关注，央视《新闻联播》还让我讲了几句话。我曾三次就工业设计、农村社会保障等问题上交了提案，四五次参加政协组织的到外地做关于公安干警待遇、食品安全等专题调查。从某种意义上说，做了政协委员后对监事会工作，对我五六个兼职社会团体工作也有一定的积极影响。经范宝俊推荐，我兼任了中华慈善总会

与全国侨联林军（右）、宁波华侨企业家王铭（中）老友交谈合影

副会长，汶川大地震后数日我就根据安排冒着余震去一线进行慰问、捐献工作，一年后又以老委员身份随队检查灾区重建工作，亲眼见证了汶川从废墟中崛起，从中也受到鼓舞和教育。兼任中国工业设计协会会长后，因为是"一把手"，我的责任感更大了，也更热心工作，关于此工作将在下一章详述。

香港人会欢迎监事会的

监事会受人监督，理所当然。重要的是"打铁还需自身硬"，提高监事会人员的水平、素质很关键。"魔高一尺，道高一丈"才行。除了参加为期两个月的岗前培训和委里组织的学习听课外，我们办事处日常工作在严守"六要六不"行为规范的基础上，进一步要求大家做到"团结、学习、纪律、廉洁"，同时经常结合实际，组织大家谈体会，互教互学。为了激励大家学习，我组织了一次不公开的内部"考试"。我请会计师事务所一位工作人员出题，个人（包括我的兼职秘书）把试卷带回办公室闭卷作答，两小时内交卷。这位工作人员巡视、阅卷后，把分数和试卷交给我。这次非正式测验，让我对各位监事的会计水平有所了解，不公布分数是为了让大家自己心里有数并促进自我提高。重要的是我给大家讲了为什么这么做，即"不丢面子，加厚里子"。令人欣慰的是，时至今日我领导过的办事处里已有刘珊、杨建奎等四位同事担任了办事处主任或副主任的职务（正、副局级），还有三位同事分别在招商、华能、黄金集团担任财务部长职务。

说到这里，我想说个以前的事。有人说提高全民素质很重要，我觉得提高政府机关干部素质更重要。我在国家经贸委工作时曾提过谁都有个"领导与被领导"的关系要处理。作为领导，对待同事和他人不能只是讲工作，还要有学习、关心、培养人才等意识。我在正局级岗位上才渐增为了社会主义事业培养人才和接班人的意识，在锻炼培训、推荐提拔干部方面做了一些事（很不力）。

2002年8月，中央企业工委为探索对香港、澳门两特区国有大型企业的监管工作，指派我和另一位主席高怀忠分别带领新成立的办事处，各自监管两个企业，我们成为第一批被派往内地外的监事会主席。为此，我们事前做了不少准备工作。领导考虑最多的是企业接纳、通信安全、联络顺畅等问题。除此之外，我考虑最多的是人身安全问题（主要是交通安全），重要的是两边会计制度不完全相同，尽管新办事处人员是从委机关内部竞聘来的，但能否胜任新岗位？企业有问题（包括举报）你查不出，人家可能背后笑话你；你查出企业有问题，人家给你"上课""解释"说"没问题"，怎么办？至于企业、港人会不会欢迎我

在中央企业工委与同事陈全训（右一）合影

们的问题，我想港、澳特区是"法治社会"，搞的是市场经济，从我过去到海外调研、了解的情况看，他们对企业的监督方式有多种，但都早在法理之中。防止"内部人控制"是普遍要注意的问题，这对企业发展有利，这是对股东、股民权益的保护，他们应该是会欢迎的。

我分管的是香港华润集团和澳门南光集团。这两家公司在新中国成立后归外贸部管理。华润董事长陈新华，原是外贸部副部长；南光董事长吴亦新做过一年多稽查特派员，他们都是到现任一年多，也都是经济方面的资深人士。在中联办、中央企业工委带队与两个企业见面、交接后，我们从华润集团开始工作。办公地点在香港 52 层的华润大厦，住处位于相邻的宿舍楼，都在维多利亚海湾南侧，环境甚是优美。从香港到澳门坐气垫快船，一个多小时便可到达。为节约旅费，便于往返京港，我们住在深圳华侨城海景酒店做中转。这里顺便提及两位友人，那时华侨城集团"一把手"是老友任克雷。1988 年国家经委撤销前，有人说九号院最年轻的干部，正局级是我，副局级是任克雷，正处级是臧秋涛。机构改革后我们三人一直保持联系。任克雷转了几个地方后到这里干了 22 年，颇有建树，因工业设计等事项我常来深圳，与他过从甚密。臧秋涛先与我一起到国家计委，最终落户光大

与任克雷（左一）、李盛霖（左二）、廖晓淇（右二）、臧秋涛（右一）一起参加活动

（香港）集团做"副手"，在港时我们多次小聚，离港时他送给我的保温杯、烟灰缸我一直用到现在。

在监管这两个企业的三年时间里，我们按规定每年去港澳的次数不限、总时间不超过3个月，受企业欢迎的程度比预想的要好得多，也没有受到社会上他人的任何干扰。我记得遇到的问题是坐轿车没系安全带受过检查、警告和罚款。华润集团提出要在内地"再造一个华润""搞好企业与所有制形式没有关系""实行'6S管理'""实践'现金是王'""成立特资部专门处理运作集团不良资产"等做法都给我们留下较深的印象，后来我们推荐其在委内介绍经验。但是对"华润多元化"的问题，我认为现在已多元到40多个行业（过去多年外贸留下的印记）了，应该缩减重组，遂将此建议向总经理宁高宁提出，也得到他欣然同意并付诸实施。澳门南光集团则不同，因历史旧账问题，公司不但困难多而且管理弱，正在进行"外债转内债，内债转股权"工作，但对债务、机构、业务进行重组后，一段时期后公司也有了起色。我们本着"准确稳妥在先，效率在后"的原则对两个企业进行查账，也查出一些问题。大家严守纪律（含外事纪律），积极工作，与企业配合也很好。特别是在2003年"非典"时期，我带队到华润、南光集团（飞机、渡船上空座有2/3以上，旅客都戴着口罩）表示慰问，坚持工作，令他们甚是感动。

正巧在"航空"画了"句号"

和国家驻外大使一样，监事会监管的企业要三年轮换一次，委里有个工作局负责这一类的工作。因监管华润、南光集团新成立了一个办事处，所以有三年的时间我同时负责两个办事处。到2005年2月轮换期，我一共监管过八个中央企业。

事情有巧合，这次我与一位主席对换，恰好把中国航空工业第一集团公司的事分派给了我。我离开航空工业、企业和航空工业部二十五年了，已无"避嫌"一说；自己也已经六十二岁，按照当时规定，还有一年多尽责的时间。

历经十多个部委，从航空企业走出来的我见证了我国经济的飞速发展，耳闻航空工业的发展也很惊人，但眼见鲜活的实践更为震撼。

　　航空工业部（三机部）撤销后成立的总公司，这时已经分成一航和二航两个集团公司。赴察前，我原以为公司总部还是位于北兵马司交道口那座我曾经在里面当过"小和尚"的灰色旧楼里……当汽车停下时，抬眼处却看到一座位于CBD办公区的熠熠生辉的大楼，与前来热情迎接的领导聊了几句后，我便兀自一边打量这座新楼一边发出感慨。我在会议室观看了10分钟视频，看到新型歼击机、轰炸机、直升机、空空导弹等在巨大的轰鸣声中横飞竖起，听屏幕外铿锵、浑厚的解说，不禁心潮澎湃起来。这是多么大的、惊人的跨越啊，完全出乎我事先的臆想。我看着、听着、想着，除了眼前荧屏中闪现的领导们，又想起已经去世的、我熟悉的吕东部长、莫文祥部长以及吴瑶副部长（后来调任）、盛树仁副主任（后来任国家计委副主任）等航空前辈的身影，从心里觉得这个视频也是献给他们、献给几代甚至十几代为航空工业奋斗的在天英灵们最好的礼物。

　　总经理刘高卓和我是同龄人，我离开航空工业部后他从直升机公司调过来，是研制歼10飞机的总指挥。一航提出"追求卓越""航空报国"的口号深入人心，实行"6S管理"、六西格玛精益管理颇有成效。当我来到"第二故乡"沈阳，参观航空工业的关键企业之一、曾经工作过的航空发动机公司时更有直接感受。公司从外到内焕然一新，那些年轻的领导和职工很少称我"主席""部长"，多数称我"朱老"。办公室悬挂的横幅上写着"热烈欢迎航空老前辈……"令我感到亲切、温暖，也使我想到是该退休、让位给年轻人了。我在参观工厂和发动机研究所时，一次次感受到"后生可畏"，确实是"江山代有才人出"。先前在汇报中我听说报考北京航空航天大学发动机专业的人数减少了，还听说有人才流失现象，但是在工厂、研究所现场看到青年人居多，而且他们充满了激情。比如早就听说的太行发动机（涡扇10系列发动机），自1987年立项后我国便独立自主地对其进行研发设计。在研发过程中，参研人员刻苦钻研，屡克难关，采用新材料、新技术、新设备，攻克了几十项重大技术关键。在工厂的两三个车间里，我看到一排排高档的数控机床；在研究所里，我目睹了最难加工的空心叶片是如何加工出来的，这是公司集中国内最优秀的设计、材料、工艺、加工、检测等方面的专家组成的"国家队"，经过八年苦心奋战，终于掌握了制造被誉为现代航空发动机"王冠上的明珠"的尖端技术。曾经是我部下的一位年轻人，从黎明技校毕业后自学成才，现在已是沈阳市有名的律师，他约请我和当年的老领导、老同事一起相聚，大家再话往事的同时，对现在许多年轻干部、技术人员的开拓精神都赞赏有加。

　　早退晚退总是要退。2006年12月，我接到中央免去我监事会主席职务的通知，我的公务员生涯恰巧在我"启航"的航空工业这里画上了句号。不过，那时中央企业工委已撤销，我的行政关系已经转到2003年成立的国务院国资委，监事会工作也由国资委代管了。又巧的是，与我同龄、六十三岁的夫人冯陶，也在这个月从北大医院泌尿外科研究所研究员的岗位上办理了退休手续。

　　人生路上有多次"句号"与"分号"。公务员生涯结束后，我继续兼任中国工业设计协会会长，直至2015年换届才卸任。这九年里，设计创新工作从我的"副业"升为"主业"，成为我人生参与企业变革的续篇。

退休后监事会的同事春节来家里做客

参加赵维臣（左一）八十五岁生日小聚

出访俄罗斯，在普希金塑像前留影

第四章　推动企业设计创新

　　工业设计与企业改革都是在我国改革开放之初兴起的创新，都是为了解放和发展生产力，都是企业做优做强的必由之路。企业改革的深化也促进了工业设计的应用和发展。

　　工业设计是诞生于第一次工业革命、为工业化服务的设计，是一项运用综合、集成、系统等科学方法和思维方式，整合各类创新资源、生产要素，对经济社会发展具有引领性作用的创新活动。现在，它以制造业为主要服务对象，正在向数字化、智能化领域延伸和扩展。从日用消费品到重大装备，无不有其为之增添活力；从生产方式、生活方式到商业模式、生态环境，无不有其施以优化升级的积极影响。

　　工业设计理念、方法、工具、服务对象等，在实践中纵向有深化，横向有拓展，并衍生多种设计形式，逐步涵盖全部产业。众多设计之间大同小异，各有侧重，工业设计应起牵头、引领作用，可统称为设计创新，在"中国设计"旗帜下协同共进。

　　产业因工业设计而充满活力，世界因工业设计而更加美好。工业设计的最高境界是追求、创造"真善美"，最宏远的目标是促进人与自然和谐相处，实现人类的高质量、可持续发展。

从企业改革到设计创新

　　企业是创新的主体，企业改革（主要是国企改革）要解决的首要问题，是促进企业在改革中逐步成为法人实体和市场竞争的主体。但正如体育比赛，企业这个"运动员"的手脚被放开了，"包袱"被卸下来了，有了参赛的资格，也懂规则、讲道德，不等于在"赛场"上就有好的表现。我曾在一篇文章里讲过，"转机建制"并不能使现在每一个国有企业都搞好，在市场竞争中"一个企业的胜负取决于产品、管理、技术等整体素质的高低"。

企业要搞好做强，要做的事还有很多。除了企业改革属于体制创新、制度创新之外，设计创新、技术创新、管理创新等也在其列。二十多年前我提到企业"产品"如果要进行升级换代，首先要进行设计创新。我兼任中国工业设计协会会长后，做过上百次讲话，写过上百篇文章（包括接受记者采访），不厌其烦地宣讲工业设计的重要性、必要性和相关问题。比如讲过"中国设计是中国制造走向中国创造的绿色通道""中国设计是中国制造的灵魂""设计是企业的DNA""设计创新与技术创新结合""设计是工业发展的'魔方'（喻一切可变且越变越好）""微笑曲线中的研发设计""设计引领未来"等。我在以会长身份给温家宝总理提交的报告里，只是说"工业设计是企业经营的一个核心因素"，希望得到政府部门的扶持，倡导企业从以前打数量战、质量战、价格战，到现在要在科学发展观指导下打设计战等。

为了更方便向全社会宣传设计创新，2013年11月，我以中国工业设计协会会长名义出版了《设计创造美好生活》一书，该书是我兼任会长十几年所写的文章、讲话、接受媒体采访和工作报告内容的选编。

该书名由王忠禹选定并题写。他曾是国务院国务委员兼秘书长、第十届全国政协委员会常务副主席。他在题字时对我说："你做了一件很有意义的事。"

该书的序言为朱宏任所作。他是工信部原党组成员兼总工程师。他在文中称我是"中国工业设计发展征程上的披荆者、拓荒者和领跑者"，并称此书可作为有关部门、单位发展工业设计产业的重要参考和教学的辅导教材。

该书中载有一篇路甬祥与我的对话。他是第十一届全国人大常委会副委员长、中国科学院原院长，他认为我"对国家的工业设计发展做了很大贡献，是历史性贡献"。

类似过誉之词在协会内部听到的更多一些，如"是我们的旗帜""亦师亦友"等。特别是卸任会长后，协会授予我"最高荣誉奖"；全国设计师大会授予我"终身成就奖"；光华设计基金会授予我"改革开放四十年中国设计 40 人"特别奖；世界工业设计大会为我颁发"TIA 设计贡献人物奖"等，让我惶然愧对。我知自己的分量和尽力之微薄，但对中国设计发展的热诚和信心则自感甚慰。

倾心倾情鼓与呼

1999 年 12 月，我以国家轻工业局副局长身份兼任第三届中国工业设计协会会长时，也同时兼任五六个全国性协会（联合会）副会长，一年后赴任监事会主席一职。那时我五十六岁，身体很好，精力尚足，进取心犹存，除了做好监事会工作之外，尚可涉及其他。那么，"我为什么重视设计呢？"在《设计创造美好生活》一书的自序中，我自问自答："就因为我是协会会长吗？说是也是，说不是也不是。"

该书中我讲了两段话。"先说'不是'。我是学化学的，但喜爱文学艺术，毕业后先在制造企业工作十一年，后来去国家综合经济部门、专业经济部门等工作三十多年。这些经历让我较早懂得了'设计是产品的第一道工序'，'设计决定新产品成败'，设计是企业'三个一代'发展的核心环节等道理。多年来在不同岗位的经济工作中的所见所闻和亲身领悟，逐步提高了我对设计的认识。"

"再说'是'。我国是在改革开放之初比较系统地引进工业设计理念、方法的。我兼第三任协会会长之后，向设计界朋友及国外有关人士学习、交流的机会多了，又自觉责任、义务在身，对设计的认识由浅渐深。在了解工业设计与工业化的关系、工业设计与传统设计等其

工信部领导一行到中国工业设计协会视察（右五为朱宏任）

他设计的关系，特别是了解到发达国家之所以发达的重要原因之一是从其工业化初期到现在一直重视工业设计，又对比我国工业设计落后的状况及影响之后，我有种'坐不住'的感觉，提升了我做好协会工作的自觉性。"

实际上，我内心还潜存着一个"不了情"：工作三十余年，虽然经历了不少部门，但多是当参谋、做助手（不能说这没有贡献、不可有作为），而今有了协会这个当"一把手"的平台，虽然说是"桥梁""纽带"，但这是以国家正迫切需要的"工业设计"冠名的协会，我当努力使这个"桥梁"上有越来越多的人和机构得以流转、互惠，把这个"纽带"两端的人和机构紧紧地联结、带动起来。换言之，我要把协会办成一个以工业设计为主题，政府、企业和市场同台携手演出、互动互促的大舞台，一个摇旗、吹号、擂鼓、练兵的大场所。在国家部委中连一个处级单位都没有专管这事的情况下，用当时工信部分管产业政策（后含工业设计）的领导朱宏任的话说，我们协会"不只是'桥'与'带'的作用，还要在（工业设计）行业中起到一个重要的支撑作用。"

2000年春节前，我第一次约请协会二三十位成员开"联欢会"，地点在协会租借用来办公的某中学教室里。"会议桌"由几个旧课桌拼起，上面盖着污渍斑斑的白床单，桌上放的花生、瓜子大家都不敢吃，我面前的茶杯因桌面不平两次差点倒下。但与会者热情很高，踊跃建言，当场就有人急着举手说愿意无偿为协会提供两间"正规"的办公室。虽然我接手的协会是"一穷二白三无为"，但这并不影响我团结上下一些积极分子，去做工业设计的倡导者、推动者的决心。

为了迅速从思想认识上有所突破，我奔走呼号，加班加点。我在个别交谈时、在饭桌上、在各种大会小会上，不论对方是企业负责人、一般干部还是省长、市长，只要有几分钟时间的空隙就与之讲工业设计，从基本概念、身边事例到工业设计与"三个代表"重要思想、与科学发展观、与中华民族伟大复兴的关系，能讲什么就讲什么。有时在饭桌上讲得几道菜摆在眼前都顾不上吃，出差途中也会与来访者谈到深夜。一次做完手术出院刚回到家我就赶写讲话稿。一次一百多人的露天讲座会上，我最后上台时只有十几个人了，我仍坚持按计划讲完，我和留下来的听众还高兴地互相"鼓励"了一番。不能说与我们的宣传推动有多大关系，有位省委书记很早就重视工业设计，亲自主持召开地市级以上干部工业设计现场会；有位副省长认识虽晚但一旦重视起来，其主持制定的全省推动政策最实在；有个地级市比较偏僻，但因领导重视，现已建成一个国家级工业设计中心；有的公务员已近退休，毅然"下海"去办工业设计公司并初有名气，等等。我去深圳市次数较多，两个协会几任会长、秘书长都是我的"战友"，他们开展的各类设计活动受欢迎、有实效。华为、中兴、万科、华侨城等大企业及许多设计公司，在工业设计方面处于全国领先地位。深圳市成为我国第一个"设计之都"。最令人鼓舞的是，2012年总书记习近平视察了广东工业设计城并做重要指示。

除宣讲鼓动外，我们多次向国家发改委、工信部领导及有关部门汇报、交流工业设计情况，我们协会积极参加国家和部门制订规划和

与黄奇帆（左二）、徐敬业（右二）等重庆市领导交谈工业设计后合影

有关政策的讨论，加强与地方政府及专业性协会的联系与合作。2005年4月的一个星期天，我应邀向国家发改委副主任欧新黔汇报工业设计情况，她听后很高兴，并让我准备4月底以国务院名义在合肥召开的全国第一次服务业发展座谈会上发言。但会前两天又抱歉地说，实在安排不开只能在小组会上讲了。我们小组50多人，都是常务副省长、副部长，不少人我都认识。我抢先第二个发言，讲了近一刻钟，其间不时被提问打断，其中一位说："这么重要的事，你应上电视电台上讲啊！"我半开玩笑地说："我恨不能在人民大会堂上讲还直播呢！"会间急见，这位不认识的领导正是原国家广电总局副局长张海涛，在他的热心安排下，半个月后央视《新闻联播》连续三天报道了工业设计相关内容，后来还在《对话》等栏目中让我去主讲工业设计。

在工作布局上，我们重点抓经济发展转型升级对工业设计需求相对迫切的东部及沿海一带。在方法上，我们以各类活动和典型带动其他地区。比如对全国第一个建立的无锡工业设计园、广东工业设计城（顺德）、深圳两个工业设计基地，对优秀产品、先进个人和单位，协会通过开展工业设计周活动，创办红星奖、五个"十佳"奖，举办新产品展览会以及通过社会媒体、内部刊物等对新产品、新活动进行展示和推广。在社会活动上，我们的原则是：只要是有"设计"内容的活动，不论是什么部门、单位，不论什么规模、级别，协会都尽力支持。

我把监事会工作与协会工作交叉、结合起来，协会工作占用的时间不到1/4。因为两者都与企业打交道，还能在沟通后互相借鉴。比如中国航天科技集团公司产品创新突出，这和他们在大项目、子系统配设总设计师有很大关系，后来工业设计搞得好的地方企业有些就新设了设计总监的职位。在中国航天科技集团公司任过副总经理的金壮龙后来到中国商用飞机有限责任公司任董事长，他不但重视民用飞机的技术设计，而且新组建了工业设计所，特聘海外飞机设计专家任和为所长。这个所在短短四年内获得国际著名红点奖、国内红星奖、十佳创新企业奖等七个奖项，成长为国家级工业设计中心。现任公司董事长贺东风对工业设计重视有加，我还受聘做集团公司的工业设计顾问，受到公司的表彰。

参加中国商飞举办的工业设计论坛后合影

综合·集成·系统

钱学森是伟大的人民科学家。我在一篇纪念钱老诞辰 100 周年的文章里，称他为"中国工业设计的倡导者、奠基人"。

我兼任协会会长不久，翻阅同事送来的一些协会资料时，发现钱老竟然曾于 1987 年 10 月出席了中国工业设计协会成立（更名）大会，并做了重要讲话。"工业设计是综合了工业产品的技术功能设计和外形美术设计，所以是自然科学技术和社会科学、哲学、美学的汇合。"他强调，"中国工业设计协会所从事的工作，是属于社会主义物质文明与精神文明建设的大事。"当时，我很困惑：钱老这样身负国家重任、日夜繁忙的大科学家，为什么会出席彼时还很"小"的协会会议？工业设计协会的工作真的有那么重要吗？我的眼睛在"综合""汇合""大事"几个词上扫来扫去，并将其深深地印在脑海里。

我与钱老不是忘年交，也未曾谋面，只是在北京南郊的航天火箭研究院前的园地里拜谒过钱老的铜质塑像。后来学习他的一些著作和讲话，知道他不但对航天科学有精深的专研，而且在系统科学、思维科学、人体科学等方面有独到的宏论；不但热心、醉心于科学技术的研究和实践，而且从小就喜欢文学艺术。2006 年 11 月，温家宝总理回忆探望住院的钱老："他说，现在的学校为什么培养不出杰出的人才？然后，他就很有感触地说到科学与艺术的结合。"钱老一直关心中国工业设计的发展，2009年在病体不便接见我们拜望的情况下，还写信给协会表达他对中国工业设计的关心和希望。2020年初，我应上海交通大学原书记马德秀邀请，参观了校内专设的钱学森博物馆，见到了钱老的长子钱永刚，对钱老辉煌的一生有了进一步认识。中国科学院原院长路甬祥退休后也热心设计事业，不但身体力行，而且还出版了相关专著。科学家为什么这么重视设计创新？我从钱老、路院长那里领悟到一些，也因此备受激励。我们一些出国学设计回国的专家如柳冠中、张福昌、李乐山、王受之等，他们学术造诣和教学建树也使我开了眼界，长了知识。

从以上简短的叙事中，可见设计、工业设计、文明、科学、技术、文化艺术、人才等名词，也可见综合、汇合、结合、思维、系统等字样。特别是钱老与温总理的谈话，从"为什么培养不出杰出的人才"之问，将话锋转到"科学与艺术的结合"，发人深省。

工业设计是在工业革命之初诞生的，具有产业、学术两个属性。就产业来说，其核心是工业产品，但随着工业革命的深化、工业化水平的提升，其服务范围、理念、方法、工具都在与时俱进，它与工程设计、技术设计、传统工艺品设计、文化创意设计等已在实践中逐步相通相融，与产业链结合越来越紧密，是一项运用综合、集成、系统等科学方法和思维方式，整合各类创新资源、生产要素，对经济社会发展具有引领性作用的创新活动。从手机到汽车，从发卡到轮船，从日用消费品到重大装备，在众多类别创新中无一不需要工业设计。覆盖面广而且作用重大，是由工业设计"属于社会主义物质文明与精神文明建设的大事"决定的，其重点是体现两个文明（包括人的物质需求与精神需求）的融合，难点是要在人类通往"真善美"之路上起到一定的引领作用。所以，2007年温家宝总理批示："要高度重视工业设计"。2016年马凯副总理说："产业因工业设计而充满活力，世界因工业设计而更加美好。"在未来实践中，国家要进一步促进各类设计的融合发展，让"中国设计"的旗帜鲜亮起来。

怎样发展工业设计？唯其创新，个人和团队需要知识、智慧、技术、艺术、信息、想象力、联想力和科学思维的贯通；唯其涉及面广，社会上需要政、产、学、研、商、金的合作。我在中国系统科学研究会（会长乌杰）的年会上，曾做过《系统哲学与工业设计》的研讨发言，颇受与会者称道。工业设计的理论与实践都是与时俱进的、需要不断提升创新水平。

接到总理批示

2006年12月我从监事会退到二线后（还是政协委员），便有更多的精力和时间从事协会工作。那时，"竖比"来看，我国工业设计已有较快发展，有一定规模的专业设计机构已有1000多家，比七年前增长十倍多；每年培养设计类毕业生约30万人，比七年前增长了好几倍；国家在"十一五"规划中首次明确提出"鼓励发展专业化的工业设计"，已有十多个省市（含地级市）成立了工业设计协会。但是，与发达国家"横比"差距很大，在思想认识、教育、税收、知识产权保护、政策引导、设计毕业生就业、设计产品价值、创新氛围等方面问题不少。2004年国家发改委着手制定"工业设计产业发展政策"，历时三年未能出台，这就从一个侧面反映了解决这些问题之难。

一次在深圳市调研后，我决定给温家宝总理写个报告，原因有三：一是工业设计正是科学发展观发展之需；二是工业设计发展须有国家战略性促进政策；三是国家层面应有个"天线"，协会的桥梁、纽带作用毕竟有限。还有个"刺激"是，2006年3月在全国政协十届四次会议上温家宝总理到经济组听取意见，一位汽车公司老总在发言中讲到汽车自主设计的重要性，我一时冲动在他讲完后立刻举手想补充进言，但主持人未应准并让人悄声告诉我主要是时间不够了。事后我想，我在2003年后以政协委员身份所做的两个提案，转到了国家发改委已引起他们重视但作用有限，即使这次让我发言也不可能在几分钟内把事情说清楚，还是书呈总理为上。

该如何写这个报告，却颇费思量：复杂的事要讲清楚又不能太长，既要考虑有理有据提何建议，还要揣摩怎样让总理好做批示。写好后我两次征求同事意见并修改，用了一个多星期终于完稿。

2007年2月13日上午9点，我拿着大信封驱车应约去中南海北门。田学斌秘书在接待室里见到我，他说认识我，也许是温家宝总理以前任中共中央办公厅主任时主持起草一次重要文件时我参加过汇报。我一时窘迫，只能以讪笑掩过。他看了文件标题《关于我国应大力发展工业设计的建议》，谦和地对我说："这不是急件，温总理在春节前后和'两会'之前很忙，恐怕得一二个月后才能处理。"我说："没关系，但恳请总理能有个批示，不要划个圈就给我退回来啊！"他笑着点头作答。离开北门，我心情放松下来，等两个月不算什么，只盼温总理能批几个字。

未想到春节前就传来了喜讯。2月16日（农历腊月二十九），我刚理完发，突然接到王忠禹秘书王建斌的电话，他高兴地告诉我："总理对你的报告做批示了，不但批得好，而且点了你的名，少有啊！"他不便多说，这已令我兴奋不已。春节后第一天上班，我就在机关查阅到总理的批示，机关内也同时传开了。看了批示日期是2月13日，我十分惊诧。温总理当天就做出批示，说明他了解情况，"心有灵犀"早有所想，所以不仅有"要高度重视工业设计"一语，还批请另外两位国务院领导阅批。那两位领导也都在春节前做了具体办理的指示。

春节后上班第三天（农历初八），中国工业设计协会即召开在京常务理事参加的工作会议，传达学习、研究如何贯彻落实温家宝总理等国务院领导的重要批示。大家喜气洋洋、热情高涨，像是又过了一个节日，一致认为总理的批示是中国工业设计发展史上的"里程碑"。这次会议后协会决定办好八件事，并成立专门工作小组抓落实。

第一个"指导意见"出台不易

被列入国家规划和获得国家主要领导人的批示，极大地鼓舞和推动了全国工业设计的发展。"要高度重视工业设计"这句带有战略定位性的指示迅速在设计界和企业、院校中传播开来。国家发改委加快了制定工业设计产业政策的步伐，我和协会人员多次参加研讨。后因国务院机构、职能变化等原因，2008年3月新组建的工业和信息化部转接、牵头这项工作。在此期间，国家规划、政府工作报告、国务院文件等多次强调要促进包括工业设计在内的生产性服务业、高技术服务业要与现代制造业融合发展。工信部、教育部、科技部、财政部、人社部等11个部委经过两年多综合协调，于 2010 年 7 月联合发布了《关于促进工业设计发展的若干指导意见》（以下简称《指导意见》），第一次对工业设计的含义、地位和作用以及发展提出了比较全面、具体的指导意见。

为什么起草这个已有基础的"意见"，还要花两年多时间？起码有两个原因。第一，有争论。举两个例子：对工业设计是否属于生产性服务业，协会就有不同意见，认为其既不应该称"服务业"，也不宜叫"生产性"。我告知大家，国际上通常的产业划分是：第一产业是农业，第二产业是工业含建筑业，其他都是第三产业服务业。公务员也属于服务业。不是讲"为人民服务"吗？叫"生产性"符合现实需要、更接地气，如果叫"高技术"则更难统一，还可能改由其他部门牵头起草，应属于"现代服务业"较好。另外工业设计如何定义？朱宏任是工信部负责起草这个文件的领导，他在我的那本书的《序言》里写道："工信部在网上公示的时候收到很多回复，不仅有专家学者和领导的意见，也包括社会各方的关注，甚至是学生和市民的来信，大家看法不尽统一。后来定下的是'工业设计是以工业产品为主要对象，综合运用科技成果和工学、美学、心理学、经济学知识，对产品的功能、结构、形态及包装等进行综合优化的创新活动'。实际工作中它的内涵和外延都可以更加宽泛。在大家讨论过程中久争不下时，朱焘会长发挥了重要的作用，他建议我们不要把这个讨论无限期地拖延下去，而应求大同、存小异，提出一个符合当前实际的阶段性共识，先把这个文件出台。"实际上，我想的还有，总理批示加上这个文件出台，工业设计就有了战略地位，许多事就好办了。我们许多工作并不是从"定义"出发的，何况这是一项涉及面广、在发展中的创新活动，国际组织也对其定义先后进行过三次修改。第二，会签时间长。国家机关一些人对工业设计不一定熟悉，这个文件的主管部门工信部起草初稿后，送到联发的十个部门，这些部门都有个认识、酝酿的过程，况且其还牵涉到财税、银行贷款等问题就更难顺畅了。这大概是温家宝总理批示后过了三年才出台落实文件，这也是我这个当事者之一虽然心里着急但又比较有耐心的缘由。

如果说温家宝总理的批示是工业设计发展史上的"里程碑"，那么这第一个《指导意见》就是征程上的指示路标。工业设计在国家发展中确立了其战略地位，一些省（市）相继制定颁发了有关落实促进政策，国内各类媒体竞相宣传，协会更是积极配合做了大量工作。我也多次做讲解、动员，接受媒体采访。此后几年，国务院相继发布了多个关于鼓励、扶持包括设计创新在内的政策性文件，2019年工信部还专门发布了《制造业设计能力提升专项行动计划（2019~2022年）》。如今，工业设计作为贯彻国家创新驱动发展的战略，在转变发展方式、促进制造业转型升级、提升经济社会发展质量等方面，成为力度越来越大的助推器，成为建设创新型国家和现代化经济体系的战略性工具。

"设计无国界"

2012年2月，韩国产业设计振兴院（KIDP）在北京设立了中国办事处。这件事让我高兴，也有点嫉羡。

李泰镕是我打过交道的第三任振兴院院长，比我小十来岁。我出席了办事处的成立仪式，然后又与他一起进餐，相谈甚欢，彼此都认为此举有利于中韩两国设计交流、合作的开展。三任院长每次到北京随行人员都有好几个，有专职翻译，还去其他省市参观并建立联系。钱从何来？第一位院长告诉过我，韩国财政每年拨款相当于3亿元人民币，支持振兴院搞调研、推广、培训等活动，当时我怀疑是否翻译错了或者是汇率换算有误，直到院长和翻译拿出纸笔现场计算我才确信。记得在央视《对话》栏目中，主持人陈伟鸿知道我国设计活动风生水起，现场就说我们协会"应该是挺富有的"，一句话戳到了我的痛处。我就任之初协会正处在恶性循环的最低端，每年年检应有的10万元注册资金都要先借再还，后来逐步好了起来，也只是保证运转。这些年，虽然我接待过很多国外设计界的朋友，但为了节省协会开支，自己十几年来从未以会长身份出国，甚至在国内出差有时也与监事会工作"结合"以减少协会费用开支。所以，看到韩国这样的市场经济国家，每年支持类似于我们协会的产业振兴院3亿元，而我们一年只有数万元的事业费还将被取消，心里既羡慕，也多少有些埋怨。好在一些地方政府给予的扶持还比较实在。

当然，我对韩国朋友不会讲这些。在接受KIDP采访时，我讲了很多友谊、互学互促以及欢迎韩国设计公司来我国发展的内容，还应邀提了几点建议。其中，有这么一段话："我们常说，设计的目的是提高人民的生活品质，使我们的地球家园更美好。我想，设计是没有国界的。"看得出来，在场的韩国朋友有所感动和意外。其实，2010年5月21日我参加中瑞建交60周年活动，在创新论坛设计分会场上，我就讲了"设计无国界"的观点。虽然会场上只有四十多人，但双方"级别"较高，听者认真。散场时，一位瑞典女士对我说，还没有听人说过这个看法。她在告别时，对我跷起了大拇指。2009年10月，我在世界设计发展（北京）高峰论坛上的发言中说："我们热诚希望与所有国家的同人们进一步加强交流与合作，发挥各自优势和特色，为把我们共同的家园——地球建设得更加美好做不懈的努力。"

我认识的日本一位世界著名设计大师有句名言："好的工业设计，就是把人们的梦想通过批量生产的方式变为现实。"在一次会后的自助餐上，我特意请他同桌以便学习。这位发须半白的老者没吃多少饭菜，其一番宏论使我很受启发。我想，现在经济全球化，产品到处"走"，互联网是共同的活动空间，信息、技术、知识也在流动，宇宙中的地球慢慢地像个村庄，但不变的应该是人们的共同梦想，过上好日子，追求美好生活。当然，梦想有大小，梦想和现实之间的距离不相等，有不同的实现过程。在这样开放的、讲创新的世界里，为创造人们的美好生活和为共同的美好家园服务的设计，应该是没有国界的。设计无国界，但设计师有祖国，当前技术、专利和产品的交换要讲经济价值，设计的合作要讲保护知识产权等。

做好交接班

2013年，我在接受中国网络电视台记者采访时讲到，在十几年的协会工作中，我主要做了"四个推动"。一是推动协会工作方向和组织结构的转变。开始时协会学术性活动较强，"在圈子里自娱自乐"，后来我强调要面向经济建设，面向企业，相应的是在会员中增加企业成分。二是推动政府部门和企业重视工业设计。三是推动设计企业自身的转型升级。"练就金刚钻才能干好瓷器活。"四是推动协会工作逐步规范，求实求新，增强凝聚力。这"四个推动"是与大家一起做的，也没有完成时，只有进行时。

这里说的"大家"，当然包括协会在京常驻人员，特别是常务副会长、秘书长和秘书处的同事们。十多年的时间里，人员流动，新老更换，人员从几个人发展到几十个人，年轻人居多，人员素质有了提高，他们兢兢业业、不辞辛劳，使"CIDA"（协会的 logo）形象在国内外越来越鲜亮。这当中也经历了一些波折，但在上级领导关心下，在设计潮流的裹挟下，很快得到缓解。

我亲历了改革开放以来国家经济社会的高速发展，也亲历了我国设计事业几十年来的巨大进步和发挥的积极作用。据了解，2017 年与 2000 年相比，设计类专业的高等院校从 300 所增加到 1800 所，设计专业的毕业生从 5 万人增加到 60 万人；规模以上工业设计公司的数量从几十家增加到约 8000 家；工业设计园区从 1 家增加到 100 余家；成立工业设计协会的省市（含地县级）从 12 个增加到 63 个；国家首设中国优秀工业设计奖，全国奖项和赛事有 100 多个；新产品源源不断走向市场，许多企业和产品获得国内国际大奖。特别可喜的是，大众创新蓬勃兴起，涌现的一批批优秀设计师、懂设计的企业家迅速成长并发挥作用；已有北京、深圳、上海、武汉四个城市被联合国教科文组织命名为"设计之都"，等等。应该说，中国设计这些年发展速度可观，问题争议不少，质量档次正在提高。

在工业设计发展的热潮中，2015 年 10 月协会在京召开第五次全国会员代表大会，进行换届选举等事宜。350 名代表参加了会议。会议在热烈的气氛中选举产生了新一届理事会、会长、副会长和秘书长。还以大会名义，聘我为中国工业设计协会战略咨询委员会主任。这一天，恰逢我 72 岁生日，当晚部分代表为我举办了一个特殊的有意义的生日晚会。新任会长、秘书长都是"70 后"的年轻人，都是工业设计专家。会长刘宁是学工业设计的，做工业设计的，多次获得国际国内工业设计奖，兼任过协会两届副会长，在京任协会专职副会长兼秘书长四年，工作出色，广受好评。秘书长应放天是浙江大学工业设计在职教授和博导，创办了多个设计产业公司，在业内享有较高声望。三届设计协会会长都是由国家部级干部兼任的，这次由无行政级别的 40 多岁的年轻专家接班，目前这在类似的全国性一级协会中绝无仅有，这也是中介组织改革的一个探索，得到业内外的赞同和支持。

五年多来，协会新班子带领团队励精图治，内外创新，成果斐然。他们除继续开展、完善提高协会传统的各类活动外，在对内对外合作交流方面开拓了新局面。比如制定《中国工业设计协会团体标准管理办法》，开展"设计扶贫"活动。比如与杭州市合作创办了中国第一个工业设计小镇（良渚）和设计开放大学；与山东省合作创办了工业设计研究院；与李卓智为董事长的德稻集团公司、与王茇祥为院长的北京协同创新研究院等合作创办了全球创新网络（新脸谱）和创新学院；与德国、意大利合作创办了中德、中意工业设计中心；协会发起、组织承办了在杭州召开的第一次世界工业设计大会（工信部与浙江省政府为主办方，我是会议顾问之一），继而在杭州、烟台召开了两次世界工业设计大会，在广州从化召开了两次世界生态设计大会，都得到联合国工业发展组织、中国企业联合会、中国轻工业联合会等的支持，会议组织得都很成功。如今，我除应邀出席一些设计活动外，还想对设计理论、发展战略等继续进行学习、探讨。

首届世界工业设计大会预备会合影（左七为刘宁、左九为朱宏任、右三为应放天）

在第二届世界工业设计大会上讲话

在第二届世界工业设计大会上获奖（左四为柳冠中）

与乌杰（中）、王礼恒（右一）等政协委员在政协会议后合影

在国家经贸委退休老部长春节茶话会后（右一为邵奇惠、右二为张吾乐、右四为陈邦柱、
左二为蒋黔贵、左四为张彦宁）合影

参加北大 6203 级部分校友聚会

为红星奖中外评委颁发证书（前排右三为委员会执行主席陈冬亮、左二为评委组长何人可）

北京协同创新研究院与德稻集团签订合作协议（右七为李卓智、左四为王芗祥）

朋友小聚后合影（左一为易杰雄、右一为徐恒进）

70 岁生日时的全家福

75岁登黄山，过"好汉坡"

与夫人一起游览古长城

中 篇

　　无因难有果，有树才有叶。一个人从"牙牙学语"的孩童到自立能做点事情的青年，每天都以各种方式汲取成长的营养。不同的个人梦想和成长过程，都与"三个家"（小家、国家、地球家园）的状态、教育、感化有关，与历经之事、交往之人相互影响。在求知欲和可塑性强的青春期，文化基因、前辈传承的无形力量，会对一个人的成长起潜移默化的修正作用。

　　人的一生最早接触的是亲情，之后渐有友情、爱情、仁善情、师生情、家国情等。可能变化的情感与不稳定的"三观"（世界观、人生观、价值观）交融，混生出复杂、生动的能量。

第五章　青春情缘：从南天门到未名湖 ——————

从小学到大学 18 年的读书学习，我初尝了人生百味。有学有思就有问，如果说在小学中学时我有"十万个为什么"，到大学前后"为什么"恐已超过百万个，尤其对情与理、知与识、善与恶、家与国等关系带来的酸甜苦辣，那时久品也难解其味。

家爱的选择和动力

1962 年的高考非常难，我这个农家青年从家乡唯一的县级中学"蹦迪"一般地考上了北京大学。可是，拿到录取通知书的我，内心却怎么也高兴不起来。

这与我人生路起始的际遇、选择有关，忆旧的话题先扯得远一点。

我的家乡朱郢是安徽省来安县边上一个不起眼的村落，传说历史上某个王朝的军队曾在这里驻扎过。这片地处长江中下游平原，位于南京市北边约三十里地的小丘陵，地势起伏，林草茂密，无河有泽，旱涝灾害不大，因而五谷齐全。风景说不上多美，却也人和地亲。当然，最亲的还是我的家人。

父亲朱学智是周边几十里地极具名望的兽医，我家里还有三十多亩农田。父母膝下五男两女，是当时邻里们羡慕的有福之家。我排行最小，不仅得到父母的疼爱，也得到哥哥姐姐的呵护。后来两个姐姐出嫁，家里陆续增添了嫂子、侄儿。父亲是位威严少语、言近旨远的当家人。他性格爽直，热心助人，附近村邻有点儿纠纷，经常上门来请他评理。有时我碰见此事，喜欢站在高我半个头的堂屋八仙桌前听他们对话。他白天经常出诊，遇到牛马急症，不论是深夜还是雨雪天气，他都随叫随到，有困难的人家没钱支付诊费就给点鸡蛋作为补偿，有时候他看人家困难就免费医治。父亲出行的交通工具是一头毛驴，温驯得连我的话都听。每次父亲外出归来，我总要在驴背上的厚帆布口袋里掏一掏，看看有没有好吃的。每到这时，毛驴都会斜眼看我，似乎想看看我是否如愿。小时候，父亲有时带我去附近的水口镇赶集，吃杂烩、洗澡、听说书、看杂耍。记得父亲让一位江湖医生用铁钳子硬生生拔掉我一颗多余的牙，疼得我痛哭流涕，满口是血，父亲却递给我一个当地稀有的柿子令我不要哭。父亲对我们几个儿子要求很严，虽无《朱子家训》那样的经文，却有许多口训家规，如不许说谎、赌钱，吃饭时不许嬉闹唱歌，饭要吃干净等。插在香案上一个漆花木桶里的鸡毛掸子既用来拂尘又兼做"戒尺"，记忆中我也挨过几回打。

我在中学时写的一篇作文《最亲爱的人》，写的就是父亲，成了年级范文。语文老师课堂上让我读一遍后，再由他来逐段评讲，我不好意思地低着头听，觉得自己写得没那么好，只是真情记录而已。在说缺点时，老师说文中描写父亲有一头"玻璃丝一般的白发"，比喻不太恰当，但老师也没说怎么改。说起情深，这一点父亲给我们几个儿子的遗传最明显，而今我也年过古稀，大哥已九十有一，早都是一头"玻璃丝一般的白发（银发）"了。

母亲慈祥善良，主要做家务，每天从早忙到晚。插秧麦收时节，她总是先下地干活再回到灶前给全家人做饭，我常常在灶后添柴烧火。她宽容大度，从未见她和邻里吵架，也从未见到她对家人发脾气，对我的不听话也只是呵斥几句，拍拍屁股。她勤俭持家"会过日子"是有名的，儿女们的衣服是"新老大，旧老二，缝缝补补是老三"，我小时候的衣服上自然补丁最多，过年才可能有新衣服穿。她腌的咸蛋、咸肉，做的花生糖最好吃，常有人来家里讨教。母亲好多次让我和四哥在腊月底的夜里给两个穷人家送去咸货，让他们过好年，还早早做好两三筛子米面菜团子，准备给讨饭的人。记得一次一个自称从淮河边上来的中年男子来讨饭，我递给他两个米面团子，一支烟工夫他又回来了，我不理睬他，让他走，他说刚才不是他，因为那个人帽子上没戴花。我正要戳穿这个骗孩子的小把戏，母亲已拿着两个米面团子笑着从屋里出来了。冬日闲时，我常见母亲与两个姐姐一边晒太阳做

我的母亲和我的父亲

针线活，一边讲故事、哼小曲。她给我讲"害人之心不可有，防人之心不可无"，这大约是我人生接受的第一个信条。

我们兄弟姐妹之间相亲相助。在我看来，长兄光渭是父亲的助手，兄弟们都敬重他。解放前，他也就读于来安中学，是出名的优等生，后因战乱，高中未毕业就辍学回乡做民办小学教师。我先前念过半年私塾，此后就跟着大哥读小学直至毕业。我还跟随大哥学钓鱼，在晨雾微漾的池塘边上持竿下饵、看白色浮标在碧水中摇动，那是我心底永存的一幅图画。他写得一手好字，这件事远近闻名，每到年关给人家写春联都要忙好几天。他给朱姓家常写的一副是"紫阳绵世泽，白鹿振家声"，即便长大后我也不明就里。他勤于学习、思考，处事公正，爱发时评，后被打成右派，仅仅是因为在"挤牙膏"后给农村牲畜治病预防方面提了点批评建议。虽然一两年后被"甄别"（平反）了，但这犹如一团不散的瘴气对他身心伤害很大。二哥光庭师专毕业，俊帅寡言，多才多艺，在外县任小学校长。暑期回家常在月夜里拉二胡、吹口琴，教我唱歌，是我的音乐启蒙老师。我读初中头两年，都是他供给学杂费。他不幸因肺结核病英年早逝，留下一女由我三哥抚养成人。三哥光昭、四哥光培是种地的主要劳力，闲时在大哥指导下习字诵文。由于勤奋刻苦，后来三哥子承父业任公社兽医站站长，四哥成为县级公务员。我小时候主要是读书，也放过牛，牧过鹅，帮助母亲烧火做饭，蹦蹦跳跳，乐此不疲。记得农忙时，三哥、四哥天不亮就牵牛去犁地，太阳出山时，我捧着母亲做好的一大碗早茶（开花米饭、鸡蛋、猪油等）送到田头，他们吃了以后总会留几口让我吃，其味之香至今仍回味无穷。

托尔斯泰在《安娜·卡列尼娜》开卷处说："幸福的家庭都是相似的，不幸的家庭各有各的不幸。"判断一个家庭幸福与否颇为复杂，有"深宫怨"，也有"农家乐"，不是一部小说能尽述得了的。我觉得我们这个大家庭那时是幸福的，我自己更是感到为家爱所包围、所浸润。当时我们这个家庭子女多，财力有限，之所以要供我去读大学，自然是父母兄长的议定、家爱的选择。

我念书的这个民办小学，校址先是一个富人家的两三间房屋，后是一个还俗结婚的和尚住过的旧庙。老师除了我大哥之外，陆续增加了一两位。许多家长对孩子的希望就是识得一些"人民字"，免得日后被人欺哄。这样的一个小学在安徽偏远的来安县是没有地位的，要考上县里唯一的中学也不那么容易。那时，读书上大学的"金字塔"，底层的坡度都比现在陡峭得多。

现在也想不清楚，我小学毕业以后为什么休学一年，是怕自己考不上，是怕家里供不起，还是担心自己太小不适应离家住校？也许都不是。后来，我与大学同班同学、现在的老伴开玩笑说"那是在等你一年呢"——当然也不是。事后大哥对我说，是你恋家，不想去考。他这么说，兴许是不想伤我这个少年的自尊心吧。

1956年是丰衣足食、社会清平的一年。到县城去赶考的路，是约有四十里地的土公路和乡间小路。路远天热，父亲让我骑上他的毛驴，由三哥执鞭相送。我和三哥都很高兴，路上东张西望，有说有笑，因为我俩都是第一次去县城。但过了水口镇，尴尬的事情来了，满是尘土的公路上，不时遇到的男女考生都是自己背着包、挑着担、流着汗赶路，少有大人做伴，唯有我在驴背上颠颠悠悠地张望。有人指指画画地议论，有人故意大声嚷让我听见："这么大孩子还要人送！""有钱人家呗，烧的！"骑在驴背上的我如芒刺在背。我要下来走，三哥不让，说明天还要考试呢，叫我不要理他们。是啊，如果我下来，三哥又不骑，驴背上空着，又该有人说我们是傻瓜了。于是我们忽快忽慢，总是与那些同路人保持距离。

还没进来中的校门，就听见热情的女声欢迎词和欢快的音乐声，声音怎么这么大啊？原来是从木柱上的广播喇叭里传出来的。它们不响时挂在那里很安静，一旦两三个同时响起来，声音骤然响彻校园，飞出墙外。尤其是传出来的歌曲，从耳朵钻到心里，美妙极了，令我新奇、兴奋。糟糕的是，进了考场后喇叭不响了，可是其中一首我听了就记住的音乐旋律仍然一直响在耳边（一年后我知道这是著名的广东民乐《步步高》），怎么也驱之不去。我就这样懵懵懂懂地考完了，也这样稀里糊涂地考上了来安中学，我的堂兄和几个同学都落了榜。

来安中学始建于1939年，解放前后经历动荡，校舍、师资水平在滁县地区也属下游。但在我看来，这比我家乡的小学校强多了。住校有许多不方便，最难的事是洗衣服，总是想家。想家是闷在心里，一般不与人言。洗衣服是疼在手上，尤其是冬天，在护城河边栈板上投洗，两只手冻得像红萝卜，不小心还会掉进河里。回家一趟要快走半天，一般是星期六午饭后出发回家，第二天晚饭前要赶回学校。在家里吃点好的，还抵不上路上的消耗，可在家的港湾里待一个晚上，心里便舒坦了许多。一次，在家碰见大姑妈，她听说我在学校自己洗衣服，心疼地摩挲着我的手流泪。见她这样，我回校后再洗衣服倒不觉得那么苦了。

那时，十三岁的我，觉得功课学起来不费什么劲，比如语文考试里的填空题问某篇文章的作者是谁，我觉得很好笑。语文新课本发到手里，我花两天时间就从头到尾看了一遍，大部分都记住了。我很快学会了打篮球，参加了班级的代表队，被称为"神投手"。我从图书馆里借书一本接一本地看，像小猪崽进了菜园子大快朵颐，脑洞大开。这样，我第一学期就被评为三好学生，把喜讯带回家里父母兄长听了都很高兴。我看到奖状贴在堂屋土墙上，心里美滋滋地不吱声。后来奖状多了，就不再贴，从墙上掉下来也就收起来了。

立言"把青春献给祖国"

一年后，在平静的书桌旁的我们不知道学校已经不平静了，一股学生看不见但能感觉到的空气，使老师们的脸色有的变红，有的变暗，偶见两三个老师在一起交头接耳，神色怪怪的。住在我们教室旁边，一位胖乎乎的、教过我大哥的老教师，平时听我们晚自习不安静时会过来训斥："不要鸭子噪塘！"此时也不过来管我们的闲事了。后来知道，学校的教师队伍里已经开始了反右派的斗争。一天上午课间，令人惊悚的一幕使我们瞠目结舌，我们的班主任老师被两个便衣一左一右押着走了过来，老师两只手交叉在身前，手上面盖着一件衣服。有人小声猜测说："衣服下面是手铐。"老师似乎不经意地看了我们两眼，嘴角上带有一丝微笑。不知这算不算是告别啊！我们一群与他朝夕相处的学生只是愣愣地看着他的背影，没有人敢吱一声。

我们的第一任班主任是体育老师，他约莫四十来岁，脸庞黝黑，身材修长，像一个老运动员，视我们若弟若子，关怀备至，经常在熄灯后轻手轻脚到宿舍看我们睡了没有，被子盖好没有。特别是初中的第一个暑假，他竟然步行四十里地到我家走访。当我提着竹竿赶着鹅群出现在他面前时，他当众夸奖我，而我一句感谢的话也未想起来说。他被抓走，没有人告诉我们是什么原因，大概不是历史反革命就是严重的右派分子吧。后来听说，他不久就在一个农场去世了。

此事过后，一次我回家，家人悄悄地告诉我，大哥也被打成了右派分子。大哥还在教课，见我时对此事只字未提。

这件事情对我心灵、学习的冲击很大。在学校里，没有一个老师和同学对我说过大哥是右派分子的事。我也想好了，如果有人责问我，我就说"不知道"。事实说明，我的想法太过简单，学校很快知道了此事，没人找我谈话但搁置了对我入团申请的审批。年级团支部书记是位比我大三四岁的"老大姐"同学，原先她多次启发、动员我入团，并且悄悄地告诉我团支部已经讨论同意，但后来就支吾地让我等等了。

其实我也不怎么着急，因为我还是学校少先队大队副呢，只不过风闻学校团委书记不同意，心头郁闷。

记不清什么时候开始，教师队伍里又开展了"拔白旗、插红旗"运动。听说很多老师是灰色旗、粉红旗，纯正的白旗、红旗好像没有。就在这段时间，五十岁左右、学者模样的校长下台了，被调走了，也不知他带走的是什么颜色的旗。

在全国进行"反右派""大跃进"运动之后，大约在1959年下半年我们开始了"饿肚子"阶段。对我们年仅十三四岁、正在长身体的学生来说，饥肠辘辘的感受是刻骨铭心的记忆，以致在吃饱肚子之后的许多年里还常有饿肚子时难受的梦魇。

我于1960年9月开始写日记。两年前搬家时打开尘封五十多年的第一册日记，扉页上是用钢笔描粗的七个字："把青春献给祖国！"日期是一九六〇年。这令我激动不已，急切地浏览下去，直至凌晨3点仍不思入眠。更令我兴奋、不解的是，过了些日子看第二册日记，又见扉页上用钢笔描粗的七个字："把青青献给祖国！"日期是一九六四年。前一立言是"饿肚子"时期还未过去的高中二年级，后一立言是个人为转系不成"闹情绪"尚未平复的大学二年级。为什么？记忆已尘封难以打开，看来那两段时期我的"心"还是上进的，青春的"血"也是热的……

第一册日记的第二页《序言》这样说："生活是永恒的，而属于某一个人的都只有一段，应该怎样走完这一段路是值得思考的问题。怎样学步，怎样迈步，怎样挺进，也是个值得记忆的东西。"这话似也言之有理。

高中二年级开始写日记的冲动之源，能够自解谜团的也许还有日记中的这样一段话，写在日记《序言》之后，"这种思想总是萦绕在我的心头，它对我的生活与学习有着极大的影响。有时候我想极力摆开它，可现实又总是在捣蛋，它紧紧地跟着我，以致使我感到不安和忧虑。它既然不愿意离开我，而我千方百计地又甩不开它，那么就让它在我的脑袋里占着一个位置吧！不过，我要改变它对我的作用，让它成为我前进中的动力。"但是，文中这个"它"和总是

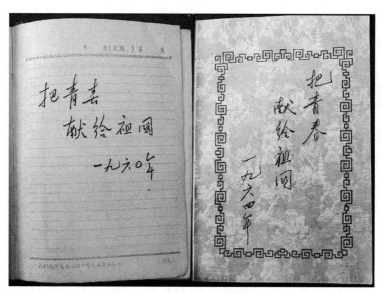

把青春献给祖国（日记首页）

在捣蛋的"现实"又是什么呢？

我们那时十七八岁，正值思想激变、情愫炽热、心灵飘摇的年华，心中交织着憧憬、情欲和困苦，有说不清的惆怅与遐想。面临高考分科，有些同学说，现在是决定未来穿草鞋还是穿皮鞋的关键时刻。同学中有的因家庭困难要退学，有的因成绩不好淡了希望，有的同学在谈情说爱，有的在埋头读书。我爱好文学，各科成绩都名列前茅，此时一心想考上全国重点大学，将来成为一名记者或作家。我揣想，全地区全省乃至全国的中学水平比来安中学水平高的应该有很多，我若只满足于来中的前几名，统考前不加倍努力，是不可能实现梦想的，因此"动力"渐增，"奋发"之心渐强。现实对我的干扰，除了不让我入团之类留下的心理阴影外，还有女同学不断发来的炙热"电波"。无人可以倾诉释怀，那就写日记吧，因为日记是自我言志、自我抒情的小天地，也是纾解心结，把反向力转向正向力的港湾。可惜毅力不足，直到2006年6月6日，这个所谓千年一遇的大顺之日，间隔了27年我才提笔开始写新的日记。

"我们的张校长"

俗话说，太阳总归是有的，头顶上这块云彩很重要。不言而喻，

游览琅琊山公园时合影（右二为来安中学张校长）

云彩的变幻影响着禾苗的成长与枯荣。

　　1961～1962年，是我国刚刚开始走出饥荒、阶级斗争还没有成"纲"的特殊年份。那年，时任副总理陈毅以飞行员为例，讲如果不"红"，飞行员可能会开着飞机叛逃；如果不"专"，上了天打不了敌人还可能自己从天上摔下来。这朴实无华的比喻中学生都一听就懂，它像春风一样驱散了我们心头因"红与专"辩论而带来的雾霾。有老师对我们戏言，"飞行员"给你们送来了福音。

　　禾苗的成长，除了风调雨顺，还需精耕细作。这里必须讲到"我们的张校长"（此为我追思张有礼校长一文的标题）。本来学生们并不关心学校校长的更迭，就像平常不关心头顶上滚动什么云彩一样。张有礼校长是乘着"大跃进"的东风，踩着欢庆"卫星"上天的鼓声来的。当时他只有25岁，虽然朝气蓬勃，十分帅气，引人注目，但师生们对这位从县委宣传部来的年轻人仍心存疑虑，不冷不热。

但很快，张校长的热情、坦诚和十足的劲头就感染了大家。我们数百名师生像蚂蚁搬家一样连夜到城南扛运矿石，在操场上硬撑着睡眼砸矿石，在"炼铁炉"边上闭着眼睛拉风箱，看到通红的"铁疙瘩"水流出时情不自禁地欢呼……其间，我们都能看到张校长充满活力的身影，听到他用嘶哑的充满激情的声音为我们鼓劲。

接下来，张校长又组织师生打扫"战场"、整修校园。我们参与了挖地基工作的第一座两层教学楼至今还在使用。他又组织制定学校规章制度，增添新的教学设备；开展各类体育、文娱活动和知识竞赛；带领学生下乡支农，搞勤工俭学。他快人快语，热情开朗，与师生交心交友，得到了师生的信任和尊敬。记忆深刻的是，在饿肚子的岁月里，张校长不是用豪言壮语让我们充饥抗饿，而是千方百计为我们那填不饱的肚子里增添点额外的食物。

政治气候乍暖还寒时，张校长又一心用在提高教学质量和提高升学率上。他大胆抓教学，对学生的关爱、呵护之情越来越浓。他中学没有毕业，是从农村当民办教师、搞土改出来的干部，却一心一意地热望我们走进大学校门。他力排非议，让我这个右派分子的弟弟入了团。我无意间与同桌已婚女同学在照相馆里照了"姐弟照"，引起了一些议论，他置若罔闻，怕因此干扰我学习。他和教导主任、班主任及任课老师一起，以爱的火焰温暖了我们年轻的心，激起了我们奋发读书、努力考上大学、把青春献给祖国的强烈愿望。

这期间，男女同学与年龄增长伴生的情爱也在悄然滋蔓。任课老师中除三十多岁的班主任彭士镶有一位美丽的夫人，其余几位都是从师范院校刚毕业两三年的大学生，有的也在谈情说爱。谈恋爱究竟对学习和工作起促进还是阻碍作用，是议不尽的话题。尽管校长、老师一再告诫"你们还小，不要谈恋爱，关键时刻要好好读书"，但许多同学仍在暗中"接头""约会"，有位女同学在梦中呼喊喜爱的男生的名字，一时传为笑谈。我也对一两位女同学有好感，但从未表白过，对女生发来的"电波"垂眸躲闪，但心中激起的热流却难平息，真正对"摆开它"起决定性作用的是班主任的夫人的一席话。她和当年是随军文化教员的班主任结缘的过程，像电影《柳堡的故事》一样，在我们同学看来她比女主角英莲还漂亮悦人。她没有工作，住处离我们教室很近，许多同学愿意与她聊天。一次，她对我说："我知道你成绩很好，要专心念书，将来考上大学，好女孩有的是。"并没有上过大学的她，用甜美、真切的几句话，消除了我的"不安和忧虑"，我顿时觉得一身轻松。

校长和老师对我们人生选择影响极大的还有高考前的分科和填写志愿。我喜爱文学，又想考好学校，一心想上心仪已久的北大中文系。这个意愿在我们中学是破天荒的，上一届一位重考生知道后说我是"做梦"。校长、教导主任和班主任尊重我的想法，鼓励我的"雄心壮志"，但他们商议后告诉我，要考上好学校总分要高，我的作文好数理化成绩也很好，报理工科优势较大，而考文科的话作文分比重大，一旦失误难以如愿。我听从了他们的意见，选择了理工科。"理"与"工"又做何选？他们认为我的特点适合学理科，我就把第一志愿填上"北京大学化学系"。未曾想，几个月后我真接到了北大化学系的录取通知书。

人生路上有很多机缘和选择，有的是被动的，有的是主动的，有的可能改变你的一生。张有礼到来中当校长，并不是自己个人的选择，但他在来了之后首先选择风风火火地领着师生炼钢铁、办工厂；他进一步选择了敢于实事求是，做了别人做不到的事情。正是这位不到三十岁的校长和七八个大多是二十几岁的年轻教师，带领一百多个不到二十岁的高中学生，在全国考生多、招生少、试题难的1962年，使来安中学的高考成绩有了历史性突破，60%以上的学生跨进了高校大门，第一次有四名学生考进了北京。这些，改变了众多年轻人的命运，张有礼也被推选为全省模范校长，出席全国文教群英大会。

登南天门

北宋欧阳修的《醉翁亭记》，使滁州的琅琊山名扬天下。1962年7月地区统考地点——滁州中学就在此山之侧。高考前夜，先是乌云滚滚后是大雨滂沱，给睡在教室里被蚊虫叮咬的我们心头压上了一块铅。可是第二天却又万里无云，碧空如洗，仿佛给每个上场前的考生服下了"兴奋剂"。早餐有久违的油条、鸡蛋等美食，不少同学吃不下去，而我大快朵颐了一顿。我觉得考题并不难，只有数学的最后一道题看不懂。尽管校长、老师一再叮嘱不要提前交卷，但在考俄语时，我在检查两遍确认无误后提前十分钟离座，出门就被候在外面的俄语老师"骂"了一顿，我笑答："保证能得一百分。"

和历年历届的高考学生一样，在考完最后一门后我们如释重负。我的日记有这么一页：

> 7月23日是高考后的第二天，我们师生兴趣盎然地去滁县琅琊山游玩。虽然我已经去过，但仍有新的感触，留下几句草诗。

《登南天门》
北看群山环滁州，南望长江天际流；
谁道琅琊无山险，天门远眺万壑收。

记得我们是从"天门登道"登上南天门的，去顶峰可望苍苍钟山、如带长江。此后二十多天，我的情绪时起时伏，从考后搁笔的轻松、自信到忐忑不安的等待，又从被北大录取后的兴奋转向系别不遂心愿的隐忧。一个患得患失的"有志"青年啊！

转系不成逛海淀

中学六年，我没有进过校长办公室，但进北大才几天，我就"上访"陆平校长。如果没有进化学系这个"失"，也许我考不上北大，而进了北大，我又想到转中文系这个"得"，鱼和熊掌二者兼得的欲望使我的胆量骤然增大。

北大的湖光塔影、颐和园的古朴仙境令我大开眼界、恍然若醉。迎新会上陆校长庄重、幽默的报告，让我第一次"领略"党的高级干部的风采。迎新晚会上美妙的小提琴演奏、花腔女高音独唱使我懂得什么是天籁之声。几天的见闻都是光鲜的、新奇的，与刘姥姥进大观园差不多。然而这一切，都没有改变甚至加重了"我要转系"这个念头。

　　招生办已经撤销了。第一次走进校长办公室（其实校长不在这里办公），接待我的女秘书问明原委，客气地告诉我说校长有事，约我隔天再来。第二次正式接见我的教务长，五十来岁，和蔼里透着严谨，他说："昨天看了你的档案，高考成绩很好，数理化成绩也很好，国家现在最需要理工人才，鲁迅、郭沫若原来是学医的，高尔基也没学过文学，后来他们都是大文豪，你也可以把文学作为业余爱好嘛！"没等我申诉几句，一位在伏案工作的老先生走了过来说："新同学，你知道我是学什么的吗？我是西语系学法文的，你看我现在是做秘书工作，这是党的分配，你现在学化学，以后做什么还不一定呢！"他俩一唱一和，我竟一时语塞，无奈诺诺而退。

　　那时，同班同学对我要转系的情况并不知晓。我们新生报到后，分别与同系高年级学生住在一起，因为从1962年起北大理科向莫斯科大学看齐，由五年制改成六年制，高年级学生毕业延期，宿舍就腾不出来了。同宿舍的三位五年级同学待我很好，当他们知道我去找了陆平校长，惊讶之余，也劝我学化学，说未来的世界是塑料的世界、化学的世界等。当时北大管理特殊，外国留学生很多，校门随便进出，上课没有固定教室，吃饭在大饭厅站着吃，上晚自习要自己找地方。所以，头一个月我和同班同学接触很少，不去上大课也没人过问。

　　我转系不成，只好捏着鼻子学化学。心绪不佳，我就常出小南门去海淀看小人书，主要是补看电影连环画。去中文系课堂听了几次课，兴趣也没有想象的那么大。倒是在小饭厅里看专为外语系准备的中译外电影，见中国山区农民流利地说外语使我忍俊不禁。一次，在上课期间我去海淀看连环画，刚出小店门，在街上遇见四位另一班的同学，他们一边说笑，一边喝着当时还显得稀罕的北冰洋汽水。他们递给我一瓶，我心头紧张连忙摇手谢绝，一时手足无措。要知道，那时的功课很重，弄不好要留级的啊！

　　后来听说，相比之前，1962年的高考之所以最难，是因为不像前些年还要看考生家庭成分、社会关系，当年主要看考试成绩，所以同年级中家庭出身不好的比例较多。像我这样的农家孩子，如果没有中学校长的"压"和自己的"奋",是考不出高分、跳不进"龙门"的（化学系新生 120 人中,安徽省就我一人,中学校长事后告知我,我的高考成绩平均每门近 90 分）,这兴许是教务长不让我转系的原因之一吧。和中学一样的是,北大这两年对学生要求很严,数理化一门主科补考不及格就得留级,我们班就有三个从上届留级的同学。在这种压力下,大部分同学都是挎着鼓鼓的书包,提着内装瓷碗和铁勺的饭袋,每天奔走在宿舍—教室—饭厅"三点一线"上,只有在宁静的教室里偶尔有人把饭袋掉地上发出滚动的声响,会带来瞬间的"轻松"。

几个月过去了,我还在心绪不宁的恍惚之中,从来不要可轮流去阅览室的证件,不去争坐教室的前几排,不去图书馆抢借任课教授指定的参考书,不去参加辅导老师的答疑课,只是去大教室听课,漫不经心地看看人手一份的教科书和讲义。我与一位要好的回族同学赵士铎经常一起找教室自习,说是自习也多是聊天。一直到第一个学期快要结束,我才警醒:万一不及格补考怎么办?不仅寒假不能回家过年,这脸面也过不去啊!

学校期末考试的规定也特别,主科一星期考一门。我就利用这六天时间"临时抱佛脚",恶看恶记恶背。尽管如此,在第二天要考高等数学那一次,我与同学一起在教室里复习,可心里还老惦记着小饭厅今晚要放映的《冰山上的来客》,那早就会唱的主题曲不时袭进心窝,不一会儿我们快速奔向饭厅去看看主配角是什么模样。同室们都惊诧,我俩却很高兴,可能正是情绪放松,第二天考完后我觉得考得还行。

有点戏剧性的是考无机化学。这是主科中的主科,主讲女老师华彤文,是我最早见到的一位教授,中等身材,短发花白,显得庄重、精干,授课中有时冷不丁来个十分钟测验,令我这样听课容易走神的学生很紧张。期末考试将近,听说她要给我们这帮学优生一个"下马威",结果真的是考题又多又难,有的是参考书上的内容。我自觉考得不好,回到宿舍忐忑不安,同室的湖南籍同学则喜笑颜开,认为自己考得好。谁知没两天一公布分数,他要补考,回不了家了。他说："你没考好都得 3 分，凭什么我得 2 分。"他让我陪他去找老师，我说："你去就说你自己吧，千万别把我拉下去啊！"但他还是把我抬出来比了。判卷的辅导老师比着卷子对他说："你在两个主要题目上表现出概念不清楚，人家概念比你清楚。"这件事把他气得够呛。

化学系领导曾自豪地说过，北大的 3 分是外校的 4 分，北大的 4 分是外校的 5 分。我在化学系大小考试中没有得过 2 分，但也没得过 5 分。直到大学四年级开始学物理化学，我才开始对化学有了些兴趣。我琢磨两年以后就选物化专业吧。

实验室和劳动

眼睛是传递情感的无频电波。初到北京我举目无亲，既盼望又羞怯接收女同学们友好的眼神。在做化学实验和参加生产劳动中，同学之间的相知、交流多起来了，读懂与读不懂、可意会与捉摸不透的目光经常交替出现。

化学实验至少一周做一次，做不好须重做，通不过也得留级。我们都不喜欢实验室里的气味和酸碱在自备工作服上留下的一个个窟窿眼。庆幸的是，我第一次做试验"测量硫酸钙分子量"就成功通过，"副产品"是较多了解了同台做实验的冯陶同学，她是一个个头不高、体型略胖、家在北京的杭州籍姑娘。她不时帮我的忙，我们共用烧开的蒸馏水。她说，在同级新生分班会上，听我的名字读音和她的一样，颇感奇趣。她又说，原来她的名字是两个字中还有一个"焘"字，后来她父亲嫌这个字笔画多又难写就去掉了。我听了觉得这是友好的套近乎吧，未予置信。在班级第一次元旦晚会上，我朗诵了自己思乡的一首诗之后，作为主持人，她兴许是要"考查"一下我吧，点名让我唱支歌。我拿过一位同学手里的《外国民歌 200 首》，即兴唱了贝多芬的《欢乐颂》，令包括她在内的城里同学感到意外，对我刮目相看。后来我们互相有了更多了解，名字一事也从与她父亲后来的交谈中得到证实，称为"有缘"。

做实验与参加劳动有没有关系呢？当时说"劳动"，是指体力劳动，至于理论上有没有脑力劳动，可能是有说法但不算数，比如知识分子和国家机关的人都没人说他们是劳动者，做实验自然算不上劳动，判刑进监狱的人进行"劳动改造"指的都是体力劳动。我母亲不懂什么"主义"，却在我上小学后吃早饭时给我添个鸡蛋"补脑子"。因粮食定量不足，在大学校园里参加劳动，我们的肚子饿得比上课时厉害得多。我参加的一个最轻松的劳动，却发生了别人戏言我"必有后福"的意外事故。1963年5月的一天，我班去修整"五四"操场，为举办运动会做准备，劳动后我去爬绳，到达顶处时绳子突然断了，我瞬间从三四米的高处坠落在地。校医院诊断说我的脊椎骨有两节裂缝，给我腰部打了石膏，让我卧床。住院十二天，大夫、护士都给我留下很好的印象，但我写信给校长反映运动器材等问题却杳无回音。

除了在校内修整操场、储运冬菜、去食堂帮厨、到香山割草等零散的轻活外，记得在石景山钢铁厂，我们用铁锨把砂子、鹅卵石装到二三米高的火车皮里，弄得满身满脸是灰不说，那腰疼得好像要折了似的。在郊区农村支农收麦子，我们不是用镰刀割麦子，而是用双手将它们连根拔起，再把根上的土拨拉掉。手套破了没有可换的，许多同学的手磨破了皮，往外渗血，累极了就跪在地上拔，膝盖磕肿了，也没人有怨言。冬天在一个生产队里劳动，我们把结成冰坨的粪便刨开运到地里，镐头下去粪渣乱飞，溅到脸上也没人嫌脏。好在参加这样的劳动，粮食补贴了一点。我们懂得，教育与生产劳动相结合，不是课堂上听课与实验室里倒腾试管的结合，而是为了学用化学知识之前先要改造好思想，而改造思想要参加的劳动是工人、农民从事的体力劳动。

内心深处也曾想过，首都郊区农村干活怎么比我们家乡还落后，这"超英赶美"的目标何时能实现？但又想，这可能是工人、农民兄弟有意识地把这类活让我们干，有益于我们成长为不脱离他们的"知识分子"吧。

都不是梦想中的记者

大学课余生活丰富多彩，是县里中学不能比的。著名的"三角地"常有各种讲座、报告、演出的告示，我最关注的是电影放映广告，一张票五分钱，带上每人配有的小凳子去观看，很方便。每周举办的舞会曾经很吸引人，"一年级旁边看，二年级学着转，三年级找舞伴"，在中学时只有老师们才能关起门来跳舞，但未等我们去学去跳，舞会就在"学雷锋"风潮中停办了。学校还有各种专业性社团，比如文工团、诗社、武术队、击剑队、足球队、篮球队、合唱队等，我喜欢看电影，崇拜秦怡、王心刚等著名演员，但自己不想当演员，因此不想去文工团。我曾想去武术队，练点防身本领，但进去要先表演一下你会点什么，而我啥也未练过只好作罢。我喜欢打篮球，中学是年级代表队成员，大学是班队成员，三个班比赛我们屡败屡战。最后我进了不用考试的合唱队，一两周活动一次。

合唱队也不简单。我会唱一些歌，但没练过嗓子，不识五线谱，领唱自然没我的份儿，想染指伴奏乐队的任何乐器也不可能。但我参加排练活动积极，领队兼指挥是个文科高年级学生，他身材修长、嗓音洪亮，优美的手势和热情、宽容的指教令我们折服，觉得他可与常来演出的中央乐团指挥李德伦媲美。不无遗憾的是，为了参加首都高校文娱比赛，我们连伴奏在内近二百人、花了半年多时间创作的毛主席诗词大合唱《沁园春》《红军不怕远征难》等节目没能获奖，而清华大学的对口相声却得了奖。

化学系自办的墙报有个好听的名字叫《萌芽》。入学不久，全年级去西山劳动，辅导员老师齐大荃让我写篇报道（也许是知道我要求转系的事），记得开头好像是这样的："金秋十月，桂花飘香，西山上的枫叶也红了……"我因此被指定为编辑部通讯员。一个星期日，我们班同学分两路比赛看谁先爬上香山之顶"鬼见愁"，大家兴高采烈，气喘吁吁之后，我对一位同学随口感慨："山上的人看山下的人很小，实际上山下的人看山上的人也不大。"他十分认真地对我说："你要把这句话记下来！"待我真的写在日记里时，已经不是当时的原话了，更不能写在什么报道中。后来我又被推荐为"北大广播台"记者，广播台负责人之一是一位哲学系调干生，他带有动员意味地对我说，广播的影响比文字的大，你不听也得听呀。是啊，在午饭和晚饭后的一段时间里，欢快的音乐前奏和新闻报道总是响彻整个校园。当我第一次从喇叭里听到"本台记者朱×报道"时，都忘记了饭菜滋味，心头甜甜的。

那时，"学雷锋"之风渐浓。我除了写一些体育、外事、文娱等活动报道外，还采编一些好人好事登在《萌芽》上。有一次我自己写了一首诗，是表达学雷锋体会的，自觉不错，还把底稿抄录到我的日记上。不久，我又被推荐为"北京大学校刊"的记者，我的有些报道就可以一稿两用了。虽然在校刊上自己的名字被打上括号放在很短的报道后面，但我却有"登上大雅之堂"的感觉，比在中学时文章登在刘少奇题名的《来安报》上舒心多了。一次，我参加外系"学雷锋，活学活用毛主席著作"讲用会，一个农村来的穷孩子以自己使用擦脸油的变化讲"拒腐蚀"要防微杜渐。我据此用笔名写了篇杂感《从一瓶雪花膏说起》送给校刊编辑部。短文见报后，两个同班女同学知我是校刊记者，以不屑的口吻对我说："一瓶雪花膏算什么事啊，这么学雷锋的呀！"我默不吭声，但校刊几位编辑却对这篇文章赞赏有加，他们也收到几封持有异议的读者来信，说不同意见可以讨论嘛！实际上并没把这些异议登出来。

后来，"学毛著"之风更浓，一些活动也常和毛主席指示、喜好联系起来。比如：盛夏在颐和园组织横渡昆明湖游泳比赛，算是见识了"大风大浪"；整修校园"红湖"里沉寂、荒废多年的游泳池，并在五四青年节开放，让师生练习"中流击水"等。校刊编辑部专门有宣传"学毛著"、讲"心得"的计划安排，我被安排做两件事。一件事是我会游泳，但"横渡"乏力，就让我采访"红湖"泳池开放事宜。那天水凉但游泳的人多，我先是找到计划中要采访的周培源教授，他是校级领导中唯一的参加者，我俩边游边聊，他只讲游泳健身，不谈其他，这让我有点失望。突然，我眼睛一亮，发现泳池岸边站着我早就眼熟的一位姑娘，她穿着深蓝泳衣、皮肤白皙、身段匀称，宛若一座婷立的玉雕。她抱着双肩，一副忧郁、有点嫌冷的表情。见状我即匆忙结束与周校长的交谈上岸找她，采不采访无所谓，与她搭讪几句，自我介绍一下也是乐事一桩。但转眼间，在岸上池中均不见其踪影，想来因为水温太低，她已经进了更衣室，我只得快快作罢。

她是技术物理系的学生，大家都喜欢她，昵称之"汪汪"。吸引人注意的不仅是因为她秀美中透着清雅，温和里带有一丝傲气，还因为她是业余小提琴高手，在校园里见她和女友背着提琴盒走来，仿佛就伴有琴声飘过。一次，在湖心亭举办中秋晚会，石坊上"汪汪"鹤立鸡群般站在乐队中演奏《良宵》《梁祝》，我在南边湖畔的拥挤人群里，听琴声在月光中穿林渡水而来，优美动听令人陶醉。由于不断往前挤蹭，待"汪汪"在清亮的掌声中谢幕，我才发现自己的两只鞋子已经被湖水浸湿了。就这样一个不是校花赛过校花的年轻生命，两年后竟在四川参加社教运动时绑着一块石头湮没在一条混浊的河流中。"文化大革命"中，听说同系几位同学不相信当时组织上对她"自杀"的结论，自费去调查死因但无果而返。

"无产阶级不去占领的阵地，资产阶级必然去占领。"根据这一论断，校刊编辑部安排我做的第二件事是命题作文，题目就是《把毛泽东思想红旗插到毕业论文的阵地上》。他们掌握的情况是化学系六年级事迹突出。我一边在同一宿舍楼 31 斋里做调查，一边也自学"毛著"有关文章，费了不少周折写出来了，刊登时占了大半个版面，这是我作为"本刊记者"写的最长的一篇文章。

校刊记者里文科学生多，我这个理科学生"稀有"，与专职编辑们关系密切。校刊组织的一些活动，我也尽量参加。一次校刊主编张静山对我说，你毕业后到校刊来工作吧，这里需要你这样的编辑。我想，没当成梦想中可以走南闯北的记者，读了六年化学再到这里当"坐编"并非我意，故未做回答。

然而事出非常，1966 年的春末夏初，一场全国性"风暴"把校刊七八个编辑全"吹"走了。大概因为我是老校刊记者的缘故，我却以学生身份在毛主席是年 8 月新题字的《新北大》校刊断续地干了两年的编辑和记者，办公地点仍在老校刊的旧址五院。

1966 年 6 月中旬，我获假回乡为父奔丧，返校后不久，即有人找我去校刊工作。眼见校园里风暴越来越猛，大字报铺天盖地，大中学生成了革命先锋，我心里有疑虑：我们曾敬重的教授的名字怎么被打上"×"了，还有一些熟知的国家领导人也被点了名……师生队伍在辩论中逐渐分裂，仿佛一切都要变。但那时我这个大四学生也是风华正茂，又处在激情澎湃的大潮中，和众多同学一样，心中相信毛主席、党中央，急切地向往在伟大舵手指引下去体验一番"中流击水"。直面的问题是：毛主席题字的新校刊怎么才能新？有人意气风发地说，新校刊要对北大"文革"运动起引领作用，对全国"文革"产生影响，不能只当"照相机"。我是《新北大》校刊两个编辑组之一的组长（另一个是老师），心里想，这个"云梯"还是不能爬，现在引领全国"文化大革命"的报刊是《人民日报》和《红旗》杂志。实际上当个"照相机"也不容易，编辑部常常为"取景""选景"吵得脸红脖子粗。创刊不到3个月，与9月成立的"校文革"对立的5个组织就砸打了编辑部，声称新校刊是"校文革"执行资产阶级反动路线的御用工具。"校文革"原来对我们也不满意，说"火药味不浓""斗争性不强"，这次对立派一打砸，他们倒是有不少人为我们说了几句肯定的话。每个日夜，四面八方都有眼睛盯着我们，除了刊登文章的方向问题，还常常因为排版不当、套红不套红、校对错误等都上纲上线指责谩骂我们，严重时两派都叫喊着要到校刊来抓"小爬虫"。后来，对立派也办了一份《新北大报》，批攻"校文革"，我们则批判它坚持的是"资产阶级方向"。

别看我这个编辑组长"官"小，也有人觊觎惦念，因为疑虑日渐增多，自己时有心烦懈怠，被两三个人斥为"占着茅坑不拉屎"。我在日记里写了两句话来发泄："牢骚满腹气不过，老子不干奈何我！"无奈主编再三劝留，日记里又有一段："（1968年4月23日）下午又开会，又把我这个鸭子赶上架。真是没意思，实在不想干。我非常想加入逍遥的行列。"这已经不是第一次了。内部相斗，但在外面还是光鲜的。新校刊在校内发送，还有人订阅、索要，我们也到大街上叫卖，有较大影响。更多的是来访、来电，提出要刊登推荐文章，合办某一期，发表支持某群众组织声明，专访某人某事等各种要求，我们疲于应付。我接待的两次来访印象深刻，一次是西藏某红卫兵组织，声称"毛主席是我们心中的红太阳"这个响遍全国的颂词，是他们首提的，请求我们在校刊上撰文确认这个重大贡献。我当时想但没有说，"毛主席是世界革命人民的伟大领袖"是更大的颂词，谁能搞清是谁首提的啊！另一次是贵州几个三线企业代表，反复说"让那么多军工企业搬进山沟无法生产，是刘邓反革命修正主义路线对毛主席备战部署的破坏"，希望我们刊登他们的批判文章。

我以记者身份参加、观看过许多批斗会、辩论会、庆祝会等活动，比如北京市革委会成立、校内第一个毛主席塑像落成、中国第一颗氢弹爆炸成功、慰问驻校解放军军训团、接待外宾、大联合学习班等，长了见识，也引发一些思考。教育革命是一个大问题，批判"旧北大"，但怎样建设"新北大"？批来争去，莫衷一是。即便有个专题教改组，花了半年时间搞个"教学改革"的意见，在校刊登出作讨论时也无人问津。

迷茫的静与情

从1967年3月14日校刊载文批评北大"文革"风潮中的"隐士"，到8月2日发出"同志，你慢走！"的喝令，校刊四五次刊载社论、短评和读者来信，对师生中的"逍遥派""半截子革命派"等进行劝导和批判。碰巧的是，斗争升级后，7月29日我以"母病"为由回家，8月2日的校刊短文就这样说："近来，回家之风颇盛，许多人假托母病、父病就匆匆离校返乡。"我这次回家，比1966年10月大串联还辛苦，那时人多但处处有"绿灯"。半年后的这次回家，因津浦线时有中断，我近八个小时在暴晒的车厢里没水喝，有1/3的路程是夜里坐在货车的煤堆上。我担心煤车在滁县站不停，于是在火车过站减速时跳下去，回途用时是平常的四倍。当然，这些不能成为我不接受本刊朋友在我离校三天就发出批评的理由。

在1967年一二月之后，许多人革命热情渐减。除了溜号回家的，在校的许多人也身在心不在，看闲书、学外文、做收音机、织毛衣等干什么的都有。校园内外广播喇叭无休止地喊叫，令人寝食难安。叫人迷茫的是，混乱中永远搞不清"真相"何在，越辩似乎离"真理"越远。我们这样的"记者"，想兼听兼看也弄不明白。

北大的动荡与日月星辰无关。无论校园里发生什么事，"春有百花秋有月，夏有凉风冬有雪"没有变，"有动就有静、有失就有得"也没有变。斗争再激烈，依然可见杨柳婆娑、塔影倒映在湖中。除了景静，还有心静，外部环境即使比较乱，我们依然可以学习与思考。

我在校刊那里有争无斗，忙闲可控，得空还是想多学习。编辑、记者的工作特点使我开了眼界，还学了不少新词，如"沉舟侧畔千帆过，病树前头万木春""罄南山之竹书罪未穷，决东海之波流恶难尽"之类。我响应毛泽东主席号召"读原著"，看了一些马列著作。校刊的办公地点就是校史上有名的书香五院，是中文系原行政办公地。在编辑部，我结识了好几位中文系同学和教师，如后来成为挚友的徐恒进（著名作家），与哲学系两位同学也成为挚友，如易杰雄（著名教授）。闲时与他们一起学习、交流，获益匪浅。我看了文史哲方面的书籍，有《中国文学史》《世界通史》《艺术哲学》等，还有许多名著，如高尔基、莎士比亚、托尔斯泰、鲁迅的作品，有的还做了笔记、摘录。记得让我洞开心扉的有《约翰·克利斯朵夫》和《简·爱》。我还找了一本英文小说《蒙德珠玛的女儿》练习翻译，可惜没有完成。自己感觉是天降机遇让我补上了非常规的一些大学文科知识，这些知识对我一生有很大影响。

对我人生产生重大影响的另一件事，就是"文化大革命"中结交了女朋友。我和冯陶虽然在同班学习了将近四年，但加深了解和情感却是在这段时间，其中包括我对她家庭不幸遭遇的同情。第一次意外地面见她的母亲，就有被后来岳母称为"救她一命"的惊险一幕。1968 年夏日一天下午，我陪冯陶去她家取东西，刚打开门就听见呻吟声："毛主席啊！救救我！"我俩吓了一跳，原来是她母亲在床上双手捂着腹部痛苦地来回翻动。我飞快地奔出胡同口，在大街上高举双臂好不容易拦住了一辆当时少有的出租车，把她母亲送到复兴医院急诊室。想到那时有的医院不给"敌人"看病，我主动向大夫介绍病人是国家著名翻译，当过宋庆龄英文秘书，我们是北大学生。庆幸这几位大夫"人道主义"精神犹存，商量几句未再多问就开始动手术。术后，大夫告诉我们，病人是胃穿孔大出血，胃部切掉了 4/5，再晚来两三个小时就没救了。后来我才知道，冯陶的父亲在机关被隔离审查，母亲留在机关接受批判，其哥嫂住在通县，她母亲因胃疼请假独自在家。住院后，机关就派人送条子来要求限时回去，"不得逃避"。所以，冯陶很快去机关报告了她母亲住院动手术的情况，对此无人再催，但也无人过问。

还是盛夏的一天，我和冯陶去紫竹院公园约会。"1968 年 7 月 16 日下午，雨过天晴。在园林的小湖里，有不少人在游泳，堤上观者数倍于击水者。我们走进公园，驻足欣赏由于阳光反射而闪闪发亮的在荷叶上滚动的水珠，还有在半透明水中悠然自得、忽隐忽现的小鱼们。这时，从远处传来了广播喇叭的声音：'这里是清华 × × × 广播台，请科学馆注意收听……'乍听颇新奇，继而明白了：8311、4256……这是广播员在武斗间隙利用密码传信，真有意思！"

"有意思"的还有，我们谈恋爱既有"战地黄花"近欣赏，又有现代"鼓角"远相闻，也是静中有动吧！更有意思的是，我们如今就住在紫竹院公园附近的"紫竹公寓"里，当然，这是时过五十多年的后话了。

难言"再见"

1968 年 8 月，六七届毕业生分配方案已经公布，也有了六八届不久将离校的消息。我们想，自己读书不到六年，虽然爱国报国之心不变，但我们这代特殊的"北大人"将来何以立足，如何能为国家效力？我们心绪十分复杂，但更急迫地是尽快离开混乱的校园，尽早拿到让我们经济自立的"460 毛"。

我对化学学科的感情在大四的时候才开始，同级同学六年中有苦读、欢聚的情谊，也有激情燃烧身心留下的伤痕，但一致的是，在即将各奔东西前夕对母校表现出的深情依恋。北大曾是新文化运动中心、五四运动策源地，也是我们党最早的活动基地，"内乱"中的她在我们心中依然很美，未名湖是我们心中永远的"海洋"。同学们三五成群地到校园内曾学习、生活过的地方游览合影，当然，也包括到天安门、颐和园等地聚会。一次我与几位朋友再去香山，酒后爬山哼了两首打油诗，其中有句"今日醉罢歌作别，何年返此

在北大毕业前夕的留影
（有云："今别未名去，来日何为名；名分无大小，不忘曾未名"）

依枫枝"，一表彼时惜别心境。

　　1968 年 11 月 24 日，进驻学校已数月的工人解放军宣传队领导正式给我们做本届毕业分配报告，强调这次分配是"四个面向"（农村、企业、基层、边疆），并规定必须服从分配。同学们都有尽快离校的共同心态，讨论中纷纷表态坚决服从分配。工宣队还强调，不管你提出什么照顾条件和要求，都要"相信群众"，开会解决。这是前途未卜而在十几天内就要卜定的时段，大家心里焦虑不安。一天晚上，我和冯陶在六院前的院子里踱步，她依偎着我说，"只要能和你分在一起，到哪都行，哪怕离得近一点点也行"，语含哽咽，我感动但无言以答。过两天，我个别向排长讲了希望和女朋友分配到"同一个方向"，得到他客气的、与工宣队同样的回答。在进行了填表、照相、谈话、发毕业证书等一系列程序后，又进入了新的等待。一天下午，年级全体同学在宿舍一楼的走廊里集合，工宣队长站在楼梯上拿着一沓关乎我们命运的纸张，高声宣布发放分配的通知（后知有个别同学当时暂未分配）。我与两位同学被分配到航空工业部直属的沈阳航空发动机厂，冯陶则和另外一个同班女同学葛琛去辽宁省辽阳市工业局报到再分配。

真的要告别未名湖了。大家各自紧张地准备行装，我特意买了一件棉制军大衣，以抵御想象中的关外严寒。回想高中毕业时同学们惜别时齐唱"毕业歌"，刚唱几句许多同学就泪流满面的情景，而今没人再提议和组织来唱什么歌曲，也没人提议全班集体合影留念。"剪不断，理还乱"的友情有浓有淡，少有言表，多是眼神传情，匆匆作别。我在日记里记下："最后一次理发了，我多想对这位熟悉的老师傅说声'再见'啊！最后一顿午饭，往返于31楼到饭厅的路上，我默默地向端着饭碗的行人告别。最后一次坐上通往城里的32路公共汽车，我恨不能把所见的萧萧树枝、灰灰房屋、斑斑字迹的围墙都印入脑海……""（1968年12月27日）夜11点，我们一行五人离开了首都的土地。列车隆隆地行进，但心绪十分平静。不久我就一边晃着脑袋一边在座位上睡着了。第二天早上，我看到了东北的大麻花，二两一个，但炸得非常大。"第二天，我到沈阳黎明厂报到。

往事如烟如画，世事变迁难料。彼时说难言再见，两年后我就出差到北京。十年后国家实行改革开放，大学同学举办多次聚会，大家忆及当年"不了情"，谈论分别后各自的"用武地"，常激动唏嘘。很多同学在逆境中奋斗，续发"化学"之长，成为相关领域的专家、教授。但不论做什么，大家都难免留有北大校风不同程度的熏染。

难忘的是，1998年5月4日，我作为校友代表在人民大会堂参加了北大建校100周年隆重的纪念大会。那几天，校园内到处是人群、鲜花和欢声笑语。我想，这100年里北大培育了多少"北大人"啊！今人忆昔与后人视今，就这样史诗般地在无尽的时空里演绎。永远纪怀的是，我调京工作不久，就幸运地在先我近 30 年入学北大的三位老校友领导下工作过，受益良多。他们都是在积极参加 1935 年"一·二九"运动后走上了革命道路，是建设新中国和改革开放的"高级工程师"。我写的三篇纪念他们的文章见下一章。

第六章　三位良师：共和国的"高级工程师"

"三人行，必有我师焉。"其实，一个人只要愿意学习，随时随地都会有"老师"出现。这么多年，确有难以计数的老师，在做人做事、生活学习等方面对我言传身教。

吕东、袁宝华、胡昭衡三位良师，既是革命前辈又与我巧为老校友。他们分别创办的全国知名的社会组织，我都荣幸地在其中兼任过副会长。我写的这三篇纪念文章，谨作为我对众多老师们怀念、感恩的代表作，兹录于此，希望对读者也有所裨益。

【纪念文章之一】

勤政楷模　忠厚长者 [①]
——深切怀念吕东主任

国家经委老主任吕东永远地离开我们已经两年多了。时光悠悠，哀思未断，每每想起吕主任的音容笑貌，我仍深深为我国经济战线失去这样杰出的领导干部而惋惜。特别是学习了他老人家病中述作《对经济建设的回忆与思考》，翻阅了他所著三本书的一些文章，我对吕主任的怀念和敬重又增加了几分。吕主任不愧是我们党的优秀党员和优秀干部，在我国经济战线中他资格老、威信高，但勤政为民，呕心沥血，从不居功自傲；他一生多有坎坷，但信念不变，理想如初；他工作经验丰富，重新工作已年过花甲，但仍勤于学习，思想解放，执

[①] 我写的纪念吕东的文章，2002年首载于《经济日报》，后陆续为一些报刊转发。此后该文正式入编《新世纪党政干部理论学习文集》(红旗出版社)，并获优秀论文奖。中国社会科学院文献信息中心为我颁发了荣誉证书。2004年9月，为纪念吕东90岁诞辰，我将同名文章略改后在纪念会上发言。

行中央路线、方针、政策坚定不移，而且富有创造性。我有幸在吕主任身边工作过一年多时间，虽然后来转换了几个经济部门，但基本上都在吕主任的领导和关怀下成长。往事如烟如画，谨记星点，以怀念这位为振兴中国经济献出一生的老人。

深入调研，真心向群众学习

我第一次见到吕主任是一个有点"火药味"的场合。那是20世纪70年代末了，他时任航空工业部部长，我在部属一个企业的办公室工作。一个冬日的下午，沈阳市朔风凛冽，滴水成冰。在一间多年失修、暖气不足的会议室里，时年六十出头的吕主任身披深色棉大衣，脖子上挂着米色长绒围巾，正耐心听取某科研所四五十位科研人员的意见。由于对厂所结合（合并）看法相左，与会者不但发言激烈、无序，而且会议室里愈见人多，门口都堵满了，走廊里还有人叫喊，后来四五个人竟围到吕主任身边大声申斥。面对这样的轰炸，我作为陪同人员之一的工厂工作人员正要犯急，却见吕主任仍是镇定自若，他扬了扬手，声调不高，语气缓重地说："大家都坐下，一个一个地说。"令我意外的是，还不为大家所了解的原冶金工业部老部长，短短两句话，就使熙熙攘攘的会议室很快平静下来。

后来我才知道，深入基层调查研究，倾听各方面意见，特别是不同意见，从群众中汲取鲜活的新经验和新思想，是吕主任的一贯作风。就上面讲到的厂所结合（合并）的问题，吕主任不但听工厂的意见，还听研究所的意见，即使言者态度过激、用词尖锐，也让人讲清道理，以便了解真实情况。那天会议室"火药味"很快消散，不是老部长把群众"镇"住了，而是他真心听取意见的诚意感动了大家。

在《回忆与思考》一文中，吕主任说："搞好一项事业，必须取得群众的理解和支持。特别是从事组织领导工作，遇事要多同群众商量，多向实践学习，可以少走弯路。"他向群众学习的"真心"，源于对群众的信任，源于为了党的事业，因而决不"走过场""做样子"。从在抗日游击区做基层政权工作，与人民群众一起摸爬滚打，总结出受到毛主席表扬的边战斗边生产的具体经验，到提出航空工业飞机要"更新一代、研制一代、预研一代"，莫不是他长于调研，勤于学习，善于集思广益的结果。顺便说一句，"三个一代"战略思想，不但为薄老（一波）等中央领导所赞赏，而且逐步成为各个行业、广大企业制定发展战略的指导思想，产生很大的影响。

在主持国家经委工作期间，吕主任工作非常繁重，但他始终坚持用更多的时间到企业、到基层去调研。我有几次随同吕主任调研，他的沉稳大度、深入细致的作风，比我第一次在沈阳见他时的印象更加深刻。他每次出差前都做好充分准备，包括确定调研主题、调研提纲、参阅有关文件资料、召开随行人员会议等；途中日程，上午、下午、晚上，"一天三段"经常是排得满满的，有时半天要参观四五个企业，随行人员连上街逛一逛的时间都没有。有人背后发"牢骚"：跟吕主任出差，除了参观企业，就是在会议室里开会、座谈，鞋上只有车间的油泥，连街上的尘土都没沾上。这话传到吕主任耳朵里，一次在面包车上，他借这个机会说："街上风景，坐车子里不都看了嘛！"大家听了只能一笑了之。

一次，吕东主任带领调研组赴河南、陕西等地调研企业技术进步政策问题。到了西安，我们随行的几个年轻人心急火燎地想去看出土展览不久的兵马俑，就在吃饭的时候"造舆论"，说兵马俑的发现如何轰动世界、如何栩栩如生，等等。陪同的省市领导当即表示一定安排大家去看看，而吕主任却不表态。眼看再过两天就要返京了，我们几个人一商量，认为吕主任解放前在北大学的是历史，不可能对此不感兴趣，就在晚饭后散步时你一言我一语地说应该去看看。记得当时我灵机一动说："美国总统里根都专门来西安看兵马俑……"吕主任还是不为所动，想了一会却说："明天你们要去的就去看，愿意看厂子的跟我去看厂子。"大家见状，只好默然作罢。后来还是省领导有办法，第二天下午最后安排我们参观离兵马俑展馆不远的鼓风机厂，然后车队一拐弯，我们才得以在暮色中"顺便"参观了那心仪已久的历史奇迹。

事后想到，吕主任当然明白兵马俑在中国历史文明中占据的地位，他怎么可能对兵马俑、对祖国的名胜古迹不感兴趣呢？这是因为他把毕生的精力和全部的热情都献给了中国的经济和工业的发展，在他的头脑中，除了事业、工作，其他任何个人的兴趣、爱好、乐趣都是无足轻重的。正是他以真诚的态度，珍惜每天每时，不断向改革开放的实践中汲取新经验，并把贯彻中央的路线、方针、政策与群众的创造结合起来，才主持提出一项又一项有关政策措施，写出了一篇又一篇有见地的文章，为中国伟大的改革开放和经济建设事业增色添彩。

勇于改革，潜心探求发展之路

包括我在内的一般年轻人以为，年岁大的人总是对改革不那么热心。事实并非如此，大批老干部不仅热心参与改革，而且勇于改革。他们由于对旧体制弊端了解深刻，因而改革之心往往更急切。吕主任就是这样的领导者之一。1982年新组建的国家经委是7个委、办合并起来的，日常工作是统筹协调全国的生产、流通事务，那时百废待兴，工作千头万绪、琐碎繁杂，办公厅每天都要收到几十件中央领导的批办件，近百份各地发来的请求解决问题的电报。在这种情况下，主持国家经委工作的吕主任更忙了，他经常告诉机关同志，既要处理好日常具体业务，又要注意抓大事，做到纲举目张。抓大事，在当时突出的就是国有企业改革和经济管理体制改革。

那一阶段国家经委抓的改革很多，这里仅举两项。一是扩大企业经营自主权。随着经济发展，企业对没有自主权意见很大，反应强烈，纷纷要求给企业"松绑"。我来自企业，对此也极有共鸣。1984年10月，党的十二届三中全会通过的《中共中央关于经济体制改革的决定》指出，增强企业活力，特别是增强全民所有制的大中型企业的活力，是以城市为重点的整个经济体制改革的中心环节。怎样落实中央的决定，应答企业的呼声，吕主任等国家经委领导不辞辛劳，奔走于基层，经过大量调查研究、总结实践经验，逐步形成了一系列搞活企业的文件，许多件要报经国务院批准。我特别记得国务院《关于进一步扩大国营工业企业自主权的暂行规定》发布后，许多厂长、经理奔走相告，以及在各种场合表达欣喜之情。二是推广承包经营责任制。吕主任在航空工业部任部长时，就经国务院批准，首先试点外贸经营自主权，实行了出口创汇"承包制"，取得了显著效果。20世纪80年代初，首钢试行"承包制"，更显其激发企业活力的力量。我记得吕主任陪同国务院副总理万里到首钢视察，当首钢领导人向副总理汇报要实行每年上缴利润增长7%的"递增包干"时，副总理还以为听错了，连问了两遍得到确认后，惊讶之情溢于言表。在场的我也悄悄以为企业是在"说大话"。当时，在全国各地都有包括试行各种承包制在内的多样经验。为了提出比较规范的指导意见，吕东等国家经委领导于1985~1986年跑了大半个中国，从中筛选出5种承包经营责任制形式，其基本特征是："包死基数，确保上交，超收多留，欠收自补。"经国务院批准，承包经营责任制，在相当长一段时间里有力地推动了经济的发展。其效果在钢铁企业尤为显著，记得有位中央领导说过，"这几年没怎么费劲，钢产量增长这么快啊！"

当然，随着人们观念的更新、改革的深化，扩大企业经营自主权、实行承包经营责任制等改革举措已成为过去。但它们对计划经济体制的突破，对人们思想观念的冲击，对解决彼时经济问题的作用是功不可没的。人们不会忘记渐进式改革的这些历史轨迹，也不会忘记吕主任这一代改革具体领导者为此付出的心血。

吕主任潜心探求改革之路，还表现在他于1988年6月退居二线、首任中国工业经济协会会长之后。虽然年过古稀，但他仍以深化国企改革为己任，用更多的时间去基层调研，从研究国有企业与乡镇企业、中外合资企业在经营机制上的差异这个新角度入手，带着协会的调查组，辗转七八个省市，孜孜不倦地寻求搞好国有企业的出路。1988年8月吕主任在《人民日报》上发表《关于进一步深化全民所有制企业经营机制改革的若干意见》；1991年，又在《人民日报》上先后发表《三论转换经营机制是搞活国营大中型企业的关键》等重要文章三篇，在全国引起很大反响。其时，我在国务院生产办企业局工作，参与有关企业转换经营机制文件的具体起草工作，我们学习了吕主任的文章，多次登门请教，深受教益。在经济管理体制、国有资产管理体制、发挥中介组织作用等方面，吕主任都写出了许多有分量的调研报告和文章，受到中央领导和有关方面的重视。他说："人离休了，思想不能离休。"他这么说，也是这么做的。

以身作则，诚心培育年轻干部

论年龄，吕主任该是我们的父辈了。但他对我们这些"小字辈"从来不摆老资格，而是视为同事，平等待人。他严于律己，宽以待人，所以在他领导下工作我们觉得宽松、舒畅，又时时感受到一种榜样的无形压力，激励我们努力向前，勤奋、认真地干好每一项工作。他在机关工作时，白天主要是开会、找干部谈话、接待省部领导和企业领导，大量文件几乎都是在晚上处理，为此，他经常伏案到深夜。令人感动的细节是，他第二天早上到办公室后，还要把昨晚做了批示的文件再重点浏览一遍，把自己所批的文字重新推敲、进行必要的修正后，才交给秘书转出。这种对工作的高度责任感和一丝不苟的精神，对我们是一种无声的教育。

吕主任和许多老干部一样，对年轻干部既诚心爱护又诚心培育。他多次参加党支部生活会，以普通党员身份与大家促膝谈心，经常在各种会议上鼓励年轻人要努力学习，善于理论联系实际，具有开拓精神。同时他要求领导干部要多与年轻人交流对话，多引导教育他们。这在委机关里已逐渐形成一种风气。

记得 20 世纪 80 年代初的一天，吕主任把我叫到办公室，交代我研究我国要不要搞专利的问题。当时，对此问题争议颇大，众说纷纭，赞成的声音不大，反对的意见却很强烈，有人甚至说搞专利是"自己做绳索往自己脖子上套"。虽然我当时弄不清吕主任交给我这个任务，是锻炼我还是真要我拿出成果，但我感到很兴奋，立即着手做准备。过了两三天，吕主任问我准备怎么做？我说了想法后，他做了细细指点，特别说道：既要站在赞成的立场上仔细研究反对的意见，又要站在反对的立场上仔细研究赞成的意见，然后提出自己的看法。尽管后来我经过一番努力得出应该实行专利的结论，对领导决策也许有微不足道的影响，也许一点作用也没有，但主要是从吕主任指导我如何做这件事中所学到的东西，使我受益匪浅。以后的日子里，我也在机关工作中逐渐负起一些责任，对下面干部布置任务，既不包揽，也不撒手，提高工作效率。特别是吕主任"反复比较、换位思考"的思想和工作方法，对我们起到了重要的指导作用。回想起来，最使人难忘的一幕是：在吕主任病重难起、说话已经困难的情况下，仍经常向前往探视的我们询长问短，叮嘱再三，对晚辈的关爱之情令闻者无不动容。

其实，不只是年轻干部，也不只是机关干部，大家都感受到吕主任对人才培养的拳拳之心，感受到他宽厚胸怀和与人为善的品德。他领导、指导过的干部一批又一批地成长起来，在不同岗位上为人民的事业做出贡献。

2004 年 9 月

（原载《经济日报》）

【纪念文章之二】

百年风雨家国情

——读《袁宝华回忆录》随感

2019 年 1 月 11 日，我参加国务院国资委老部长党支部春节联欢会时，获赠出版刚半年的《袁宝华回忆录》（以下简称《回忆录》）。我用了一个星期读罢，又重温 10 年前出版的袁老缅怀老领导、老战友的文集《永远的怀念》（以下简称《怀念》），念及已经去世的吕东、胡昭衡等袁老的老同学、我的老领导，不禁心潮起伏、感慨良多。

我看过的名人回忆录很少，还多是国外的，离我都比较远，但袁老的《回忆录》大不相同。《回忆录》重载了袁老 2015 年的《百年谣》，里面的"百年风雨历征程""百年河山家国情"更使我浮想联翩。因为在袁老的百年征程中，我认识他并在他领导下工作有十多年。《回忆录》中讲的人和事，有的人我也熟知，有的历史场景我也见过，一些评述我亦感同身受。

同是我老领导的吕东、胡昭衡过世时虽然也属高龄，也有大量著作、文章留世，但他俩未及写下像袁宝华这样从童年说起的回忆录。即便如此，仅是读完《回忆录》和《怀念》两本书之后，联想一些往事，76 岁的我不但增添了对他们三人的敬重，为他们都是我的益师（老领导）良友（校友）而深感荣幸，更是为他们的"家国情"和他们之间的友情之非同寻常而再受教育。

（一）

20世纪80年代初冬的一次国家经委办公会上，吕东、袁宝华、胡昭衡会前忽然低声、兴奋地谈到樱桃沟聚会的事，说谁来了未见到、谁大概因为何事未来等。我当时是党组秘书、党组办公室副主任，听了很好奇：天气都冷了，这些老同志还结伴游玩儿啊？当时也不便去问。

樱桃沟确是北京香山一个有名的风景区。我在北大读书时曾两次与同学去那里游玩，记得那里涧水潺潺，林深石迭，并未见樱桃树。一次有同学在这里巧遇朱德总司令，他老人家看到一位女同学胸前的校徽，笑呵呵地说："是北大的呀，好！好！"这在学校传为美谈。今读《回忆录》，方知是吕东、袁宝华、胡昭衡包括我在校时的校长陆平等，那些1935年参加"一二·九"运动的战友，约定在此聚会。那为什么选在这个现在已显得偏僻的山沟呢？

吕东、袁宝华、胡昭衡三人年龄相仿，吕、胡同年，袁小一岁，都是20世纪30年代北大同期学生（吕、胡为历史系，袁为地质系）。在日本占领我国东北、华北告急的国难之际，他们热血沸腾，积极参加、组织了"一二·九"抗日救亡运动。经过袁在《回忆录》的详细描述，我加深了对这场"血与火"斗争的认识，才知道为什么毛主席把这次运动与五四运动相提并论。袁宝华等在运动后响应地下党号召，参加了"平津学生南下扩大宣传团"，二十多天后在此基础上成立了"中华民族解放先锋队"（简称"民先"），袁负责北大西斋"民先"的组织工作，并创办了《炮火》壁报。"'民先'十分注意组织队员学习军事知识，多次组织到西郊大觉寺、老虎洞进行军事训练，在香山樱桃沟等处举办夏令营，请有军事知识和作战经验的人讲授游击战课"[1]，为武装抗日做准备。在1937年"七七"事变爆发后，地下党为了保护这批青年知识分子，让他们离开"民先"，奔赴新的革命前线。袁先回河南组织青年救亡工作，后去延安在陈云领导的中央组织部工作；吕和胡投笔从戎，参加了八路军。他们三人分开后，战友情从未

---

[1] 袁宝华:《袁宝华回忆录》，中国人民大学出版社，2018，第26页。

释怀。《怀念》里有这么一段话似可代表："1948 年辽沈战役期间，白城子同志告诉我，蒙骑一师的政委，高个子，河南人（注：胡与袁同乡，吕是辽宁人），自称是我北大的同学，打听我的情况。老同志、老战友殷殷眷注之情，令人感奋！"

他们三人参加"一二·九"运动和"民先"，走上革命道路的原因并不复杂。《回忆录》说："当时我们年轻学生'有一种以天下为己任的抱负''是日本帝国主义把我逼上了革命道路'。"吕、袁、胡三人都是富家子弟，深知"覆巢之下岂有完卵"，在处理国与家的辩证关系上毅然把国放在了第一位。为了民族解放，先辈们这样奋斗的故事很多。他们总结的历史教训也很多，我想起改革开放之初常听到的是："落后了就要挨打。"世界上过去、现在是这样，将来会不会也是如此？一百多年受外强欺凌的我国，现在已是世界第二大经济体，不算是"落后"了。但我们应该记住自己是怎么从挨打中站起来，又怎么从落后中再崛起的，剩勇奋斗，继续前行；记住"己所不欲，勿施于人""人不犯我，我不犯人；人若犯我，我必犯人"等史训，走"富不骄，强不霸"之路。"一二·九"运动的纪念碑就立在樱桃沟。

（二）

现在 60 岁以上的人，大概大多数对 20 世纪六七十年代"大跃进"带来的"饥饿"，"大革命"带来的"内乱"留有难以磨灭的记忆。当然因地域、环境、地位不同，各人有不同的感受。

《回忆录》叙述了东北解放后东北工业恢复、发展中如何"出产品、出经验、出干部"，以及新中国工业如何稳健地起步；叙述了袁、吕等1952 年随周恩来总理率领代表团到莫斯科谈判我国"一五"计划苏联援助项目、日夜加班工作的具体情况。在讲到"156 项工程"项目时，我立马想到我参加工作的第一个单位"沈阳黎明公司"是"156 项工程"之一。那是边学边干、付出辛劳就有收获的岁月。由于"一五"计划顺利实施、提前完成等客观原因，"党内搞经济建设出现了急于求成的思想，头脑越来越热，一而再，再而三地反对右倾保守思想"。为了超英赶美，"以钢为纲"的钢要高产，"以粮为纲"的粮要高产，互比谁的指标高，谁讲实话谁倒霉，有的国家领导人被批"离右派不远"，基层农民也可以扣上"右倾分子"被批斗。其时袁宝华是冶金部领导，他详述了"指标"如何一次次飙升，主观意志如何不可阻挡。结果是"全民大炼钢铁"，用饭锅当废钢，以木材代焦炭，丰收年份的粮食留在地里，各种"卫星"套红印在报纸上。袁的家乡是河南省南召县，"当时《冶金报》报道这个县日产1000吨铁，我大吃一惊，'大跃进'把我家乡伏牛山上的树基本上都砍光了。"1957年钢产量535万吨，1958年就"跃进"到1108万吨（计划1070万吨），报喜的背后是不能用的废钢占了一半。我那时在初中读书，学校操场上垒起小土炉，师生们留着汗水、打着瞌睡炼出的几吨渣钢，应该也在千万吨钢中占有一份。

1959年开始纠"左"，"可是出人意料，庐山会议不仅没有纠'左'，却突然转向，反而批右，造成国民经济更大的损失。"其间之谜，恐怕党史专家才能弄得清。"文化大革命"初期，"混乱"中有人油印散发的供批判用的彭德怀在庐山会议上呈送的"万言书"，我们大学生看了不知真假，只能揣想一二。袁宝华在书中从工作角度概括的是："1958年是难忘的一年，1959年是难堪的一年，而1960年则是最难受的一年。"接下来是"过渡时期"，实际上是"饿肚时期"。"许多人由于营养不良得了浮肿病，很多地方出现了饿死人的现象。"为了扭转国民经济的被动局面，邓子恢主张在农村搞承包，受到大会公开批评时，他"脸色煞白，一句话也不说"。《回忆录》里对高层不同意见的回忆，对基层人民疾苦的描述，字里行间透出深沉、无奈的"家国情"。

中华民族具有自纠、自愈功能，也因此才有延续不断的五千年文明，我们党也有这个传统。"纠"与"愈"的过程也充满了斗争和伤痛。

1961年，国家对经济发展终于确定了"调整、巩固、充实、提高"的八字方针，连我们这些中学生都知道这是针对"大跃进""饿肚子"等问题提出来的，人们"菜色"的脸上有了"喜色"。我看了《回忆录》中《对国民经济伤筋动骨的调整》这一节，方知这看似简单的八个字，其由来、变化颇耐人寻味。1960年8月国家计委提的方案是"整顿、巩固、提高"，国务院会上，周恩来知道"提高"是毛主席提出来的，于是把"整顿"改为"调整"，避开"整顿"这个分量较重的词，还加上了"充实"二字。这样的更改，在头脑发热的岁月刚刚过去的时势下，更易为上下所接受。实际工作之难，袁宝华称之为"伤筋动骨"，不是"调整"二字能体现得了的。

经过三年调整，国民经济很快走上了健康发展的轨道，重要的还有取得了正反两方面的经验教训。到 1965 年，主要工农业产品产量达到或超过历史最好水平。

但是，不知出于什么规律，"1966 年，毛主席亲自发动的、持续十年之久的'文化大革命'，不是什么革命而是一场动乱。对党、国家和人民来说，是'左'倾错误酿成的一场悲剧。"《回忆录》这段评论符合党中央 1981 年做出的有关历史决议，袁还说了自己的看法："我说'文化大革命'是从'四清'开始，'四清'是从党的八届十中全会突出'阶级斗争为纲'开始，《二十三条》又错误地把阶级斗争引入党内。"1966 年我 24 岁，恰与三位老领导 1935 年参加"一二·九"运动时年龄相仿，一样有"满腔热血"。万千学生是"中央文革小组"指哪打哪的"革命派"，而吕东、袁宝华、胡昭衡等这些北大老校友，早已是"当权派"。他们都是单位"一把手"，共同的帽子是"走资本主义道路的当权派"，经历又各不相同。在这场人为的危难中，我想是固有的信念和家国之情支撑他们在新的风雨中经受住了不一样的考验。

"文化大革命"开始时，吕东是冶金部部长，很快被打成"现行反革命分子"，蒙冤入狱，家破妻亡，被关在秦城监狱四年多，直至林彪叛逃后才恢复工作。胡昭衡时任天津市市长，被诬为"三反分子"，受折磨最厉害，身心俱损。袁宝华是相对幸运的部级干部，时任国家经委副主任兼物资管理部部长，开始也被诬为"叛徒、特务"，但很快查证造反派列举的才是"假材料"。他"靠边站"一年半后，在周恩来干预下得以"解放"，参加国务院业务组领导下的计委生产组并任组长。三人的"命运"之所以不同，《怀念》一书中是这样分析的，对吕东来说，"冶金部是个老部，经过反右派和清理中层等运动，伤人多，积怨深，加上几个造反派野心勃勃，个别军代表推波助澜，吕东的日子更不好过"。对自己来说，"物资部成立不久，干部来自四面八方，没有历史旧账，而且军代表很公正。"我觉得恐怕还应加上一条：当时乱哄哄的局面，国务院在"促生产"方面实在缺人手，只有周恩来、李先念、谷牧、余秋里等高层领导不行，没有得力的部级干部就"断档"了。对于胡昭衡，《怀念》一书中没有做分析，但我觉得起码有这么一条，作为党内有名的文学爱好者、杂文大家，直至新中国成立后任内蒙古自治区党委书记处书记时，他仍然以"一篇篇杂文针砭时弊，文笔犀利"，并连续在《实践》杂志上发表，这与当年北京市杂文"三家村"的《燕山夜话》何其相似，"文革"中肯定没有好果子吃。作为杂文习作者，我对此有点感受，多些理解与同情。

令我不只是理解、同情还加上敬重的是袁宝华在十年"文化大革命"中九年的艰辛工作。《回忆录》有一段情深意切的自述："在那极其艰难的年代，我协助国务院领导同志组织和领导国民经济的运行，负责工业交通生产、建设和管理方面的工作。在工作过程中，亲眼看到并深刻体会到周总理和几位副总理，在处境极其困难的情况下，同林彪、江青反革命集团以及'左'倾错误进行艰难曲折的斗争经过。我深感有责任把这一段不幸的历史写出来，把经验和教训留给后人。"经济形势是怎样的极其艰难？斗争是怎样的艰难曲折？书中均有详细的叙述，我也难摘其要。袁宝华写道："在那个疯狂的年代，工厂没有完全停工，铁路尚能运输，国民经济尚能维持运转，是生产组起了'救火队'的作用。那个时候搞生产的人也是冒很大政治风险的，许多领导干部随时有被揪斗的危险，而且在那种无政府主义状态下，组织生产调度也十分困难，生产组能够顶住各种干扰，也是靠周总理保护。"连为群众生计、"闹革命"之需而抓生产的干部都需要保护，可见周恩来总理是"文化大革命"中集万难、托众望于一身的国之大梁，正是他的领导艺术、斗争策略，以及袁宝华这样的干部和群众的给力，才使国民经济没有全面崩溃。这是何等的家国情怀！

在危难、艰难时表现出这样情怀的共产党人还有很多，《回忆录》中多有记述。比如1967年2月政治局碰头会上，包括4位老帅在内的几位国家领导人当面痛斥陈伯达、张春桥之流搞乱中国的"二月抗争"（"中央文革小组"称之为"二月逆流"）；比如1975年邓小平复出，不承诺不否定"文革"，不但对经济方面进行整顿，而且对军队、文艺等进行全面整顿，并在当年大见成效，等等。三位老同学、老战友也是如此，袁宝华领导的全国经济运行"救火队"，夜以继日，不惧风险，苦撑困局，无私贡献。吕东被"解放"出来后到华北协作区筹备组，"仍保持老作风，经常深入企业调查研究，抓实事，抓重点，锲而不舍，一抓到底。"胡昭衡遭受"残酷斗争"，事后淡然处之，"与国家遭遇的浩劫相比，个人遭遇只算小苦难吧！"（以上均见《怀念》）。他们尽可能地互通信息，互相帮助，以大局为重，以国运为怀，感人至深。现在想来，如果没有《回忆录》讲的那些上上下下的抵制、斗争和整顿，"文化大革命"的后果兴许更严重。而且，这可能也是晚年的毛主席"他老人家在关键时刻把国家领导权交给华国锋"的重要原因之一。

（三）

1982 年成立的新经委的主要办公地址"九号院"，也是吕东、袁宝华、胡昭衡三位老同学、老战友"分离"四十多年"重聚"的地方。我称自己在九号院这一段工作是"如歌岁月"，我想对他们而言更是平添了一份人生情谊。

1937 年，他们三人从北大各赴东西之后，吕与袁相见较早，是在 1949 年的沈阳市。袁从延安辗转到沈阳，不久调入东北工业部。在此之前，即东北解放之初，吕就随大批干部进入东北，在晋察冀做经济工作的吕这时是东北工业部第一副部长，袁到后任计划处处长（朱镕基、林宗棠从清华大学毕业后到该处工作）。袁在《怀念》中说："在东北工业部 3 年，是我学习做经济工作收获最大的一段时光，吕东同志好学实干精神对我启发很大、影响很大，感受很深。"1956 年冶金部成立后，吕是第一副部长（1964 年任部长），袁先后任办公厅主任、副部长。1960 年袁调任经委副主任兼物资管理局第一副局长。从沈阳到北京的这一段，吕与袁共事长达 11 年。胡昭衡在"文化大革命"结束后，任卫生部副部长兼国家医药管理总局局长，并在这个岗位上办了离休手续。

新经委是由国务委员张劲夫兼主任，吕与袁都是副主任、副书记，主持日常工作。后来，吕接任主任，袁是第一副主任。胡被聘为国家经委经济管理研究中心副主任，经常列席国家经委会议。这三位老同学、老战友在改革开放的春天里于九号院重聚，欣喜之情可想而知，共同的信念与工作岗位，让他们又一次焕发了革命青春。《怀念》里袁讲到吕："由于我们的老关系，我又是老经委，他对我的意见非常尊重，我们合作得很好。吕东同志遇事谨慎，深思熟虑，百无一失，又严于律己，宽以待人，和他共事，心情总是愉快的。"他称吕东为"我的良师益友"。讲到胡，他说："岁月不居，相知弥深。"他们不仅交流工作，还以诗词互勉，是"同志加挚友"。我第一次见到袁和胡都是在九号院的吕东办公室。记得见袁时，几分钟闲话中有两句"我们还是校友哪！""大跃进吹牛皮，贵省（安徽）是冠军，我们省（河南）是亚军"，一下子拉近了两代人的距离。后来几年里，我因为做办公厅工作，在九号院经常与三老见面，他们勇于开拓、严谨乐观、高瞻远瞩、关爱干部的精神，以及他们之间相互扶持、诚于切磋的友情，给我留下很深的印象，对我多有熏陶与教益。

1982～1988年的国家经委正处在我国经济整顿恢复，探求工业发展新方向、新途径的重要时期，工作紧张多头、斑斓多彩，《回忆录》里对此有生动具体的记叙，并说"为当好党中央、国务院的参谋部，做出了非凡的贡献"。我的拙著有关章节中也有简述，不再重复。但如今社会上有人认为改革开放的前10年没做什么事，这显然是少知、偏颇。我们应知"万事开头难"，应知从中央到地方有无数动人的故事。国家经委系统工作也只是开拓中国特色社会主义道路的一个方面军。仅就打开眼界来说，且不细说袁宝华讲到1978年前后奉中央领导指示带队"走出去"访问七八个发达国家，并在日本"蹲点"一个月的新收获、新作用，这里先举个我个人的小例子：20世纪80年代初的九号院，日本野村证券研究所负责人被"请进来"在南会议室讲课，我耐心听后脑洞大开，原以为证券只是股票、债券，没想到还有那么多名堂，虽然顶多是"知其然"；还没想到的是，负责人在讲完课后还主动让听者"提问"，沉默少许有人好奇地问负责人和同台的日本翻译工资是多少，负责人回答后补了一句，"我交完个人所得税，和他（指翻译）差不了多少"。大家才知道，日本所得税率"累进"得够厉害。

再讲个历史性大例子，即《回忆录》里一段引人注目的文字："我50多年的经济工作生涯，风风雨雨，耳闻目睹，多半是在国民经济综合部门渡过的，见证了计划经济，计划经济为主、市场调节为辅，有计划的商品经济，社会主义市场经济，还有那'文化大革命'十年的无序经济。新老经委（包括生产组）在不同时期都做了不可替代的工作。"见证这五种经济体制的人不多。新经委对前三种经济体制以及它们的交叉、碰撞都经历过、实践过。在历史性转制过程中，多少人的日日夜夜付出的心血，多少个已知和未知的沟坎、险滩的跨越，创造了无数个历史性第一。比如一个"土包子"从农村的地下冒出来，解决了粮食短缺问题，冲破阻力进了城又很快解决了钢产量上不去的问题。我清楚地记得，国家经委党组讨论要不要宣布取消多年定量供应的有关证票，最后决定建议让它们自行失效时，大家那十分兴奋的样子。这些成就的取得，都是源自邓小平1978年《解放思想，实事求是，团结一致向前看》的重要讲话，虽然他的"猫论""摸着石头过河"等被一些人视为"土"话，但给当时很多人增加了在渐进中敢闯敢探索的勇气。改革开放的前10年，改革与发展似慢实快，全国GDP平均每年增长9.7%，举世振奋。尽管其间问题不少，但它为前进寻定了方向，为后来发展打下了基础，应该说，成就来之不易，开拓之路，多有艰难，我们不能"事非经过"就一定"不知难"。

1988年国家机构改革，国家计委、国家经委合并成立新计委之后，吕、袁、胡三位领导已年过70岁，均从一线工作岗位上退了下来。袁宝华在1979年初就创建了第一个全国性社会经济团体——中国企业管理协会，最先提出"自治、自立、自养"的建设原则，后改名为"中国企业联合会"（与中国企业家协会合署办公）。吕东退休后，创建了中国工业经济协会，后改名为"中国工业经济联合会"。胡昭衡创建了北京杂文学会。这些社会经济团体的工作，也都是改革开放中的开创性事业。我荣幸地成为这三个会的兼职副会长，前两个协会的副会长职务我兼任了二十多年，并兼任中国企业联合会旗下《企业管理》杂志的主编数年。这让我有机会从另一个角度继续学习他们如何做人做事，包括从中国企业联合会的继任领导陈锦华、王忠禹，中国工业经济联合会的继任领导林宗棠、李毅中等那里学习了良好的工作作风和工作方法，对我以后做协会工作大有裨益。

（四）

2015年5月23日，在春风沐浴的钓鱼台国宾馆芳菲苑，聚集了一百多人，他们都是来参加"袁宝华系列著作出版座谈会"的，中国企业联合会会长王忠禹主持会议，百岁高龄的袁宝华专程出席会议。会上，传达了习近平办公室转达的总书记对袁老百岁和座谈会的祝贺，朱镕基、顾秀莲、陈锦华等原国家领导人，现任副总理马凯等出席会议，并发表热情洋溢的讲话。大家欢聚一堂，庆祝袁老百岁华诞和他的系列著作出版。朱镕基在讲话中称袁"是我最好的启蒙老师"；顾秀莲说袁"是我们学习的楷模和典范"；马凯以一首《七绝》"百年长卷尽斑斓，戎马兴邦三百篇；更有李桃花竞放，同期茶寿仰高山"，简练地描述了袁老百年精彩人生，并祝他老人家健康长寿，这似可代表大家的心声。

这个特殊的座谈会，也是一次友谊的交流会，王忠禹在小结时就说"大家的发言充满了感情、尊重和友谊"。与会者都是与袁宝华工作、生活关系密切的人，大多数已年过古稀。我也是参会者之一，也为会上的气氛所感染，不由得想起袁老80岁生日时曾自赋诗《八十述怀》，彼时和者甚多，我写的四句学习感言也被收入和诗集中，最后一句就是"相期再庆百年春"。我也不由得想起袁老的老同学、老战友吕东、胡昭衡，吕老去世后我曾写怀念文章《勤政楷模　忠厚长者》，胡老去世后我曾写纪念文章《生活要做真正人》。当然，令我尊重的老领导很多，他们对我的成长帮助很大，我都难以忘怀，只因吕、袁、胡三位相互是老同学、老战友，吕、袁是我人生受教得益最长的直接领导，胡是我写作杂文的引路人，我又高攀他们是老校友，故而借读《回忆录》之机，写此一文。

人生之路既短又长。从樱桃沟到九号院46年，从九号院到芳菲苑33年，袁宝华今年已104岁矣！2019年春节前两天，我又一次去拜望袁老，轻抚老人家历经沧桑的双手，往事历历，感慨不已：

"一二·九"运动那样的革命斗争不能忘，改革开放这样的革命新篇不能忘，历史的经验和教训不能忘。美好生活、富强中国是赋有家国情怀的一代代人奋斗出来的，美好生活应该包含友情，奋斗过程中建立的友情更是弥足珍贵。

（原载《中国企业报》2019年5月14日）

【纪念文章之三】

"生活要做真正人"

——深切缅怀胡昭衡会长

今天，我怀着激动和感恩的心情，参加胡老（昭衡）诞辰百年纪念会。我也感谢北京杂文学会的领导和同事约我参加这次会议并给我发言的机会。

胡老是我的长辈。我在抗日战争时期出生的那年，28岁的胡昭衡同志已经戎装在身，转战华北晋绥地区了。我们的出生年月差别大，但有点感到荣幸的是我与胡老也有相同相近的地方，除了年高时都是满头白发之外，我和胡老也算是校友。他在北大红楼学的是哲学、历史，我在北大燕园学的是化学。另外我们还有两个共同的爱好。一是都喜欢文学，胡老在惠文中学读书时就发表作品，年轻时创作的小说曾得到文学大家沈从文先生的高度赞赏，众所周知后来他是我国杂文大家。我也喜欢文学，1962年考上北大化学系就闹着要转到中文系，转系不成后来阴差阳错地长期从事经济工作，但间或在练笔写作，发表点水平很一般的散文、杂文等。另一个共同爱好是写日记，胡老从1933年就开始写日记了，包括记录对日作战的艰苦岁月，一直记了62年，可惜中间有些日记丢失了，更可惜的是"文革"中被无辜关押4年不得不中断。胡老出于爱好，更是怀着一种强烈的责任感在记录他为党为人民战斗、工作的心路历程。我从1960年上高中时开始记日记，主要是因为爱好与练笔，但常常是日记变成周记、月记，中间还停了好几年，现在翻看以前的日记，也只是引起一些回忆和感慨而已。

我和胡老是两代共产党人，这里讲到有两点共同的爱好，主要是以此对比，反映我与胡昭衡会长在人生理想、个人意志力方面的差距。

胡老是我的老师。我认识胡老是在 20 世纪 80 年代初期。那时，国家新经委组建不久，胡老和七八位年龄相仿的老部长是经委经济管理研究中心领导（实际上是国家经委顾问），列席经委党组会议。我先后任党组办公室主任、办公厅主任等职，与包括胡老在内的老顾问们接触较多。那些年正值我国改革开放之初，各种思想、议论很多，需讨论提出的政策措施很多，胡老和一些老同志、在职同志经常一起调查研究，参加会议，发表见解，对经委工作、国家经济工作起到积极的作用，我也从聆听者角度受益多多。1986 年夏天，我与胡老一起随同经委主任吕东等到新疆等地调研，同行的经委秘书长告诉胡老，说我也在写杂文，写得还不错。这立即引起胡老的注意，嘱我送几篇文章给他看看。我早知胡老是文学才子，又时兼北京杂文学会会长，听之自然很兴奋。我把自己的二十多篇文章复印送上后，过了几天在九号院见到胡老，交谈中想就此当面讨教，胡老却说"再等等"，令我心里直打鼓。未想到又过了几天，我却收到胡老一封长长的亲笔信，除了热情鼓励之外，他还殷切地、直接地提出了批评意见。后来，他的这封信还以《胡昭衡致朱焘》为题发表在《杂文报》上，配发的评论说我的杂文有"经济类杂文"特色，使我诚惶诚恐。在我经胡老推荐，当选北京杂文学会常务理事、副会长后，与胡老的接触又多了一层，向各位学会理事学习的机会也多了，这对我提高对杂文写作的兴趣、认识都有极大帮助。我说这些只想说明，一位"先生"对一位"后生"的诚心培养和诱导，对年轻人的成长是多么重要。

胡老是我学习的楷模。"活到老学到老改造到老"，是胡老一生身体力行的承诺。他认真做事，坦诚做人，爱党爱国之心在他的文章、诗词里屡屡可见。他给我的印象，一直是个谦和、忠厚、慈祥的长者，一个讲求实事求是又有海纳百川般胸怀的领导。还以杂文为例，在《李欣（胡老的笔名）杂文自我评价》一文中，第一句话他就开门见山地说他的作品"主要缺点有四"，这打破了许多人、许多单位在写"工作总结""自我解剖"时先说优点、成绩的常规，即使后面说优点也只有四点，并无通常"九个指头和一个指头"的关系。还有，我写过一篇议论"文山会海"的拙文，是 1984 年 2 月 28 日在《北京日报》上发表的。殊不知胡老于同年 11 月 11 日就写了《文山会海初诊》一文，提出对"文山会海""要做具体分析，对症下药"，不能"火炎昆冈，玉石俱焚"，实际上是对我那篇文章片面性的批评和纠正。但在 1986 年 10 月他给我的信中只是谦虚地对"移文山填会海"提出质疑，并没有提到他已比较全面地论述了这个"严肃的话题"。而我呢，过了几年才从 1999 年出版的《李欣杂文选》中读到胡老的这篇文章。我想，这一方面说明胡老非常谦虚，对"后生"宽容；另一方面也说明应该像胡老那样爱读书，多学习、勤思考。

胡老的诗词里有这么两句："生活要做真正人，中国屹立民族林。"他还说过："有幸逢盛世，要做一个正直中国人，为社会做点实在有益之事。"在许多缅怀胡老的文章里，都讲到胡老在内蒙古、天津、国家医药局、卫生部等单位担任领导职务时如此，就是他年逾古稀创建并任北京杂文学会会长时，也充分表现了他热爱生活、正直做人做事的高贵品格，使我深受教益。诚如时任秘书长刘甲等同志所言，胡老是把杂文当作事业来做。担任会长十余年，他殚精竭虑，不知疲倦，付出了大量的心血，直至生命的最后一息。不可比又想比的是，胡老仙逝的 1999 年底，我开始兼任中国工业设计协会会长，至 2015 年 10 月卸任，在设计协会工作了 16 年。顺便说一句，杂文多是对生活针砭时弊，设计多是提升生活品质，无论正与负、虚与实，都是倡导真善美，都是为了人们生活得更美好。那么，怎么当会长？我也从国家经委老领导吕东兼任中国工业经济联合会会长、袁宝华兼任中国企业联合会会长（我也都是副会长），从胡昭衡兼任北京杂文学会会长那里学到了很多宝贵的精神和经验，一直把工业设计当作创新中国、美丽中国的事业来做，也做出了一点点贡献。肯定地说，这与老一辈领导长期教诲、熏陶是分不开的。

胡昭衡会长离开我们十六年了，但他永远活在我们心里。胡老在世时，我曾去他府上拜访过两次，他住院病重时我也曾探望过一次，但因事去外地未能参加他的告别仪式深感遗憾，甚至他给我写过两封信，我只是面谢而未复一封信，想来也引以为憾。短短发言，难尽心意。如今，我也年过古稀，当以胡老为榜样，继续做些应该做的、力所能及之事，为实现老一辈领导的遗志，为实现中华民族伟大复兴的"中国梦"尽微薄之力。

（2016年3月20日于北京日报社）

下 篇

名联"世事洞明皆学问，人情练达即文章"，我知之甚早，初始只意在欣赏。世事繁杂，能"洞明"实在很难，故而我自认是有学有问没学问。人情人人皆有我也有，若真个"练达"成文也不易。

在"由是之路"上，出于工作需要，我写过很多文章，做过不少讲话，接受过一些采访。业余时间写杂文、散文，则是个人兴趣所致，也有点社会责任感。虽然当年着笔这些文字用心颇为良苦，也力求有的放矢，怎奈水平、时间有限，只能算是"练达"中的印记而已。

现选出工作方面的七篇文章、讲话以及三十篇杂文、散记作为下篇于后，是想以小见大，借此映现企业变革过程中一些事物的变化和人们思想理念的更新；也是对本书上中两篇"白描"的一些画面添补点颜色。

第七章 变革的"补色"、"练达"的印记

【工作类】

关于实施"转机建制、万千百十"规划的几点认识

《经贸委通讯》第 18 期   1994 年 3 月 14 日

编者按：按照忠禹同志的批示，现将朱镕同志今年 1 月下旬在蚌埠、武汉、株洲、柳州就"十城市试点工作"调研时与当地同志交流看法中的讲话要点摘登如下，供参考。

一 关于"转机建制、万千百十"规划问题

这个问题忠禹同志在全国经贸工作会议上已经讲得很清楚了。这里再讲这个问题的主要目的是想使大家对选择十个城市进行"优化资本结构，增强企业活力"试点工作在企业改革中的地位有一个全面的认识。经贸委经过认真学习十四届三中全会的《决定》和深入调查研究，在全国经贸工作会议上提出了"转机建制、万千百十"规划。这个规划是我们抓企业工作的重要工作，是落实三中全会精神的重要举措，是按照《决定》关于改革要实行"整体推进与重点突破相结合"的要求提出来的。

所谓"转机建制"，是《决定》的第二部分"转换国有企业经营机制，建立现代企业制度"的简称。这是很深刻很准确的两句话，既有当前的工作，又有将来的目标。"转换国有企业经营机制"是企业改革的全过程，"建立现代企业制度"是企业改革的方向和目标。我们在全面学习《决定》的基础上，着重学习的就是这部分，因为这是

我们经贸委要重点抓的工作。这一部分内容是社会主义市场经济体制的基础，是五大梁柱和支点中的一个。我们规划中讲的"转机建制"就是企业改革整体推进的内容，而"万千百十"则是企业改革重点突破而采取的主要措施。可以说，当前如何深化企业改革就是这八个字。

作为整体推进的"转机建制"，是指全国所有的企业，都要做好以下三项工作。

第一项是要继续坚定不移地、全面地贯彻《转机条例》。这里我想强调《转机条例》是非常重要的。《转机条例》是朱镕基副总理主持制定、李鹏总理签发、江泽民总书记有重要批示的重要行政法规。为什么《转机条例》贯彻实施一年多了还要谈这个问题？内容是否有点陈旧？朱镕基同志讲，"《转机条例》是建设社会主义市场经济体制的一块基石"，这句话言简意赅地说明了《转机条例》的重要性和历史地位。有许多改革的内容在其中都有表述或提出了要求，比如在总则中提出了在财政、金融、计划、投资、税收、价格、物资、商业、劳动工资、人事等方面都要进行配套改革。我们现在进行的四大体制改革实际上就是按照这个思路搞出来的。又如在企业与政府关系中我们就讲过要为企业制定新的财务制度、会计制度、成本制度、折旧制度，因此"两则"出来后朱镕基同志很快就批准了。前一段时间，贯彻《转机条例》重点在落实企业十四项自主权，这是对的，但有人就以为仅是这十四项权利的落实，实际上并不然，它所包含的内容很广泛。关于《转机条例》我们还有许多工作要做，有些还没有落实，有些还不是仅靠《转机条例》本身就能解决的。《转机条例》中还讲了一定要加强企业管理。前年企业升级办法停止之后，有些部门、地方和企业削弱了企业管理队伍，放松了企业管理工作，使企业管理出现了滑坡，这是非常不应该的。企业发展除外部环境外，基础工作还在于企业自身的努力，在于转换内部机制，强化管理，从严治厂；企业有一个好产品、一个好市场固然很重要，但管理搞不好，前面几个都是达不到的，达到了也不可能长久。

第二项是要认真贯彻即将出台的《监管条例》。《监管条例》是

《转机条例》的进一步完善和发展，我们称它为《转机条例》的姐妹篇。产权关系在《转机条例》中只是被明确为"国务院代表国家行使企业财产的所有权"，《监管条例》则主要是从实际出发，从防止国有资产流失这个角度提出要加强监督与管理。据财政部统计，10 年国有资产流失 5500 亿元，经贸委的调查发现 6 年流失 2200 亿元，大致一样。近几年国有资产流失比较严重，前一段有些同志讲"国有资产流失使国有企业空壳化"。实际上，问题虽然严重，但还没有到"化"的程度。我们给朱镕基同志打报告是这样讲的：国有资产在按两位数的速度递增，但同时流失严重，造成了国家吃企业，企业吃企业，自己吃自己，所以企业自我发展能力这么小，跟此不无关系。《监管条例》内容不光是向部分企业派监事会，还有许多规定，所有企业都要贯彻实行。

第三项是积极稳妥地建立现代企业制度。经过对十几年改革经验的总结，收集了各方面的意见和大量的调查研究后，现在国家明确了企业改革的方向和目标是建立现代企业制度。《决定》中讲："现代企业制度是社会主义市场经济的基础。"现在，大家都很重视建立现代企业制度，这是对的，但现代企业制度都包括什么内容？有何新意？突破在哪里？这些问题有些同志还不是很清楚。建立现代企业制度最重要的内容有三项。第一，建立真正的法人制度。可以讲以前的法人制度是不完善的，没有使企业成为一个真正的法人，在社会与经济生活中，企业没有真正的法人权利，即使有一些也还不完整，十四项权利也是如此。其中缺少了一个最重要最基本的法人财产权，这个权利不明确，影响到其他权利的落实，这也是十四项自主权没有很好地全面落实的重要原因之一。国外有个著名的经济学家曾讲过："市场经济有两个特点：一是有明确的产权关系；二是产权可以交易。"引用这句话只不过想说明，现在我们的企业还没有明确的企业法人财产权。第二，建立有限责任制度。这个概念可以讲是人类的一个发明创造。这个概念的确定是很不容易的。许多人没有将有限责任和无限责任区别开。例如，在过去，如果我们的一个企业在国外给人家造成损失，人家要求赔偿，国家作为这个企业的社会所有者，就要承担无限连带责任。

而有限责任公司，国家只以投资者的身份享有所有者权益，同时只以投资额为限对企业债务承担有限责任。有的经济学家认为，资本主义垂而不死的原因之一，是资本主义采取了一些新办法，建立了有限责任制度和社会保险制度。第三，建立科学的管理制度，即企业在内部建立一整套符合市场经济要求的管理制度。

建立产权清晰、权责分明、政企分开、管理科学的现代企业制度是一项艰巨复杂的任务，要打好基础，创造条件，进行配套改革。规划中要求所有国有企业乃至所有企业都要贯彻落实《转机条例》和《监管条例》，就是在做打基础的工作。这就是说，从现在起，所有企业都要向建立现代企业制度的方向努力。现在我们认识到走建立现代企业制度这条路是最好的办法，但好办法要用好，不要把好事办坏，这一点我们是有教训的。因此《决定》中强调要经过试点，稳步推进，不可一哄而上；现在国务院决定选择一百个左右的企业做试点，方案正在制订，总的要求是，试点从开始就要按规范化要求严格进行，取得经验后再有计划有步骤地推开。

我还想讲一点，就是不要否定过去。回顾十几年来企业改革走过的路程可以看到，企业改革一直是以市场为导向的，但都是渐进的。从扩大企业自主权到两步利改税，再到承包制，再到股份制试点，这些改革措施都对国民经济发展起到了较大的促进作用，正如小平同志说的"解放和发展了生产力"。有人用现在的制度否定以往的道路，讲"十多年了才找到该走的路"，这个看法是片面的。中央在经济改革中以市场为导向，实事求是，渐进式推进改革的思路很清晰。苏联、东欧以英美为模式，搞休克疗法，一步到位，问题很多，教训很大。所以不要否定过去，路是一步一步走过来的，社会主义市场经济是逐步发展的，从理论到实践都是如此。改革之初，我们讲的是"计划经济为主，市场调节为辅"，后来发展到"有计划的商品经济"，党的十四大才正式确认"社会主义市场经济"的新体制。所以一开始，谁能把对岸的风景看得那样清楚，没有那样的"望远镜"嘛。

"万千百十"就是在"转机建制"中的重点突破。企业在走向市场的过程中还有许多问题要逐步解决，要创造条件，打好基础，要做的事情很多。现在人们觉得许多计划很好但实现不了。因此在面上推进还不具有经验和条件的情况下，从局部实行突破，"万千百十"就是突破的措施。"万"就是在一万多家国有大中型企业中不折不扣地落实14 项经营自主权、贯彻实施好"两则"、完成清产核资工作，为转机建制、进入市场打好基础。这是市场经济基础的基础。经贸委经过认真的研究，认为清产核资工作必须要搞，结果与财政部一碰头想法非常一致。这次财政部在北京召开了清产核资工作会议，经贸委密切配合，积极参加。"千"就是国家将通过委派监事会的形式，分期分批地对一千户关系国计民生和重点骨干企业的国有资产进行监督。以后省里也要向下派，具体怎么派还要研究。实行《监管条例》的目的在于国家要从价值形态方面管理国有资产，由直接控制转变为所有权控制，逐步建立国家统一所有、政府分级监管、企业自主经营的新体制。具体到监事会怎么组成，怎么工作，许多问题还都需要进一步研究，因此虽然定的是一千家企业，但只初选了三十多家。"百"就是选择一百户不同类型的国有大中型企业进行建立现代企业制度试点。我们将按照国务院的统一部署进行试点。"十"就是在十个城市进行优化资本结构，增强企业活力的试点。大家都同情企业负担重，包括债务较重、资金短缺、企业办社会等，但究竟怎么解决，心中无数，所以要试点。这个问题不解决，建立现代企业制度，国有企业是要吃亏的。实行公平、公正、公开的竞争，就要解决旧体制带来的这些问题。

总而言之，"转机建制"和"万千百十"是一体的，是整体推进与重点突破并重，不能以为少数企业搞试点，其他大面积企业就没事可干了，必须认识清楚并正确处理好"转机建制"与"万千百十"之间的关系。

二　"十"的问题，就是选十个城市试点的问题

从上面所讲可以看出，"十"是整个企业改革的一部分，是"转机建制、万千百十"八个字中的一个字。现在大家都很重视这项工作，这很对也很好。我想讲以下三点。第一，此次试点的目的就是探索解决企业实际问题的办法，解决如何起步的问题。我们在十个城市首先做起，取得经验后，立即在面上推广。因此试点要有普遍意义，

要取得经验，不搞"吃偏饭"。在市场经济体制下，再搞"吃偏饭"，没有意义，既不可能也不应该。不是说不参加这个试点的城市就不做这个工作，而试点城市只是先行一步。第二，试点内容包括建立破产机制、提高企业自有流动资金比例、减轻企业不合理的债务负担和社会负担、调整企业组织结构、建立产权市场等，这些都是"优化资本结构、增强企业活力"的一部分，同样重要。我们不能光将眼睛盯在某一点上，如盯在减轻企业不合理债务负担上。对企业的债务问题要弄清情况，然后分类、区别对待，有条件地解决。这些问题是旧体制造成的，是从计划经济体制向市场经济体制转变中必然产生的，不要怨天尤人，我们有信心有能力解决好这个问题。从计划经济体制转变为市场经济体制是一项前无古人的事业，朱镕基同志讲搞好国有大中型企业可以得诺贝尔奖，我认为要由我们全体中国人得这个奖。实现好这个转变，不仅对中国，乃至对全世界，都是一个极大的贡献。另外，大家要充分利用"两则"中规定的"双十条"，做好清产核资工作，有人反映这不好操作，实际上弹性已经给你了，主要还是靠地方与企业的积极性和努力。企业办社会的负担也是如此，在旧体制下许多企业、职工的潜力没有发挥出来，现在企业后勤部门向第三产业发展，这不是简单地分离出去，而是在给你在以往旧体制下不能给你的发挥积极性的机会。第三，这些问题主要依靠地方和企业的积极性来解决。国家主要是政策指导，提出一些允许怎么搞的意见，但主要还是靠企业、地方。比如我们提出允许有承受能力的国有骨干企业，在贯彻执行"两则"提高折旧率的基础上，可再增提 1 个百分点，这就要看你所在的省市是否允许，企业能否承受了。

当前，企业改革的形势很好，在工作中应注意以下几个问题。

一是抓住时机，加快企业改革步伐。目前我们实行的几大体制改革中最主要的是财税金融体制改革，我们要充分认识到它的重要性。这些改革加上两个"条例"，可以讲使我国的经济体制发生了历史性的变化。但许多人不甚了解，只知大概。我们经过学习可以看出这些改革都是相互配套的。过去企业改革孤军深入，缺少配套，现在一系列改革措施的出台，为深化企业改革创造了大好时机，我们要抓住这个时机，在企业改革上加大力度，在配套改革中深化企业改革。

二是要认真学习宣传这几大体制改革的内容，要点面结合地做好培训工作。要利用广播、报纸和电视等宣传工具广泛宣传几项重大改革的基本内容和精神实质，形成有利于改革，有利于试点的舆论环境。一般群众不知道不行，工作骨干和领导干部不知道更不行。我们要举办各种形式的培训班，逐级培训，提高认识，转变观念，掌握改革方法，把广泛宣传和骨干培训结合起来。其中特别要重视企业领导干部的再学习，据《管理世界》调查，大多数工厂领导人是学理工的，有些厂长甚至还不清楚企业盈亏的具体情况，因此企业领导干部也确实存在进一步学习的问题。

三是要及时了解新情况，解决新问题。首先要把 1994 年、1995 年两年过渡期的有关政策运用好，做好过渡期各方面的工作，对国家采取的一些过渡办法，要积极执行。两年的时间不长，但很宝贵，要把这些政策用足用好。还有承包制向统一税制过渡的问题、实行资产经营责任制等问题，大家都要很好地研究。其次，在实行各项改革过程中，一定会有许多新情况、新问题，我们要及时了解，及时沟通，及时研究加以解决。我们要始终注意处理好企业改革与其他改革的关系，处理好改革、发展与稳定的关系，没有生产的发展，没有社会稳定，哪一项改革也不能顺利进行。

抓管理首先要更新观念

《企业管理》杂志 1995 年

企业工作中有两个现象值得思索。第一，几乎没有一个厂长（经理）不希望把自己所在的企业搞好，但结果有些搞得好，有些搞得不好，搞得不好的当中，有的企业领导对搞得好的企业的经验并不甚有兴趣。第二，再好的经济环境和外部条件，也有濒临倒闭的企业；再差的经济环境和外部条件，也有蓬勃向上的企业。搞得好的企业经常是说"自身"，搞得不好的企业往往是怨"别人"。

这其间奥秘何在？在计划经济体制向市场经济体制过渡阶段，原因复杂，难于一言以蔽之。但正反经验证明有一点是共同的，那就是抓不抓和善于不善于抓内部管理结果会大不一样。许多困难企业的厂长（经理）也许不同意这个看法："我怎么不重视管理，我怎么不会抓管理？"从表面上看这反诘有理，哪个厂长不知道管理重要，现在经验满天飞，耳濡目染也知道几个招数。其实，这里有一个抓管理是否首先更新了观念的问题。我们不妨从以下五个方面进行分析。

敢不敢自立自强

市场经济是竞争经济。企业改革要实现企业自主经营、自负盈亏、自我约束、自我发展，目的是适应竞争需要，"四自"就是要自立自强。许多企业用好用足《转机条例》赋予的 14 项经营自主权和财会制度"两则"赋予的理财权，以及《监管条例》赋予的法人财产权，独立自主地依法经营，照章纳税，大步走向国内国际市场，经济效益节节提升。有些企业面临市场这个海洋却畏首畏尾、浅尝辄止，凡事想到找"市长"，总觉得政府这棵"大树"好乘凉。明明产品滞销，他们也还要按政府部门的口头指令继续生产，错误地认为这样做会令上级满意、会让职工有活干，这是企业资金短缺、相互拖欠、效益不高的重要原因之一。更有甚者，据有关部门对一些厂长的测试结果，不少人对本企业产品生产情况清楚，对经济效益基本情况却不了解，有的连何谓增值税都答不上来。

企业参与竞争，必须树立市场观念、竞争观念、人才观念、法制观念，加强企业管理，但最基本的是企业要有自立自强的精神状态和思想观念。有了这个观念，其他观念才立得起来；有了这个观念，才会把企业改革中国家赋予的经营权用好用足，才能摆脱企业管理是政府"要我管"的阴影，增加"我要管"的紧迫感。现实一点说，只有转换了机制，自立自强，企业自身才会对其他企业的管理经验感兴趣，才能学得进去。

会不会自己对症吃药

抓好企业管理的主体在企业自身。现在搞好企业管理的经验材料不可谓不多，有的讲弄清市场最重要，有的讲领导班子最关键，有的讲开发新产品是出路，有的讲基础管理不能削弱，有的讲依靠职工是基础，等等。别人的成功之道如何为我所用？首先要自己给自己看病，弄清症结（当然有时旁观者清，请别人帮助诊断也是有效的），然后对症开药方（要与改革相结合，开一些新药），抓药，真正把它吃下去。即便一个企业"浑身是病"，也应分清轻重缓急，排出先后，不宜猛药齐下，否则可能欲速不达。

有的困难企业说，现在我知道"病"在何处，开药方也不难，愁的是没钱抓药。这话说对了一半。我们知道，一个企业搞不好，原因无非是外部条件和内部因素两个方面。就主要外部条件来说，企业一般难有作为，目前深化改革、扩大开放就是在解决这个问题，企业要积极配合。但是，内部的管理搞得好不好，主动权基本都在企业手里，就像个人患了感冒，对气候的冷暖变化无法改变，但增减衣服、及时吃药是可以做到的。这些治病的药并不要花多少钱，相反，管理出质量，管理出效益却是实实在在的效果。

是不是见诸行动

加强企业管理，把"药"真正吃下去是关键。再好的把式不练不行，再对症的药不吃不会有效。现在有的企业看别的企业搞得好、出经验，心里既羡慕又不大服气（如果是像赛场上那种不服输的竞争心理，那么应是件好事情），总觉得人家那两下子我也知道。就管理办法来讲，你知道那两下子是事实，但是了解了不等于理解了，理解了不等于实践了，关键是实践，是见诸行动，在实践中也会加深理解，甚至会青出于蓝而胜于蓝，创造出自己的经验。退一步讲，一个企业一个月乃至半年采取个实实在在的管理改进办法也是好的，"不怕慢，就怕站"，日积月累就会见效。但有的企业至今还在等待，等减税让利少负担，等涨价机会，"一口吃个胖子"，不大想"抓管理、练内功"。这种等就是在坐等船漏，等来等去，时光流逝，机会错过，漏洞越等越大，难免有一天在竞争风浪中沉了船。

另外，见诸行动不能搞形式主义。如果说过去搞形式是为了应付上级检查评比，可能还有点用，现在搞形式主义则只能是糊弄自己。搞花架子没有用，又费时力，何苦做此无效劳动。莫不如下苦功而见实效。

能不能持之以恒

练内功"不在三更五鼓，就怕一曝十寒"。企业不要奢求轰轰烈烈抓一阵子之后管理面貌就会大变，管理水平就能上个新台阶。一般来说，这个奇迹是不会出现的。重要的是，企业要持之以恒地抓下去，一步一个脚印、一步一个台阶。对一些企业来讲，有的管理混乱，现场脏乱差问题都没有解决；有的管理工作达不到本企业历史最好水平，现实的目标就是先解决这些问题。提高本企业的管理水平，应制订一个规划。一般可分为四个阶段性目标：一是达到本企业历史最好水平；二是达到国内同行业最好水平；三是达到全国最好水平；四是努力达到国际上同行业最好水平。不同管理基础的企业起步目标不同，实现目标的时限可以不同。有一点是共同的，那就是"常抓不懈，努力向上"。

之所以要持之以恒，因为提高企业管理水平是永无止境的。即使是发达国家中的世界知名企业，也在互相借鉴、探索不止。先是日本向美国学习，后是美国向日本学习，现在是互学互补。后起的韩国也提出了把"时间、空间、人、资源"纳入管理研究的范畴。再说，众所周知的管理诀窍，在不同企业家手里也能花样翻新，灵活运用。所以搞得好的企业也不能满足现状，高枕无忧，要不断学习，勇攀高枝。上海市一些搞得好的企业提出"危机战略""危机管理"就是值得倡导的做法。

搞没搞清"自己"是谁

抓管理，靠自己。提高企业管理水平，关键是领导班子要更新观念，真抓实干，领导班子中关键又看"一把手"的作用。但是，企业班子抓管理，这只是"自己"的一小部分，大头和基础在全体职工。一个人或几个人的智慧和能力是有限的，只是单枪匹马地干，也只能局限在个人或几个人的智慧和能力的小圈子里，总不如集体的智慧高，集体的能力强。我们常讲群众路线，办企业要全心全意依靠广大职工就是这个意思。先进的企业管理普遍实行"以人为本"的指导思想，因为真正的力量在于群众，职工中有极大的创造力。有的企业领导以为搞"个人说了算"是落实责任制，这是极大的误解。这样做也许在一个时期内见效，但断不能持久。

厂长（经理）和领导班子"自己"重视管理，敢于抓管理，与职工每个"自己"都参与抓管理、办企业是不矛盾的。领导正确的决策是从职工中来，到职工中去。正确的决策如果没有职工的了解、理解和落实，就是纸上谈兵。严格管理、从严治厂是社会化大生产的客观规律，广大职工完全理解"严是爱，松是害"的道理。只要处理好集权与分权的关系，建立严格的内部管理责任制，千斤重担众人挑，建立同舟共济的气氛和环境，职工也就会由"要我干"变成"我要干"，企业管理就有了扎实的基础。

目前，全国企业正广泛深入地开展"转机制、抓管理、练内功、增效益"活动。我们相信，只要企业领导解放思想，更新观念，这个活动一定能持久、扎实地开展下去，一定能进一步提高企业素质，为提高经济增长的质量和效益做出贡献。

不许用亏损和牺牲质量换取市场 *

——访国家轻工业局副局长朱焘

新华社记者丁坚铭,北京 9 月 10 日电

今年(1998 年)以来,受需求不足等因素的制约,企业产品销售不畅。为争夺市场,不少企业采用竞相压价的手段进行恶性竞争,造成相当多的企业亏损。对此,国家轻工业局副局长朱焘日前在接受记者采访时强调,企业不管有什么理由和目的,都不允许用亏损换取市场,用牺牲质量来换取市场。

据朱焘介绍,改革开放以来,我国轻工业发展迅速,轻工产品无论是总量和品种都有了较大增长,基本满足了人民群众的生活需求。但近几年,轻工行业也出现了一些问题,由于重复建设严重等原因,绝大多数轻工产品已供过于求,不少轻工企业出于市场竞争的考虑,竞相压价销售,不少企业用亏损价、"跳楼价"推销产品,企业相互间的竞争已由无序发展到过度甚至恶性竞争的地步。

朱焘指出,企业间相互压价竞销带来的危害十分严重,它直接导致了轻工企业经济效益的下滑。

朱焘指出,企业间竞相压价销售,不仅不利于企业的正常生产经营,还影响到企业的生存与发展,使企业无能力开发新产品。例如,我国指甲钳行业的产品销售价 1993 年为每打 16.86 元,到今年这一价格已降为每打 9 元,最低时甚至降到了每打 4.8 元,这导致大部分企业亏损、停产。

压价竞销还导致一些产品质量下降,造成资源浪费并损害消费者的利益。朱焘说,压价竞销造成了行业平均利润水平的降低,赢利机会减少,企业为维持正常生产和进入行业竞争领域,必然千方百计降低生产成本,有些在原材料选配等方面消减支出,从而使产品质量降低。

---

* 在轻工探索行业管理时,应对市场经济竞争中出现的无序、盲目性等问题,应该、可以做些什么?是个值得研究的问题。我还兼任中国轻工企业管理协会会长,著文较多,这里只选这一篇作为这段工作的一个标记。

　　朱镕基认为，目前出现的企业竞相压价销售从表面看是因为产品供大于求，实质上，它涉及一系列深层次的矛盾：宏观调控不力导致低水平、盲目重复建设，产品结构与市场需求严重不适应；企业竞争环境不平等，一些规模不合理、技术水平低、产品质量差的企业因多种原因，该调整时却不能被调整和淘汰；执法不严和地方保护主义使假冒伪劣产品冲击市场，扰乱正常市场秩序；企业改革滞后，制约企业主动适应市场、开发新产品、调整结构的积极性等。

　　不过，朱镕基强调指出，企业无论有多少种理由，都不能用亏损来换取市场，不能用牺牲质量来换取市场。他说，企业不讲商业道德，不讲职业道德，不顾企业信誉，竞相压价销售，得利忘义，以为可以用降价来打倒竞争对手，自己当老大，实际上这是做不到的，结果只会害人害己，两败俱伤。

　　朱镕基希望广大轻工企业要充分认识压价竞销的危害，企业间的竞争要从目前主要以价格竞争为主尽快走到以质量竞争为主的道路上来；要通过调整结构，向名牌产品靠拢，实现跨地区、跨行业的联合、兼并，该破产的要破产，还应加速进行技术改造，使产品上水平、上档次等手段，增强自身产品的竞争力。朱镕基说，企业只有用高质量的产品、最优质的服务，才能最终占领市场，成为市场真正的强者。

　　据悉，为维护公平、公开、合法的市场竞争和正常的价格秩序，维护国家利益，保护经营者和消费者的合法权益，国家轻工业局最近已和有关协会一起开始组织新闻纸、制糖、洗衣粉、自行车、电池等行业制定自律价，实行限产保价；对违反自律规定的企业，将按有关规定对其进行惩罚和制裁。同时，为鼓励企业生产优质产品，创名牌，国家轻工业局还将在家电和自行车行业进行"优质优价"的试点。

当好国有资产"守护人"

——访国务院国资委重点大型企业监事会^①主席朱焘

《中华英才》杂志记者（2005 年第 10 期）（节选）

日前，记者采访全国政协委员、国务院国资委重点大型企业监事会主席朱焘时，被他儒雅的气质、睿智的谈吐所吸引。早年毕业于北京大学化学系的他，思维中饱有浓郁的理性元素，同时也显出很强的感性色彩。朱焘曾在原国家航空工业部，在国家经委、计委、经贸委、轻工总会等部门任要职，还曾担任过国家企业管理局局长职务。从企业基层到国家部委的任职阅历，为朱焘多次参与国企改革的各项工作提供了宝贵的第一手资讯。

谈到国企改革、国资监管，朱焘感慨颇多："我经历中国改革开放 25 年，尤其是国企改革与国资监管，这方面的思考如果整理出来，怕是几十万字也写不完。"

国企改革：国资监管是重头戏

"组建国资委是一大创举，这也是中国改革的必然产物。它对深化改革、促进发展、保持社会安定和谐都有很大作用。"朱焘谈起国资监管工作，他的话语中显现着强烈的使命感与责任心。

朱焘说："国企如何完成改制，如何进行监管，表面看来是企业的事，其实是全社会的事，这从'郎顾之争'可以略见一斑。正是在改革'深水区'的推进与突破，无论是取得的成绩还是存在的问题，特别是暴露出的问题，对社会各方的触动及其反应才会如此强烈和普遍。"

他回顾国资监管的每一个进程，感慨万千："企业监督是一个世界性难题。"如果说法人治理结构是个难题的话，那监事会就是难中之难。在我国 20 世纪 90 年代初，许多机关的局、处长都兼任过国有企业的监事会主席，这是外监。内监当时也比较普遍，监事会主席大多

---

① 到 2018 年 3 月，"外派监事会"运作了十八年（我在其中工作了六年），现已"转隶"合并到审计署。但这个探索、做法还是起到了一定作用，也取得了一些经验。

由国有企业的党委副书记、纪委书记、工会主席来兼任。国际上监事会的形式也是多种多样的。所有制基础、法律体系不同，监事会的设置往往也有不同。但他估计，一半以上的监事会不起作用，有80%的股东大会不起作用，包括美国在内。从法律上来说，股东大会是权力机构，董事会是决策机构，经理层是执行机构，监事会是监督机构，讲起来很好，很全面，但执行起来很难。什么样的监督方式最有效？没有放之四海而皆准的监督形式。朱镕说，对中央企业的监管，1998年我们实行稽查特派员制度，2000年转变成由监事会监管，出台了相应的法规。监事会现由国资委代表国务院派出。它是外派的、独立的，又是专业的。"专业"就是说现在的派出人员是专职的，不像过去由政府官员兼任某个企业的监事会主席。应该说，我们的外派监事会是一种经过探索的、目前看是比较有效的监督方式。监事会至少起到了三个作用。第一，出资人过去只是看企业上报的材料，现在多了一个渠道，这个渠道是独立的，信息量增加了，真实性也增加了。第二，企业负责人的廉洁自律意识增加了。监事会在那里看着他们，有威慑力。第三，促使企业重视财务管理。企业是要创造财富的，要对资本保值增值的，否则出资人为什么要出资？

谈到监管所取得的成就，朱镕说："具体而言，从1998年到2003年，国有企业数量大概减少了40%，但净资产增长了60%，利润增加了20%，近两年增长更多。而且，从177家中央企业来看，我们查出的问题多数是1998年前发生的，而且发生的案件正逐步减少。当然，企业的发展和效益是企业拼搏出来的，但监管也有一份贡献。监管也不是我们一家，这是各方面共同努力的结果。世界上没有一种药包治百病。改制一定要进行，监管也必须步步跟进，而且要不断完善，走向规范化、制度化，把激励机制和约束机制结合起来，因为'权力不受监督和制约必然导致滥用和腐败'。"

和谐监管：呼吁诚信至上原则

朱镕在工作之余，常写些哲理性强、耐人寻味的杂文，许多都是呼吁和谐与诚信的主题。比如在《"赛"胜于"战"》一文中，他主张不要把商场比作战场，而应比作赛场，其间有这样的描写：

　　"'甲A'再战，烽火四起""'首战必胜'之誓言，屡败屡战颇壮烈""简直是狼烟滚滚，鼓角声声，一番厮杀的图景"，其实这些都是形容词，讲的是体育比赛。在经济发展、企业竞争上，也早有"商场即战场"之说，于是言"三十六计"者有之，效《三国演义》者有之，似乎真的是兵戎相见、势不两立、你死我活，一派古战场的再现……而诸如"借刀杀人""无中生有"之谋，"美人""反间"之计，则断不可用于竞争同行身上。现在有些不法分子以"瞒天过海""金蝉脱壳"的手段，大搞走私、逃税，制造贩卖假冒伪劣产品，不但为人所不齿，且属国家严厉打击之列……

　　朱泰认为在国企转制与监管过程中上述情况也时有发生。这就要求企业特别是领导班子要提高自身综合素质，遵守市场竞争的游戏规则。不过，正如人无完人，对一个企业也不要苛求完美，比如十个决策，能有八个是正确，或基本正确，就算不错了。他强调国资监管也要讲和谐，讲求实事求是原则。他分析说，国有资产流失可分无意、随意和有意三种。"无意流失"包括规章制度不健全，企业各项管理乏力，对国家新的规定不熟悉等问题。根据所查情况看，无意的居多。"随意流失"包括决策随意、投资随意、不把钱当钱花、滥用权力。"有意流失"，即明知故犯。比如，现在的公司级别有很多，有子公司、孙公司，最多的有七级公司，这七级公司又横向发展，后来生出的很多小公司没有业务报表，这就形成了账外资产，蓄意隐瞒。

　　朱泰分析，从我们掌握的情况看，目前小金库、长期挂账较多。当然，搞贪污盗窃等，那是蓄意犯罪，是最不应该有的、最不能容忍的流失。对于无意、随意造成国有资产流失问题，我们本着与人为善的态度，提示企业要整改；对于蓄意制造流失，就要对其进行揭露、惩治了。不过，监管和制约都不能替代企业自我约束。比如执行制度打折扣，按程序办事搞成走过场，这怎么解决？他说："不监管不行，光靠监管也不行，防止权力腐败和滥用应以预防为主。小而论之，在于企业要讲诚信；大而论之，在于加强整个社会的诚信建设。"

监管论衡：监事会工作如何评说

记者（以下简称记）：美国国会在安然事件后有新法律规定，要求CEO在会计报表上签字，要求诚信承诺。您怎样看待这一点？

朱煮（以下简称朱）：原来的中央企业工委就曾规定，企业总经理必须在企业填报材料的第一页上签字，保证材料是真实的。开始许多经理不敢签字，为什么？因为他心中没数。有的经理实事求是，材料上列了七八项信息填报承诺，他把其中某一条或两条勾掉了，表明这两条他心中没数，不敢保证，然后才签字。

记：请问监事会主要检查范围有哪些？具体如何分工？

朱：我们检查的范围以财务为核心，主要看企业有没有依法依规来经营。依法就是依照国家的法律经营，依规就是按照内部的规定制度经营，还要对班子、管理进行评价。分工有，但是比较粗。我们现有42位主席，分别领导59个监事会。一个监事会五六个人要监督几家企业，分工太细是不可能的。通常分组，比如两个人一组着重检查一个子公司，另外聘请会计师事务所的人员，费用由监事会承担。每个企业还有2名职工代表做兼职监事。应该说，我们的监督成本很低，但效率很高。

记：监事会是监督机构，那么如何约束监事工作人员自己的行为呢？

朱：当然有严格的要求。第一，监事会代表出资人来监督，不参与、不干预企业的经营。当时朱镕基总理要求我们只带眼睛、耳朵，不带嘴巴，不对企业讲任何意见。第二，有廉政方面的严格要求，原则是不拿企业一分钱，所有的监督经费都由监事会自己出。吃住行都有严格的要求，有严格的经费限制。比如，在企业食堂吃饭，每天有伙食标准；住工厂的招待所，以方便工作，要求很严格，但是我们确实做到了。当然我们也有权力，可以参加任何会议，调任何材料，找任何人谈话。还有很多其他严格要求，比如实行回避制度。我原来是轻工系统的，那我就不能监督轻工企业。

记：请问如何来监督、评价监事会呢？

朱：企业也问过我们这个问题。我对企业说："监督我们的主要是你们企业。我们的制度是公开的，举报电话是公开的，我们如果违反纪律，欢迎大家举报。"至于怎么评价监事会的工作业绩就比较难了。朱镕基总理曾说过，建议下届政府给监事会奖励，他们的监督工作发现了那么多问题，"效益"很高。但是怎么奖励？你多抓一个腐败分子，多发现问题，是不是就一定表明你的工作做得好？这很难说。所以我们经常对工作人员讲，我们要有奉献精神。

记：请您谈谈目前的监管制度还有哪些不够完善、需要进一步改进的地方？

朱：改进是一个渐进的过程。比如我刚才提的"不带嘴巴"，企业提意见说，监事会的人来了，一点儿意见都不发表，他们觉得不理解。后来领导就规定，可以适当讲一些，但必须把意见写成书面文字。和企业一把手交换意见时，讲的要是管理上的问题，不能讲揭露的问题。曾有一家企业的总经理上任后搞机构重组，准备把审计和财务合并。审计部门的人就找到我，反映这个问题。我对他没表示意见，但事后找到那位总经理进行了沟通，建议审计部门不但不能去掉，而且要加强。大企业的内审是很重要的，他们对内部情况更了解，但是他们的权威性不如我们，所以双方可以配合。后来证明，内审保留后效果很好。

监事会只负责发现问题，将监督报告往上送，提出建议，但是不负责落实。其中，重中之重的53家企业（如中石化、中石油）的监督报告上交国务院，其他的交给国资委处理。

委机关工作的八个关系 *

《经贸委通讯》第 42 期　1994 年 5 月 13 日

国家经贸委办公厅

编者按：这是朱镕同志在办公厅处长学习会上的一个讲话材料，许多内容虽是针对办公厅工作说的，但对委机关建设和各司局工作也会有启发。日前，忠禹同志批示在委内刊物转发这个材料，并要求"提倡司局长同志亲自动手，思考问题，写出文章，提出建议"。现刊载如下，供大家参考。

国家经贸委"三定"方案确定后，机关工作要在 1993 年取得很大成绩的基础上有所前进和提高，逐步实现规范化、制度化、科学化，达到"态度好、服务好、廉政好"的目标，须在委党组领导下，注意处理好工作方法方面的八个关系。办公厅是为委机关工作服务、协调的部门，更应注意这个问题。

一　当前和长远的关系

我委是"国务院管理国民经济和协调当前经济运行的综合部门"，这决定了我们日常工作量是很大的，有些还很具体；对办公厅来说，有些甚至是琐碎的。只有认真地、兢兢业业地做好这些工作，才能为保证国民经济持续、快速、健康地发展做出应有的贡献。对此，不能有任何埋怨和懈怠。

但是若无远虑，必有近忧。要从"近忧"想到该"远虑"些什么，从"远虑"研究如何更好地解决"近忧"。

所谓"长远"，可分三类：一是工作要有"滚动"式安排，这个月要想到下个月，上半年要想到下半年，今年要想到明年，不能只顾眼前，碰到什么抓什么；二是工作手段上，不能固守过去的老经验、老办法，而要考虑如何转变职能，努力学会用经济手段、法律手段并辅

---

* 此篇实际上是我任国家经委、计委、经贸委三个委办公厅主任时的一点体会。

之必要的行政手段来做好经贸工作；三是要在计划经济体制向市场经济体制转变的过程中，谋划我委将来的、有特色的机关框架，同时更好地找准现在的工作位置。

就现在目光所及，无论当前还是长远，我委工作必须主要是扎根于企业，服务于企业（但应明确这里的"企业"一般是指整体意义上的而不是单个概念上的企业），以企业工作为中心；必须联合国务院有关部委，发挥各地经贸委的作用，共同做好企业工作，做好经济运行的综合协调工作。

二　重点和一般的关系

我委实际工作不但量大，而且"眉毛、胡子"都搅在一起，加之现在各种会议、邀请、应酬、接待甚多，显得日复一日，日苦其短。这种"眉毛胡子一把抓"的局面必须避免和改变。要在兼顾一般（有些也可婉谢而不顾）的同时，集中力量，抓住重点，真正抓出实效来。现在每月也就是二十四五个工作日，要科学地安排好，否则，就可能平时工作忙忙乎乎，年终回头一看，留下的"脚印"不多，只能叹息。

委党组确定的1994年十项重点工作，我们必须组织全委力量，下大力气抓好。每项工作都要有计划、有进度安排、有阶段性成果、有具体措施，都要建立责任制，有督促、检查。

办公厅直至每个处室，在工作中都要分清事情的轻重缓急，明确自己的工作重点。

三　热与冷的关系

一个单位、一个人的工作不能总是处于"热"甚至"过热"状态，必须间或以"冷"，冷静地思考、研究、总结些问题。比如全委在年中和年末，请委领导将司局长以上干部集中三四天，让大家冷静地反思前一阶段工作，研究下一步部署，这是可以考虑的；一个司局每个月用两三天时间集中研究几个问题，也有必要；我们大家每天用十几分钟、半个小时冷静地回顾一下自己一天的工作，也会很有收获。

对全委来说，也不能都"热"在第一线上，研究室、经研中心等应是相对"冷"的单位，要冷静地研究一些大问题，不时吹点"清新之风"。

我们担负的责任重，绝不可"情况不明决心大，心中无数办法多"。为此，我们不但要注重调查，还要同时注重研究，下到基层、企业是调查的主要形式，但对案头上的信息资料的"调查"、对接待来访人员的"调查"也不可忽视，这还是省时、省钱的调查。后两种的"调查"，我们办公厅有优势。现在的倾向是研究得不够，在通过各种途径获得各种信息资料后，要花时间静下心来加以分析研究，善于从数据、从典型中发现问题，从分析中找出解决问题的办法。

四　分工与合作的关系

国家机关的一个单位必须在整体规划下明确自己的职能，不然就会打乱仗；但任何一个单位的职能都不是孤立的，尤其是国家经贸委这样的综合部门及内部的厅司局、处室。因此，我们必须在分工的基础上加强合作。这就是现代化管理中的"整分合"原则。

前提是我们要从思想认识上摆正全局与局部的位置。我们的立足点应从全国、全局来考虑和协调问题，尽量兼顾局部利益，避免扯皮。与委外的有关单位免不了要常打交道，这要求我们顾大局、识大体，谦虚谨慎，遇事多商量。属于我委主办的事，我们要诚心听取意见；属于其他部委主办的事，我们要认真提出看法，对有关综合部门如此，对有关专业部门也应如此。委内有的工作也不是一个司局能办好的，须注意与有关司局合作。至于处室之间、同事之间更应建立相互信任、团结合作的关系。这样，既可发挥群体合力、整体优势，也是对兄弟单位、对同事的尊重。

委托工经协会、企管协会等事业单位，以及一些研究部门为我们承担一些任务，也是一种合作，而且是更重要的合作。

五　责任制与责任心的关系

为使机关正常有序地运转，我们必须制定和执行一系列规章制度，如一般工作规则、会议制度、公文处理制度、反腐倡廉制度、请销假制度、后勤工作制度、人事考核制度等，包括党和国家制定的法律、法规和制度等，每个单位和个人都应认真贯彻执行。这方面，我委作为一个新建单位还有许多工作要做。

制定出制度是重要的，更重要的是执行，不能有法不依、有章不循。为此，还要辅之以责任制。我委司局实行的是司局长负责制，我们各级正职领导（包括明确主持工作的副职）应对本单位工作全面负责，出了问题不可"上推下卸"。对某个方面的工作或在布置一项具体工作时，除了有明确的指示意见外，还应明确责任者；确定的责任者应确实负起责任来，是上级主要的检查对象。

贯彻好责任制，必须要有责任心。责任心就是通常说的事业心。有了责任心，才能贯彻好责任制，还可以弥补责任制的不足。对某些暂时职责不清、又需急办的"交办事项"，有时也可"先办事、后分工"。每个公务员都应有为党和国家的利益而努力工作的责任心。是否具有责任心，能否执行好责任制，应是考核公务员的重要内容之一。

六　工作与学习的关系

身居国家经贸委这样重要的综合部门，每个干部都需要不断学习，提高思想、业务素质，在计划经济体制向市场经济体制过渡中，更需要及时更新知识，充实自己。学习的目的在于提高工作水平，而不在于"升学历"。没有永远的教室，只有无尽的学习，是每个同志特别是办公厅同志必须引起警觉并付诸行动的一件大事。"以其昏昏，使人昭昭"的现象不得出现，这是最低的要求。

工作与学习是统一的，但在时间、精力安排上有时会有矛盾。机关干部的学习形式主要是自学，除了自己挤时间自学外，到基层调查研究，向群众学习也是自学的重要形式。委机关组织的各类培训是学习的必要补充，要按计划、有步骤地进行。当工作与学习发生冲突时，我们应服从工作需要。

七　领导与被领导的关系

我委的干部都要接受别人领导，同时大部分也在领导别人。首先，我委是在党中央、国务院领导下工作的，全体同志都必须坚定不移地贯彻党和国家的法律、法规和方针、政策，工作要有原则性，不能违法乱纪。对委党组和委领导的决定，大家都必须认真贯彻执行，不能各行其是，否则全委就会松散无序，失去战斗力。司局是我委工作的基本单位，全委工作好不好，在很大程度上取决于各司局作用发挥得如何。而各司局的工作好不好，关键在于司局长是否敢于管理、善于管理，能否以身作则并调动每个人的积极性。"一个行动胜过一打纲领"，这句话很有道理。

对每个干部来说，作为领导，要善于团结同志，发挥大家的积极性；要善于发扬民主，正确集中大家的意见；要以身作则，严于律己，经常和大家沟通思想，不可有家长式工作作风。作为被领导，要善于领会上级意图，执行上级指示，严格请示、汇报制度，不可言行相悖。这些对我们办公厅同志来说尤为重要。

值得强调的是，不论是作为领导还是被领导，都要在党和国家路线、方针的指导下，主动地、创造性地工作。

八　质量和效率的关系

我委工作能否在原有基础上再前进一步、提高一步，能否为改革、发展和稳定做出应有贡献，说到底是表现在工作能否高质量和高效率地完成上。这也是衡量每个单位工作水平的基本标准。

要提高工作质量和工作效率，做到以下六方面很有必要。第一，每个干部都要有"三会"基本功，即会出主意、会办事、会写文章。打电话这件看起来很简单的事情，也不是所有人都办得好的。要起草好文件、拟订好法规等就更需要下一番功夫了。第二，全委和各司局都应有一套完整的工作规则和制度，并有效地实行它们，做到人人有专责、事事有人办、办事有准则、事后有检查。第三，要有良好的精神面貌和工作作风。待人接物要热情、谦虚、诚恳；办事要雷厉风行，令行禁止，不推诿，不扯皮。当天的事情当天办结，能处理完的工作不要拖到第二天、第三天。明天的事和一周内的事有预安排，工作有条不紊。第四，党组织发挥作用，思想工作活跃，遇到矛盾一般不上交。机关工作人员更要提倡"奉献"精神，不能见利忘义，见异思迁。第五，有一套准确、迅速、完整的信息系统，逐步提高办公自动化程度。第六，有较好的后勤保障系统，减少干部的后顾之忧。

质量和效率如果发生矛盾，一般要服从质量。

工作质量和工作效率应作为考核干部的主要内容。考核干部应按照中央要求，建立具体的考核办法，严格、全面、公正、公开地进行，以促进机关工作质量和工作效率的提高。

机关工作有许多关系要正确处理，以上只列八条，供参考。

关于我国应大力发展工业设计的建议
——呈送温家宝总理的报告

尊敬的温总理：

您好！我萌生并提起勇气给您写这封信，是因为我学习了您2006年11月13日《同文学艺术家谈心》的讲话。其中，您讲到去看望钱学森先生，"他说，现在的学校为什么培养不出杰出的人才？然后，他就很有感触地说到科学与艺术的结合"。其实，钱老的这个重要看法由来已久，早在1987年10月他在中国工业设计协会成立大会上就说过："工业设计是综合了工业产品的技术功能设计和外形美术设计，所以是自然科学技术和社会科学、哲学、美学的汇合。"并说："中国工业设计协会所从事的工作是属于我国社会主义物质文明建设和精神文明建设的大事。"作为中国工业设计协会第三任理事长，我虽然想到总理工作太忙，但犹豫再三还是提笔冒昧打扰，还写得较长，请多原谅。

应该说，我们国家领导人对工业设计是重视的。1979年，经当时的领导人李先念、方毅同志批准，成立了"中国工业美术协会"，1987年为与国际接轨更名为中国工业设计协会。2002年4月，时任副总理的邦国同志曾对协会的报告批示："工业设计是将产品技术设计与外观设计结合起来，不仅要确保产品的技术功能，而且要给人以美的享受。这方面我与国外先进企业差距很大，应予重视，否则会影响我产品竞争力。"薄一波、王光英、倪志福、钱昌照、陈锦华、路甬祥以及吕东、袁宝华等同志都有相关批示、题词和讲话。20多年来，我国工业设计事业有了很大发展：大专院校设计类学科增加了10多倍；涌现了海尔、联想、华旗等一批重视工业设计并取得卓越成效的企业；北京、上海、广州、深圳、青岛、无锡、东莞、宁波等城市开展活动较多并把工业设计列入"十一五"发展的重要产业。

但是，我国工业设计至今可以说还处于起步阶段，与发达国家相比差距很大。不比创新能力和产品更新换代，就比政府部门对工业设计的重视程度，我们还难以望其项背。他们政府部门在工业化过程中重视工业设计，在后工业化时期直至现在仍然重视。比如英国设有国家设计委员会，前首相撒切尔夫人说过："英国可以没有首相，但不能没有设计师。"现任英国首相布莱尔也多次倡导工业设计。韩国产业资源部下设机构设计振兴院，每年国拨资金相当于3亿多元人民币用于工业设计的示范、交流、评选等活动，每年评选总统大奖。1998年，韩国总统金大中与英国首相布莱尔共同发表颇有影响的"21世纪设计时代宣言"。日本通产省内设立设计政策办公室，下设产业设计振兴会协助其工作，确定每年的10月1日为"日本设计日"，颁发国家级"优秀设计奖"。美国联邦机构内设有国内设计部，前总统克林顿1992年提出了"设计美国"的战略口号。德国、芬兰、新加坡等政府部门都对工业设计有许多具体的扶持政策。发达国家和地区政府现在仍然把发展工业设计视为国策，出政策、出资金扶持工业设计，充分说明它在创新中的重要地位和作用。我国尚处于工业化、市场化过程中，各级政府更应该对工业设计给予足够的重视和支持。

企业是发展工业设计的主体，同时必须得到政府部门的支持，而现在企业和政府部门对工业设计认识有三个偏差。

一是我国早有"设计"。我国确有传统的工艺产品，新中国成立后在许多工科大学里有各类设计学科，社会上有各类设计院，但这些与20世纪70年代从西方引进的工业设计概念有很大差异。传统工艺产品值得我们骄傲和发扬，属工业设计前的民间创造，原有各类设计大多属工程一类的设计。与工业化伴生的工业设计主要指批量生产的产品，它融合自然科学与社会科学，综合技术、艺术、人文、环境和市场营销等因素，经过创新开发，使工业产品的性能、结构和外观相协调，确保产品的技术功能，并给人以美的享受，不断满足和提升消费者物质与精神的需求。

二是只讲外观设计。工业设计的初级阶段是这样的，现在只是其中一个重要方面，我国目前设计教育中也存在只讲艺术设计的问题。但如今的工业设计，强调人性化、个性化，强调人与环境、生态和谐共生，已从产品综合设计扩展到形象设计、展示设计、服装设计、平面设计、环境设计、商业设计等甚至包括城建设计，以解决千城一面的问题。

三是只重视技术开发。现在企业讲自主创新，大多着力技术水平的提升。我国企业迫切需要拥有自主知识产权的核心技术，其重要性自不待言。但同时我们不应该小视甚至忽视工业设计这个自主创新的中心和技术创新的载体。工业设计主要靠知识和智慧进行集成创新，它采用现有的成熟的技术，相对来说投资少、周期短、风险小。据美国设计师联合会调查，美国宝洁公司1990年在工业设计上投入1美元可以取得2500美元的销售收入。即使新的技术成果出现后，也和现有技术成果一样，只有通过设计这个中心环节，才能转化为市场需要的新产品。再者，工业设计反过来也会向技术开发提出需求，促进技术进步。小到手机，大到汽车，莫不如此。

综上，工业设计不仅属于产业，还属于社会文化。它体现了科学与艺术的结合，是知识经济的典型形式。我们现在讲创自己的品牌，但用自己的技术，没有自己的设计，创造不出品牌；而即使用外国的技术，但是用自己的设计，也可以创造出品牌来。因此，工业设计是企业经营的一个核心因素。我国企业从打数量战，到质量战，再到价格战，现在应该在科学发展观的指引下打设计战。

我是第十届全国政协委员，曾在国家经委、计委、经贸委及航空工业部、轻工总会（任副会长）工作过，任过这三个委的办公厅主任，还任过经贸委企业局局长，去年底从国资委监事会主席岗位上退下来了。讲此过程，是想说我在对宏观管理、企业管理均有所了解的前提下，认为工业设计在国家经济社会发展中确实可以起到重要作用。尤其在落实党中央、国务院提出科学发展观，建设创新型、节约型、环境友好型国家的战略部署下，工业设计有着广阔的作为之地。为此，我提出如下三点建议和请求。

（一）国家发改委起草的"工业设计产业政策"尽快出台。国家发改委对工业设计是重视的，他们起草这个文件历时3年，但由于种种原因搁置至今。现在出台，亦逢其时。

（二）国家发改委内至少设一个处，专管推进工业设计产业。如果能同时在国家发改委下成立国家设计委员会则更好。

（三）在人事部设置的职称系列中加入"设计师"，以规范现在较为混乱的设计师评定，调动相关人员的积极性。

最后，我想引述杨振宁先生的一段话："21 世纪是工业设计的世纪，一个不重视工业设计的国家将成为明日的落伍者。"

以上报告不当之处，请总理指正，并恳切希望得到总理的批示。

中国工业设计协会理事长　朱焘 敬上

2007 年 2 月 12 日

改革开放中的中国设计

——在中国智造（深圳）·设计创新商年展上讲座实录（摘）

（2018年12月27日）

各位领导、各位新老朋友：

　　我今天很荣幸在这里坐下讲，组织者想得很周到。刚才主持人说我是中国改革开放的见证者，也是中国工业设计发展的见证人，还算比较准确。我待过的部门多，工业设计是我在轻工工作时兼任的会长工作，干了16年。

　　今天我讲的题目很大，但大题小做。我想了很长时间的一些所谓战略问题的话，感觉在中国第一个"设计之都"讲出来比较合适。

　　我们都知道，改革开放40周年了，40年取得的成绩、经验、教训，习近平总书记在纪念大会上讲得很多很好，确实是一场伟大的革命。这场伟大的"革命"，不但深刻改变了中国，而且深刻改变了世界。工业设计就是在这40年改革开放的大背景下、大潮流中被引进来的，所以工业设计在中国的发展也有40年了。

　　作为当过16年会长的"老兵"，又当了3年的战略咨询委员会主任，我想了一些事，今天给大家讲一讲。大家可能会问，我的题目为什么不是中国工业设计，而是中国设计？我后面会解释。中国工业设计的诞生比中国设计要晚得多，中国早有设计，早有制造，且世界领先。进入工业化时代后，英国率先提出了工业设计的理念，而我们比较系统地引进这个概念，是在1978年，到现在已经40年了。

　　如果有人问我，回顾改革开放40年，感受最深的是什么？对40年中国工业设计有什么体会？我觉得是八个字：解放思想，实事求是。大家回顾中国改革开放40年，伟大的开篇就是邓小平的重要讲话《解放思想，实事求是，团结一致向前看》。这一篇文章当时如春雷一般，驱散了阴霾，迎来了春风和百花盛开。

　　我觉得这八个字再过一百年也不过期，因为思想解放没有止境，这样才有改革，有创新，"实事求是"永远要做下去。不骄不躁，从实际出发，才能持久。我希望今天的讲话，大家记住这八个字就管用了。话说回来，工业设计 40 年里取得的成绩确实很大，我觉得有三大变化。

第一，从政府到企业（包括一些大型企业），全社会对工业设计的认知度大大提高，设计创新的自觉性大大加强。

第二，从工业产品到各类服务，工业设计的推广应用有了空前的效果。我们从新产品进入市场的占有来看，从产品在国内外获得的奖项来看，从各类设计活动生动活泼来看，效果都很明显。设计质量和信誉也在提高。

第三，工业设计的队伍壮大，前所未有。如今，工业设计类的在校学生数量为世界第一，从业人员数量为世界第一，这是多了不起的变化。我刚当会长的时候，也就是 20 年前，听介绍说韩国每年有 3 万名相关毕业生，羡慕得不得了，但现在我们的数量超过他们好多倍了。所以这个变化真大，例子很多，数据惊人。

从全国来说，从海尔到华为，从针头线脑到大型客机，工业设计渗透到生活、生产的方方面面，说明 40 年来工业设计的成绩和国民经济社会的发展一样，成果是辉煌的，是振奋人心的。所以，我们要好好地总结一下，以利于中国工业设计今后 10 年、40 年的发展。

下面我主要从战略的角度简单讲一些问题，顺便讲一些想法，希望给大家议论时一些启发，是真正意义上的抛砖引玉，一共八个问题。

第一，工业设计的定义问题。工业设计的定义不断与时俱进，国际对其定义已进行了四五次修改，最新一次是 2015 年，我们也一直在对其进行研究。不研究不行，不研究对我们会有很大影响。到底什么叫工业设计？我们在讨论 11 个部门对工业设计的指导意见的时候，争论时间最长的就是定义问题，就这样，这个问题到了工信部部长那里，他认为不大明白。争论很长时间怎么办？上午讲话的朱宏任当时就分管这项工作。我说不要再争论了，尽快把文件发下去，有争论以后再争，现在求同存异，关键是尽快把文件发下去。你们知道我的心思是什么？有了总理批示"要高度重视工业设计"，有这 11 个部门发出的文件，有3个"五年规划"把工业设计写进去，有两次政府工作报告把工业设计写进去，有这么几样东西，工业设计就被提高到国家战略的高度了。我们的工业设计就有地位了，有了地位，想干的事情就容易了，就可能从卡拉OK厅去人民大会堂演出了。所以工业设计很快在全国产生了很大的推动作用。

时至今日，我们对工业设计的理解还是要进一步研究。我觉得突出问题，是工业设计与技术设计、工程设计、传统工艺设计的关系。我看它们之间一点都不矛盾，只有差异，没有矛盾。我们不要把什么都看成矛盾，矛盾是对立的，差异可以是平行的。我们工业设计和这些设计有差异，但不是有矛盾的，是可以融合发展的，可以互通的。我在中国商飞讲了这个以后，工业设计所和大飞机的设计院融合发展的问题已经小有进展，董事长特别重视这件事。我在很早以前也跟路甬祥副委员长有过对话，他曾是中国科学院院长，非常重视工业设计。我们对话中讲到两个要融合发展，但是如何融合发展是个重要问题，我们要进一步地研究。我总的感觉是，我们的大旗子就是中国设计，我们要举这个大旗，大旗下面可以有小旗子，小旗子上面写什么设计都行，大旗子就是中国设计。这个可不可以呢？我觉得会有共识，特别是会有共同的价值观。在这个前提下，各有特色，融合发展，共同弥补中国设计的短板，共同为中国经济高质量的可持续发展做贡献。但是，由于工业设计有"综合、集成、系统"的理念和特点，我认为其应对各项设计起牵头、引领的作用。

第二，以人为本问题。 搞设计也经常讲以人为本，当然是对的，但是什么叫以人为本？中央领导都讲以人为本。我们讲以人为本是什么意思？我觉得，不能理解成一切为了人，作为搞工业设计的来说，不要忘了你的家，小家是中国，大家是地球，我们就在这个屋里头生活、生产、娱乐，它提供给我们资源，保护我们不受外界侵犯。如果有人侵犯了，地球灭亡了，我们去别的星球生活，谈何容易？！所以我们要提倡绿色设计，低碳设计。本月初在广州的从化召开了世界生态设计大会，就是这个意思，联合国也很重视，他们派来了代表，三十多个国家都来了代表。这个方向是对的，但是干起来可不容易。再往深里想一想，形形色色的人，需求不同，欲望不同，善恶比例也不同。人都有善恶的两面，怎样扬善抑恶？工业设计主要为人民大众服务，也要照顾特殊群体，怎样服务？工业设计不能搞侵害别人的事，不能搞危害地球、与可持续发展相悖的东西。

第三，**真善美问题**。真善美我说过，好多人都说过，我认为真善美是工业设计的最高境界。但是从设计行业来说，它比别的行业更显得突出。什么是真善美？真是美，善也是美。如果说真里面包括科学技术的话，我觉得科学技术对我们非常重要，如果说科学技术和工业设计是一对兄弟的话，那它一定是哥哥，全人类都要有科学精神。科学技术如果跟设计配合起来，那绝对是文武双全。美是什么？我认为世界有五种美：一是自然美；二是人性人体美；三是艺术美；四是科技美；五是设计美。这里面的五种美最有争论的是科技美，科技是美吗？那是不能用眼睛看到的美。我想最不受争论的就是设计美，要以设计美综合、提升其他美。我们还要对设计美进行研究。设计美很丰富，不简单，光外形美不行，光东施效颦也不行。人类学家费孝通把"美"的问题与"天下大同"联系起来，是更深的探讨。

第四，**中国优势问题**。发展中国工业设计的第一个优势是，我们实行的是社会主义市场经济体制，市场要在资源配置中起决定性的作用，同时要更好发挥政府的作用。这是我们重要的为世界所关注的两句话。搞工业设计当然是讲市场，但是政府一定要发挥作用。习近平总书记参观顺德广东工业设计城，说明习总书记重视工业设计。汪洋同志当时是政治局委员，陪同习总书记去的。马凯副总理在参加第一届世界工业设计大会的时候讲了两句话，讲得比我生动，"产业因工业设计而充满活力，世界因工业设计而更加美好"，你们要记住。我们不记住谁记住？

第二个优势是，我们有连绵不断的五千年文化底蕴。但时间越长的东西，不是宝贝便是包袱。财富中间有可能有包袱，包括五千年文化，老说传统文化要继承发扬，这种说法不对，要剔除其糟粕部分，优秀的才要传承，但是什么是糟粕？没有人去搞清楚。中国有一些糟粕文化是保守的，是消极的，甚至是有悖科学的，那样的东西就不要继承发扬，所以书里讲文化，生活里有文化，我们要对文化有个概念，也要对其进行分析。十几年前，中央电视台有个记者采访我，请我讲一讲工业设计的中国元素怎么在产品中体现。那时候许多人说要做中国特色的工业设计、中国特色的工业产品。我对此说法不能说不以为然，是不知所以。我是怎么回答记者的？我说，中国人设计的产品就有中国元素。鲁迅说过，文化是骨髓里面的东西。是不是像 DNA 一样的东西？所以中国文化的优势怎么发挥是个问题。我觉得你把党中央倡导的社会主义核心价值观体现一二，那就本事大了。我们讲创新，讲整体，一定要有科学的态度，科学态度一定要针对中国的老先生叫"差不多先生"，"差不多先生"渗透到各个方面，中国到处都是，所以中央提出的匠心精神非常重要。日本松下公司给我的印象很深刻，他让我们看印刷机总装，我问怎么能够保持轴心一条线？松下公司副厂长说这时候已经无法校正是否在一条线上了，在前面的工序中就要绝对保证装配的时候在一条线上。飞亚达公司黄勇峰昨天讲，为什么瑞士手表好，他们精密到看不见的零件都有号码，装配的时候非常紧密，我们现在就做不到，所以我们的表便宜。不过得了 IF 红点奖的表就卖得贵一点，所以技术不行设计补。

第三个优势是，我们有较强的物质技术基础和最大的市场。我们的人口最多，你的产品卖出上千件就能回本。外国人说中国这 10 亿多人口，我到中国来，糊弄一千万人还不容易？我听过这样的玩笑话，"中国市场大，你能抓住一部分用户，你就赚了。"不过，也可以想想，为什么非洲人口多市场却不大？

我们要高度关注技术进步的成果，关注新材料的成果，关注新工艺的成果。我们不懂，但是要知道。我过去讲过"一个产品要想得美、造得好、卖得出、能回收"，当时这么讲是为了通俗地宣传什么是工业设计。为什么加上"能回收"呢？因为大量产品不能回收，现在就做不到垃圾分类。但是最新消息，苹果公司开始研究苹果手机如何分解和回收的问题，这不仅能解决污染问题，还能增加产品价值。所以我们搞设计需要考虑的问题，真是太多了，当然实际操作起来没那么复杂。

第四个优势是，我们有一支庞大的设计队伍，特别是"80后""90后"青年人的加入，为其增加了新的活力。这次朱宏任说来深圳看展览，一年比一年新鲜。参观展览看得奖产品，真是让人高兴和充满期待，我希望这些产品更快更多地走向市场。

第五，设计教育问题。 我们都是被教育出来的，设计教育是设计创新之本。设计教育发展 40 年，成果很大，数量惊人。但是我总觉得设计教育需要进一步改革，怎么改革我不知道。我是一名小学生的爷爷，我也觉得小学的教育要改革，但是没用。我认为院校还是可以自主搞点动作的，不一定什么都等教育部批准，尤其是深圳，我们办了设计商学院，这也是创新。我们都要创新，我认为深圳设计商学院办得好，现在都提倡设计、商业、科技结合，好多人过去不同意，现在同意的人占多数，不商业化干什么？工业设计现在有了战略地位，国家已经给我们开辟了从卡拉 OK 厅到人民大会堂之路。过去商业之路的地位是比较低的，大家看不起生意人，重生产轻流通。其实流通非常重要，商业非常重要。商学院、开放大学等很多新形式，都是有益的探索，改革就要有这种精神。当年我参与企业改革，极力鼓吹地方自己先搞改革。大气候要适应，小气候可以去创造，小气候创造好了，大气候就会改变，我们就会到这里来取经，开现场会，发文件，在全国推广，这就是改革的贡献，人民群众的贡献。设计教育改革不可以这样做吗？我希望深圳在这些问题的改革上也要走在前面。

第六，"政产学研商金"合力的问题。 当年有些人不理解最后两个字，"政"当然理解，后面的"商"和"金"不理解，现在对于"商"理解了，金融的作用还不够。据说现在社会上闲置的资本不少啊！所以搞创新不要怕风险，不要怕没有回报。作为一个倡导者，我现在想的一个问题是，我们的社会为什么不那么重视设计，怎样才是"高度重视工业设计"？

第七，设计发展的布局问题。 任克雷在华侨城工作有企业发展布局的眼光。搞设计工作不是搞计划经济，也不是搞一个企业，讲什么布局呢？我觉得我们搞协会工作的人，也要学习了解这种眼光。中国很大，世界更大，中国有东部和西部的差别，有城市和乡村的差别，在全球来说有中国和外国的差别，现在立足中国，放眼全球，我们要考虑这个差别问题。有差别就存在发展的空间。怎么样让好的东西往适当的地方去，怎么样把别人的优势引进来，在对的地方把自己的优势发挥出来，到弱势的地方去。"一带一路"不是这样吗？城乡差别是我最关注的问题，搞设计下乡，搞设计扶贫，我非常赞成。所以要缩小城乡差距，设计如果在其中贡献一分力量的话，会永垂设计史，永垂中华民族发展史。这是中国最大的差别，几千年的差别，因为我是农村出来的，在这方面想得多，这不是设计师一帮人的力量能解决的，但是我们弘扬真善美，这起码算是一件善事，又跟设计美结合起来，多好。

第八，协会第三只手的问题。政府是有形的手，市场是什么？是无形的手。一个是有形的手，一个是无形的手。我认为协会中介组织是第三只手，有形中见无形，无形中见有形。这第三只手绝不是可有可无的，绝不是没有作为的，我参加过企业改革，企业改革就要研究政府和企业的关系，很多职能要转给第三只手，但是很多不转，最后消亡了，消亡就带来很多问题。我在轻工综合管过56个协会学会，我到日本就此考察了将近一个月，了解了一些情况。

就讲这八个问题，所谓的战略问题，实际上不止这些。下面讲四个问题，这四个问题主要是针对设计师和设计公司的。当然前面八个问题与下面四个问题有关系。我这里讲的是从我个人的角度给设计师和设计公司提醒的四个问题。

第一，问题和需求的导向要和大小目标的实现结合。设计讲问题导向、需求导向，但是不要忘了大目标，大目标是什么？美好生活，健康生活，提高人民的生活品质。这是一个相对的、动态的、有趋向的目标。所以在历史性的进程中，我们会有很多困难，有很多问题，我们要敢于迎接挑战，要提出解决方案甚至可以去创新需求，把潜在需求变成市场。一个公司有目标，一个设计师也会有目标，既要仰望星空，又要脚踏实地。一个国家、一个民族不能没有仰望星空的人，但更不能没有脚踏实地的人，最好这两个人是一个人。我们作为设计师，眼光要放远一点，但是要脚踏实地来解决问题。

　　第二，综合素质与 T 型人才的问题。我们都讲要提高综合素质，需要复合型人才。我想到 T 型人才，这"一横"就是知识、素养面要广博，"一竖"代表专长的深度，而竖有多长、横有多长是你个人的问题，但是要成为一个 T 型人才比较好（也有人喻作"图钉"，上面是个平台，下面是专业）。对于设计品走向市场这个问题，我们一定要下点功夫。下点什么功夫？我不知道今天得奖的作品是否走向市场，如果每次展览以后，一年之内，有 10% ~ 30% 的设计品走向市场变成商品，我觉得就是好样的。我希望刘振搞设计指数统计分析时也有转化率这方面的统计。

　　第三，要把独立思考和协同创新结合。一个设计师不可能完成很多任务，但是每个设计师必须有自己的独立思考，不然团队搞头脑风暴都搞不起来，你也不想，其他人也不想，就等着开会互相刺激，那不行。我们缺乏独立思考精神，这是由来已久的，我希望在工业设计方面，能培养出一大批敢于、善于独立思考的人。我还希望针对设计公司的"小、弱、散"问题，通过某种模式搞协同创新，以解决大一点的问题。

　　第四，读书学习与综合集成。设计创新必然有许多要"跨界"，重要方法是综合、集成、融合、系统，这就要求我们多读一些书，并且终身学习。我们要发挥网络作用，但应避免知识碎片化。只有不断学习，我们才能与时俱进，增强想象力，保持好奇心，迸发新灵感。要注意学习成功案例的过程，不要只看人家的公司现在的成功，直接学习人家的现在肯定不够，还必须了解人家怎么发展到现在的这个过程。钱学森是我崇拜的伟大的科学家，他晚年研究系统科学，我极为赞赏，也认真学习，可惜未学完。但是我希望大家要学习系统科学等哲学思想，要用系统的思想来搞工业设计。

　　以上我讲了大小 12 个问题，这次只是点点题目，抛砖引玉，希望大家在工作中每完成一次任务、生产一个产品的时候能够小结一次，一年小结一次，不断提高自己团队和本人的设计创新能力。现在全国乃至全世界都在发展中遇到了一些新的甚至是比较大的挑战，存在众多的不确定性因素。但是正是在这个时机中，在经济发展的转型之际，越是这个时候，越需要设计创新。我们要珍惜这个时机，把握这个发展设计创新的前所未有的大好时机，抖擞精神，有所作为，不负众望，让中国设计的水平再上一层楼，尽快由大变强。

最后讲一个具体的希望：中国第一个"设计之都"——深圳市，能够在新的全国全面深化改革开放的大潮中，尽快率先在全国把第一个设计大市建成中国第一个设计强市。

谢谢大家！

【杂文类】

吃螃蟹的联想

《人民日报》1982 年 12 月 14 日

做熟了的螃蟹都是面目可憎的，所以孩提时看见大人们馋吃也不染指，很怕它到肚皮里划烂了肠子。后来敢吃了，知其味鲜美，以至每年秋凉都买些尝鲜。而每次吃蟹，几乎都会想到鲁迅先生关于吃蟹的一段议论，今年尤其想得多些。

鲁迅先生说："第一次吃螃蟹的人是很可佩服的，不是勇士谁敢去吃它呢？螃蟹有人吃，蜘蛛一定也有人吃过，不过不好吃，所以后人不吃了。像这种人我们当极端感谢的。"这话说得生动贴切，寓意深长。它告诉我们三点。一是创新需要勇士，要敢做前人没做过的事情。倘若在貌似可怕的螃蟹面前，始终没人敢碰它，更没人不怕中毒第一个吃它，那么至今连大人们也不敢吃它。数千年的佳肴中缺了这一道，岂不可惜！二是探索会有失败，失败者也值得感谢。我们对探索胜利者的称颂是应当的，而对失败者往往淡忘甚至加以嘲讽，则欠公道。试想，如果从来没人去吃蜘蛛，我们也许认为它和螃蟹一样好吃，而去试一试？三是对勇于创新的人应予以纪念，对其成果应该不断发展与完善。可以想象，第一次吃螃蟹的吃法，与今天食谱里的做法定是迥然不同的，这是后人仍在不断研究提高的结果。如果我们至今仍固守先祖的第一次吃法，那当然也是一种愚蠢。对于蜘蛛，据说后来人们也知其营养价值极高，只不过其味甚差，又是益虫而不宜继续研究对它的吃法罢了。

当然，在人类历史的长河中，像第一次吃螃蟹、吃蜘蛛这等区区小事，恐怕连一滴水也算不上。但是，遥想古往今来，世界上不论大如天还是小如蚁的成功之举，无不需要勇敢者的"第一次"，无不是探索中培育的创新之果，失败后绽开的胜利之花。这种精神是鲁迅先生倡导的，也正是我们需要的。现在，我们开创社会主义现代化建设的新局面，征途上无疑会有许多以前马克思主义者没有也不可能提出和解决的新困难、新课题。但是，只要我们沿着十二大指引的方向，振奋精神，开拓前进，既勇于创新，百折不挠，又善于总结经验，不断趋利避害，就没有登不上的"南天门"，跨不过的"火焰山"，就会在祖国古老而辽阔的大地上，干出一番前人从来没有做过的伟大事业来。

"横比"之后

《人民日报》（海外版）1986 年元旦版

党的开放政策开阔了人们的视野，使我们在横比中看到了与发达国家的差距，这无疑是件大好事。但有些人在横比之后产生了这样一种观念：中国甲方面不如这一国，乙方面不如那一国，丙方面又不如另一国，比来比去，仿佛中国样样不如人，成了最落后的国家。事实当然并非如此。那么这种错觉是从何而来的呢？

我们知道，"金无足赤，人无完人"，国家更是没有十全十美的。分别用世界上最先进的东西与我们的相比，对比会是强烈的。但要紧的是不要忘记横比的目的是知己知彼，借鉴他人，切不可因此妄自菲薄，自暴自弃。如果当年张飞手提丈八蛇矛走出涿郡，看到耍大刀不如关羽，使方天画戟不如吕布，因而扔掉长矛回老家去，那就不会成为一代名将了。即使刘邦自谦说运筹帷幄不如子房，镇国抚民不如萧何，攻守善战不如韩信，也没有因此放弃他的统帅之才而隐居深山。再说，人各有长处短处，国家自有优势劣势，某些方面的差距再大，也并不能说我们整体上就一定比哪一国差。诚如我国虽没有尼亚加拉瀑布，没有蓝色多瑙河，没有埃菲尔铁塔，也没有富士山，但并没有人否认中国是举世闻名的盛景荟萃之地。过去我们闭关锁国没有横比是片面的，在横比之后不重视甚至排斥竖比也是不全面的。只有将这两者结合起来，我们才能数典而勿忘祖，清醒而不自卑。一个人能力有大小之别，进步有快慢之分，可贵的是要力争使自己处于较快的不断进步之中，可怜的是只限于哀叹自己比他人的不足。自党的十一届三中全会以来，中国发生了巨大而深刻的变化，竖比六年之前十分令人鼓舞，从而坚定了我们要走改革之路的决心；但再横比一下，又看到我们距发达国家的经济技术水平仍有很大的差距，这更激励我们要再接再厉，团结奋斗，再展宏图。而如果只有横比，不看到自己的成绩，就容易使人丧失信心，踯躅不前。现在有的人不但说外国的月亮比中国的圆，甚至瞎吹比中国的还要大，不能不说是可悲的无知。

中国的好东西多得很，就看我们会用不会用。从孙中山到毛泽东，从昔日南昌起义到今天"七五"蓝图，无不是中国经验与国外借鉴的有机结合，无不是在横看竖比中思索的结晶。而这一切，都必须立足于自己的土地，依靠自己的力量，发挥自己的优势。中国的最大优势在哪里？邓小平同志最近在中国共产党全国代表大会上指出："过去无论我们党怎样弱小，无论遇到什么困难，一直有强大的战斗力，因为我们有马克思主义和共产主义的信念。有了共同的理想，也就有了铁的纪律。无论过去、现在和将来，这都是我们的真正优势。"这就是横比中外、竖比古今的科学的结论。只要我们发挥这一有理想二有纪律的优势，那么中国就能地尽其力，人尽其才，物尽其用，就一定能一步一个脚印地、一个台阶高于一个台阶地走向光明的"四化"的未来。

爱的增值

《人民日报》1989 年 4 月 21 日

舐犊之情人皆有之，"代爱"总是高于"代沟"。常情之一，就是父母总想给子女留下点什么。古往今来，大到显赫王位、万贯家产，小至头上一缕青丝，手中几枚铜钱，无不闪耀着爱的光环。由于伦理变异、情感交杂、法规更迭，在这爱的长河里，流传着数不尽的动人故事。美国电视连续剧《我们的家》，就体现了这种和谐相爱。三代中，9 岁女孩莫莉为了给家人买生日礼品而去卖柠檬水，12 岁的男孩大卫为了少向母亲要零花钱而去给别人油刷门牌号码，这使我想起思索已久的一个问题：爱能否增值，"代爱"与"自立"是矛盾的吗？

尊老爱幼是中华民族的传统美德，四世乃至五世同堂的互爱常传为佳话。在肯定并弘扬这一点的同时，应注意这样一种现象：从经济的角度看，在这种"代爱"的承继中，我们许多家庭的财产没有得到应有的增值，而过多过早地被消耗掉了。其因主要是一些父母对子女的溺爱和子女对父母的过分依赖。比如有些青年已经走上工作岗位（包括大学毕业生），自己有了工资收入，还要从父母那里领取"补贴"，并互相攀比，以多为荣。又如青年人结婚，据南方某市调查，一般花费在 3000 元到七八千元，有 50% 以上的花费须由父母掏腰包；另据北方某市调查，青年人结婚平均费用为 9035 元，最高达 3.1 万元，其中 51.5% 来自父母的"赞助"；即使结了婚，许多人仍然在父母身边吃饭、住父母的房子……当然，这种补贴或赞助无论是给予的还是索取的，都是爱的一种表现。但是，这不同于父母辞世后遗产的继承，它是父母财产的"早耗"，这种"时间差"的弊端在于削弱了子女的自我奋斗精神，使父母之爱不能增值。这里不妨算一笔假设的账：某对父母本来可留给子女的遗产为 100，因过早、过多地转给子女消耗（正常的抚育费等除外），最终只能留下 60；子女成人后，如果独自奋斗，本来在父母辞世前可积蓄财产为 80，因依赖性强，懒于进取，彼时财产只为 40；这样子女得到的遗产加上自己的财产，从本应有的 180 而减为 100 了。更重要的是，子女没得到自我奋斗的锻炼，社会上还减少了 80 财产再生新值的机会。如此代代相传，整个社会将减少多少财富，这并不是一个虚幻和没有意义的数字。

算经济账并不排斥爱，因为钱表现了爱，但爱不是都表现在钱上。父母养育子女成人是爱，培养子女自立是更深的爱；子女自立是对父母之爱的回报，更是对家庭、对社会有高度责任感，是自尊、自信和具有荣誉感的表现。在个人自立方面，我们虽也有许多可歌可敬的事例，在整体上应承认还不如一些经济发达国家。比如美国前总统里根有 4 个子女，成年后不但像其他人一样自己找工作，而且经济上完全独立，长子迈克尔失业时还排队领过救济金；已故铁托总统的儿子米沙 19 岁离家自己奋斗，从普通工人成为一家石油公司负责人。大人物如此，小人物当更无特殊。我们对西方一些国家父子同桌吃饭各自付费的现象不应只是嗤之以鼻，而应思之有无可取之处。须知他们也是有"代爱"的，父母辞世后也不会把财产带到上帝那里去的。

尽管国情不同，制度有异，但我们作为一个人生活在世界上应当有爱、有自立精神，这应是相同的。这种爱要能增值，要能增强自立精神，而这种自立精神要能增加爱。"爱能增值否，当今父母思；青年勿恼怒，君亦有老时；自立复互爱，代代传盛世。"

同步、配套与突破

《经济日报》1983 年 7 月 19 日

体制改革，头绪纷繁。有人把现行经济体制比作一筐螃蟹，你我攀钳，相互掣肘，这在一定意义上体现了改革的复杂性。由于这些盘根错节、连环套似的特点，从改革的方法、步骤来讲，零打碎敲地改无关痛痒，孤立单项地改难于站得住脚，"全面开花"以求一举功成也不可能，这就要求我们既要考虑改革的同步、配套，又要研究如何突破、起步，并把它们有机地结合起来，以取得互补互促、稳步前进的效果。

所谓同步、配套，是借喻在某一方面进行改革时，与之有关的其他方面也相应地进行改革，必要时某几个方面的改革要同时进行。这一点，在城市和工商业领域的改革中表现得尤为突出，因为那里的任何一项改革都会触动计划体制、流通体制、分配体制、价格体制以及劳动工资、金融信贷、科技教育等各个方面，还要联系国营、集体、个体、国家和集体合营、中外合资经营等多种经济形式的不同，可谓是情况千差万别，联系千丝万缕，牵一发而动全身。比如扩大企业自主权，就不是件孤立的事，这方面虽已取得了一定的成绩，但由于改革不配套等原因，有的权力即使给了企业也难于行使，有的权力用后又出现了新问题。又如商业改革，它既和工农业改革关系密切，又和消费者利益休戚相关。因此，改革必须瞻前顾后，不能各行其是。

再者，经济体制改革与技术进步、专业化生产、科学化管理以及思想政治工作、安定团结的政治局面、稳定健康的经济形势等也大有关联，也都应该统筹兼顾，多方配合。

但是，实际工作中各种关系是那样错综复杂，绝对的同步、配套又是很难做到的。因此，不应企望在一个早晨、一声令下就月换星移。那么，这是不是说我们对这筐难解难分的"螃蟹"，只能束手无策，不能把它们的关系理顺了呢？当然不是。正确的做法是，应该在充分考虑同步配套的总体规划（或设想）的指导下，从某一个或某几个方面进行突破，取得经验后再由点到面，由一面到多面地逐步推开。重要的是，在突破及推开过程中，我们要同步配套地辅之以各项改革。比如价格改革很复杂，可否从优质优价等方面突破；工资改革也很难，可否从计件工资、浮动工资等方面突破，等等。这样，突破一点，触类旁通，改革就可以积极而稳妥地进行。

球赛与改革

《经济日报》1983 年 7 月 21 日

近年看球赛成癖，每当电视屏幕上有一定水平的足、篮、排球赛，必阖家围坐，观赏一番。且不说那龙腾虎跃、风云变幻的场面令人注目悬心，就是那疾如迅雷的奔跑、变幻莫测的传递亦叫你眼花缭乱、叹为观止。十几二十多人的精彩表演，给数十万、数百万乃至更多的人以心灵上的熏陶、精神上的鼓舞。观赏之余，我却联想到经济工作的改革，得到某些启迪。

第一，正确的"活"存在于"死"、乱之间。在球场上，运动员如果站着不动可谓之"死"，扭打起来可谓之"乱"，而正常的比赛可称为"活"。我们的经济工作同样不能搞死，不能搞乱，目的也是要搞活。现在，我们可以说已经开始摆脱"一统就死，一死就叫，一叫就放，一放就乱"的恶性循环，逐步走上了稳定、健康发展的道路。但值得警惕的是，那个恶性循环的阴影却常常和某些同志结伴而行，仿佛非死即乱、非乱即死是一个很有吸引力的旋涡。其实，历史进入今天，情况已经发生了根本的变化。人们欣喜地看到，统而不死，活而不乱是办得到的，在"死"和乱之间确有一条活路，我们现在就站在这条路的起点上。只要我们以历史为鉴，经常"左顾右盼"，经济工作就能搞得像球赛那样生龙活虎，脚下的路就会越走越宽广。

第二，规则要立，执行要严。球赛不死不乱，是因为有严格的规则，这样队员们才既敢于拼搏，又能自我约束。最基本的一个规则是比赛要在边线和端线之内这个"框框"里进行，若无这一条，队员们非打到观众席上不可。而倘若规则多得使队员们手足无措，那也就无比赛可言了。如果把规则换成政策，我想也适用于经济工作。比如对企业，要赋予其一定的自主权，解决动力、压力的问题，又要给它画个"框框"，使之受必要的约束。球场实践还说明，有规则还必须有监督执行规则的人。裁判现场执法，铁面无私，奖罚分明，这是比赛得以正常进行的保障。经济工作又何尝不是如此？如果我们只是制定许多政策、法规，而无认真的监督、检查，并随之以奖惩制裁，仍免不了要陷于混乱。

第三，勇于探索和勇于去弊存利。球赛规则实际上是控制比赛活而不乱这个"适度点"的准绳，它是在实践中不断地反复地进行修改和完善的。可以推想，各类球赛之初，不会也不可能像现在这样有条不紊。关键是人们并不因为出现打斗、作假等新问题而取消了比赛，而是有针对性地不断采取相应的措施。经济工作的改革也应采取这种辩证的、实事求是的态度，不能因为出了新问题而畏缩不前甚至想走回头路，也不能认为凡是改革的就一切都好，对明显的问题也听任姑息。须知如果不坚决去弊，将来连并存的利亦难于久长。做到这些，需要改革者有足够的勇气和毅力，既善于分析，又敢于决断。这样，我们不断地自我改进、自我完善，就能在经济领域里逐步靠近和寻找到活而不乱的各类各样的千千万万个"适度点"。

改革中说"度"

《经济日报》1985 年 5 月 17 日

"只要再多走一小步，仿佛是向同一方向迈的一小步，真理便会变成错误"，这是革命导师的教诲；"过犹不及""欲速不达"之类，则是古人的遗训；大者有哲学上的从量变到质变，小者有日常生活中的做饭、炒菜要掌握好火候……以上讲的，都涉及"度"的问题。在当前经济体制改革中，也有许许多多"度"的问题，需要我们去探求。

改革是极其复杂的、群众性的探索和创新的事业。因此即使方向明确了，在方法步骤上仍要注意积极稳妥，快慢适度。那种"只要大方向正确，过了头也不要紧"的思想方法要彻底摒弃，改革一定要从实际出发，摸着石头过河。这样，一步不慎，尚可回头；点上试验不利，面上也不致有大的损失。我国农村改革的大见成效就历时 5 年之久，其成功的记录里包含着多少试验与反复、酝酿与等待。从表面上看其步子不快，而实际效果却意外的好。工业发展的速度问题也是这样，速度不能太慢，也不能太快，这里也有个"度"的问题，太慢太快了都不利于发展，也不利于改革的进行。

在改革的具体内容和政策界限上，应该避免走极端，凡事要有个科学的限度。因为事物一旦破坏原来的"度"而建立新的"度"，就会发生质的变化。有时我们要限制这个变化，有时又要促进这个变化，这都要具体问题具体分析。比如企业的自主权究竟给多大合宜，就有个适度的问题。我们不能让企业在螺蛳壳里做道场，也不能让企业无约束地"天高任鸟飞"。我们既要松开捆住它们手脚的"绳子"，又应确定一个大小合适的"笼子"。还有对于社会主义时期内计划经济部分与市场调节部分，在不同部门应占怎样的比例；按劳分配中既要打破平均主义，拉开档次，又要注意差别适当，不宜太大，否则不利安定团结，等等，其间无不有个政策适度、恰到好处的问题，都需要我们做潜心的研究。

当然，在亿万群众参加的改革事业里，统一对"度"的认识不易，寻求千千万万、大大小小的"适度点"更是一桩巨大而艰难的工程。有的"度"是可以而又必须用明确的数量比例来表示的，有的则无法也没有必要对之做出定量的规定，正如做饭、炒菜的火候不光是念菜谱就能掌握好的一样，改革的"度"需要我们以辩证唯物主义做指导，在群众中、在实践中进行执着、勇敢、科学的探求。

虚功与实过

《人民日报》1984 年 7 月 10 日

官僚主义现象在我们的社会里自有特色，花样繁多，人们常听到的一种是"辛辛苦苦的官僚主义"。

用"辛辛苦苦"这样的褒语来定"官僚主义"这个贬词，像是在破草帽上绣了一朵花，未免不伦不类。但不管这种说法是否妥当，我觉得这个特殊的组合句倒也确实反映了一些领导干部白天疲于"文山会海"，晚上还要补做"家庭作业"的忙劲。对于这种忙，看法是不尽一致的，当事者常无不自豪地说其是"瞎忙"，并且还可以从中听到一些颂歌。而广大群众对一些领导同志的这种忙，却是怜其多劳，叹其寡果，称之为"虚功"。

现在，我们不妨从"文山"上捡些石头，从"会海"里舀些水来看看他们忙从何来，虚亦不虚？这种忙的源头大致有三个。一是事无巨细，包办到底，管了很多不该管、管不好、管不了的事。一个单位买个水壶，一个工厂盖个厕所都要层层报批，谁面对这样繁重而生疏的事，能不忙得头昏眼花？这就是所谓"事情升级，干部降级"的结果。二是无人负责，转来转去。本来很容易解决的事，谁也不先写"同意"，而是你批给我，我推给他，买台设备要盖十几个章，盖一个章事先要画几个圆圈，这能叫人不忙吗？三是本位主义，互相扯皮。在一些人心目中，"脚后跟"指挥"脑袋"是天经地义的，他们见权争，见责推，见利抢，把全局观念忘个精光，为一艘船在国内修还是在国外修，两个部门可以舌战 22 次毫无倦意；为一个企业的隶属关系，可以坐论 5 年之久而无结果……

我们还可以列出许多条来。所以，说这种忙是在做虚功，并不冤枉人。其实，如果我们联系到"时间就是金钱，效率就是生命""一寸光阴一寸金"的格言，想想到 20 世纪末实现"翻两番"只剩 16 年的时间，对照这种"瞎忙"给事业带来的惊人的浪费、无法估量的损失，深感这些同志岂止是在做虚功，而且在不声不响地让人们窒息，把黄金抛入大海！这种损失难道不比我们看到粮食变质、柑橘霉烂、港口压船赔款等更令人痛心甚至更令人愤激吗？

活水也须疏导

《经济日报》1985 年 3 月 8 日

过去，我们常用计划性与盲目性这两个反义词来概括经济发展的利弊，总觉得经济发展这棵大树的每一条根须、每一片绿叶何时生长、何时枯黄以至败落，都要严格地按计划进行，否则就是出了"社会主义轨道"，就要天下大乱。后来的实践证明并不是那么回事。比如以前对农村天天喊"以粮为纲"，甚至每一块田地种什么都下达了指令性计划，二三十年过去了也没有完全解决吃饭问题。放开以后，倒是年年五谷丰登，六畜兴旺。列宁说过："完整的、无所不包的、真正的计划等于'官僚主义的空想'。"原来失利的原因之一就是我们用空想指导现实。

当然，这并不是说计划性不好，也不是完全不要指令性计划。问题在于怎样做计划，以及下达什么样的指令性计划。最近在四川省的一些企业里听到，直到 1984 年第四季度，有关部门还在下达年度的指令性计划，而且原材料、能源等只能分配给其 30%~50%，或者干脆没有。试想这样的"指令"含有多少严肃性、科学性呢？

这样说来，盲目性倒好了吗？当然不是。资本主义社会那种生产无政府状态和周期性危机我们是要避免的。我们强调要在国家计划指导下扩大市场调节，就是为了避免盲目性。市场调节好似一股活水，冲来冲去，总有一些盲目性，有时让生产者吃亏，有时让消费者吃亏。因此，活水也须疏导，这就是国家应当去参与调节，有的渠道不通了就改道，有的渠道需要改进一下，有些渠道看来可以的就扩大之，利用经济手段，做这种因势利导的工作。山西省和其他地区搞煤炭协作，就是在国家计划指导下进行市场调节的一个例子。江苏省用了高价煤也未天下大乱，倒把它的工业逼上去了；后来增用长江送来的煤，价格又降了一些。这都是搞活的渠道。在当前计划体制的改革中，我们要从落实扩大企业计划权的政策出发，一步一个脚印去寻求指令性计划和指导性计划、市场调节之间那个合适的"度"，把统一性与灵活性结合起来，以便真正把企业搞活。

救火·防火及其他

《人民日报》1987 年 5 月 29 日

近些天，每晚电视荧屏上东北森林中的熊熊大火和扑火救灾的动人情景，使我既心焦又感奋。眼见国家的森林宝藏和人民的财产化为灰烬，恨不能令天公降大雨立灭这无情的火魔；看到、听到解放军、森林警察和人民群众赴汤蹈火、并肩战斗的事迹，又有一种伟大的民族自豪感在心中升腾。这不是我们实现"四化"的希望所在吗？5 月 23 日《人民日报·大地》刊载的《面对火海》，就表达了人们对英雄的由衷赞颂。我甚至已经在想象这场森林大火被灭后各种庆功会的盛大场面。

现已初步查明，在 5 月 6 日和 7 日这两天，五处起火，有四处是违章作业与吸烟酿成的如此大灾。这次大火，直接损失约 5 亿元。这里我想说的是萦绕脑际已久的一个看法：既然人们常说防火与救火一样重要甚至说"防重于救"，那么救火有功应誉为英雄，防火有功（包括防小火变大火）亦应堪称模范，这不该视作非分之望吧！

也许有人说"早就是这么做的"。事实上并不尽然。救火轰轰烈烈，防火默默无声，你在救火现场经常看到领导干部亲临一线，而防火事往往列不上一些"头头"们的"议事日程"；在烧焦的土地上开庆功会激动人心，而在会议室里强调防火的重要性往往还有人打瞌睡。我们可否这样设想：倘若当初有人采取措施，消灭了东北森林 5 月这场大火的火源，如今也不大可能会有人说他们给国家避免了死亡多少人，烧毁多少万立方米木材的损失。这种推想似乎有点书生气，那么是否就不该这样想呢？

生活中此类事例举不胜举。比如人们常说要"未雨绸缪"，但即使你是听了天气预报后带雨具上班而结果并未用上，这就不仅会成为未带雨具的同事的笑柄，而且自己也会觉得多余。我们做一些事情不成功往往在于：事后的经验总结常被一些人称为"马后炮"而不予重视，事先的论证也常因一些人嫌麻烦而草率从之。历史上的"力挽狂澜"者，对狂澜未起、防微波变狂澜者则常常不予理解，甚至熟视无睹。

其实，前事的"马后炮"即是后事的"马前炮"。今年 3 月 15 日，哈尔滨亚麻厂粉尘爆炸事件，死亡 57 人，伤 178 人。如果及早吸取吉林省去年 5 月一家企业亚麻粉尘爆炸死亡 6 人的事件的教训，防患于未然，不是不可能的。

没有水就没有生命，没有火也没有人类的今天。然而如果人类不能驾驭它们，后果将是可怕的。其间的辩证关系虽是个古老的话题，但在东北森林大火之后引起的思索，似可给今年的防汛以及其他工作以新的启迪。

"赛"胜于"战"

《人民日报》1997 年 5 月 13 日

"'甲 A'再战，烽火四起""'首战必胜'之誓言，屡败屡战颇壮烈""简直是狼烟滚滚，鼓角声声，一番厮杀的图景"，其实这些都是形容词，讲的是体育比赛。

在经济发展、企业竞争上，也早有"商场即战场"之说，于是言"三十六计"者有之，效《三国演义》者有之，似乎真的是兵戎相见、势不两立、你死我活，一派古战场的再现。

记得某哲人说过，"生活中少不了比喻，但任何比喻都是有缺点的"。当然不能说它有什么谬误，却也不可视其为全真。体育比赛中胜方占不了对方的场地，败者也无须缴械投降，真枪实弹更用不上。企业间的竞争也不能把对手当仇敌，钩心斗角设陷阱，不择手段害他人，去赚"昧心钱"。因为这里是竞争而不是战争。

竞争与战争的共同表现是均有胜负，本质区别在于有敌友之分。许多兵道之理，我们可借其意而用之，比如企业竞争和体育比赛都要讲战略战术，乒乓球、羽毛球团体赛中的出阵排序，企业发展的规划制订及滚动调整就是这样；还有"避实击虚"转意为企业要扬长避短，"兵无常势"引申作企业必须适应市场变化，等等。而诸如"借刀杀人""无中生有"之谋，"美人""反间"之计，则断不可用于竞争同行身上。现在有些不法分子以"瞒天过海""金蝉脱壳"的手段，大搞走私、逃税，制造贩卖假冒伪劣产品，不但为人所不齿，且属国家严厉打击之列。俗话说"生意不成仁义在""重义轻利"，这也是提倡讲职业道德，不主张损人断友。即便现在一个企业破产、被兼并，那也是竞争中优胜劣汰的结果，并非企业沦为"殖民地"，职工成了"二等公民"。

人们常用"残酷""无情"的字眼来描写战争，现在也用来形容竞争。此说不无道理，难有非议，但其含义深浅二者不能等量齐观，流血与流泪毕竟不是一码事。在我看来，战争与竞争都有一些规律，然而战争是不讲什么规则的，而竞争是应当有序的，是有法须依、有规须循的。无序的市场竞争与无序的体育比赛一样，只能带来一团糟。如果在这一团糟中再不加分析取舍地引入"战争"的计谋与手段，岂不是要道德靠边，乱上加乱了？市场竞争和体育比赛尽管是激烈的，时有登峰摘冠的欢悦，时有捶胸顿足的懊丧，但可以说是残酷与友谊同在，无情与交流并存，因为彼此都遵守同一个游戏规则。若是技不如人败下阵来，尚可苦练内功下回再赛，并不必乞降求和，割地又赔款。

文尾也打个比喻：一把利刀，可作为厨用，也可以伤人；而一尊大炮，则只能歼敌而不可协友。我以为把商场喻为"赛场"胜于喻为"战场"，故而还是停"战"开"赛"为好。

"护假"的猫腻

《人民日报》1998年3月19日

"猫腻"这个词，估摸是人们研究猫不抓耗子的缘由得来的。耗子过街理应人人喊打，作为天敌的猫尤当义不容辞。然而有了"猫腻"之后，情形就不同了。

　　现今市场上假货横行，"打假"之声也不绝于耳。若真是人人既喊且打，谅假货绝无现时的威风。然而有了"护假""假打"之后，情形却复杂起来了。

　　"护假"和"假打"的隐处，有什么猫腻？既称猫腻自然便不宜亮出来，只可半遮半掩说是"保护主义"，说什么"我们也要搞活发展，没办法只好借别人的牌子"等。在大小不一的保护伞之下，假货像幽灵像影子一样伴随名牌产品，制假者对消费者的愤慨之声充耳不闻，对因假致残致死的群众亦少有怜惜之情。有的制假窝点从地下转到地上，有的假货买卖叫得比真货还响。在真伪难辨的市场上，名牌产品的光彩蒙污，经济损失惨重，有的企业一年要丢失利税数亿元之巨，有的企业受"假作真时真亦假"之害甚至一蹶不振，难有回天之力。你要打假？未等警车呼啸，报信电话早到，制假者早已人去楼空。若你抓到了"假"，顶多对其"批评教育"一番，实在不行关押几天，风头一过一切还是照旧。

　　举保护伞者以为伞上有一层"不为自己为大家"的颜色，便可抵御打假、防止自己被打，实属自欺欺人。且不说个中有无私己猫腻，这有待党纪国法查办，就所称"为大家"而言，充其量是放大了的小团体。众所周知，质量是企业的生命，是民族素质高低的重要标志，名牌产品是众多企业积年奋力开拓、含辛茹苦之所得，是我国参与国际竞争的骨干力量，而制假者与护假者为眼前的个人和小团体利益，昧着良心巧以他人之名贩己之假货，实乃伤天害理之事。这里被伤害的"天"不只是被尊为"上帝"的消费者和用户，也不只是我们为之骄傲的名牌产品和优势企业，更重要的是损害了国家和民族的信誉。前几年，我国轻工产品畅销俄罗斯，但随着假货伴入，俄罗斯人深受其害，广播报刊对"中国货"大加讽刺挖苦。俗话说"一颗耗子屎坏了一锅汤"，这些耗子坏了的岂止是一锅汤，而是坏了"中国货"在俄的传统美誉。后经我国多方努力，才逐步恢复中国货在俄的应有地位。类似教训还多着呢！

　　假的毕竟是假的，鱼目岂能混珠。护假之果似甜实苦，就像学生抄袭他人作业一样，不可能得到真正的成长和发展。对于护假之人，我们应戳穿其"为小公"的假象，显出其以护假谋小利、图虚荣的猫腻。在群众性的打假活动中，请出那些护假人，或者护假人主动扔掉保护伞，中国的市场就会干净许多，经济的繁荣才有保证。

为画圈"正名"

《人民日报》1984 年 2 月 6 日

"画圈自谁始，上下皆有之；其意不甚解，但望有昭时。"看了《邓小平文选》中对于在文件上光画圈不解决问题的批评后，有位同志编了这段顺口溜儿。

据了解，在文件上只画一个圆圈的做法至少可有三种解释：一曰同意，即对所请示的问题或对别人所先做的批语表示赞成；二曰看过了；三曰未置可否。听说在不同单位对不同领导的画圈有不同的解释和做法，如有的单位见某领导在报告上画了圈，即认为"已圈阅同意"，便欲付诸实施；但若此报告转到有关的另一个单位时，则可能成为上述的第三种解释而被压在文件堆里待研究了。

那么，这个"○"究竟含义何在呢？若是为此去考证，似无必要，即使有史为鉴，亦不一定能起古为今用的作用。现在的问题是，在某些沾染了官僚主义作风的领导者笔下，这个小小的圆圈束缚了许多人的手脚，圈掉了许多人的时间，着实成了四化建设道路上的一个障碍。不仅如此，这个圆圈还成为极少数同志取得成绩的自我奖章，工作失误的防身盾牌。因为他画了圈的报告如果事情办好，可以解释为"早已同意"，一旦事情办糟，他又能以未表示态度而溜之大吉。所以，为画圈"正名"，防止官僚主义作风继续蔓延，实在应该提到"重要议事日程"上来了。

当然，这并不是说现行的画圈做法一无是处，也不是说要取消这个习惯做法，而是说要给画圈做个合理的统一的解释。如领导在一份汇报情况的文件上画个圈，表示已经阅知，则是无可非议的。不论在哪一类文件上，画圈的含义只能如此为当，其他解释均应一笔勾销。

"文山"览胜的苦乐不均

《北京日报》1987 年 6 月 19 日

时下"文山"看涨，贬词见多，且似有边贬边涨，无有终日之虞。为什么堆砌"文山"者对批评闻而不戒，为什么攀爬"文山"者辛劳而欲罢不能？其因固然很多，但我以为重要的一条就是，"山"中确有"须尽丘壑美"之处。

因工作关系我也有幸偶登"文山"，拨云驱雾之后，对其间千姿百态的景色时有领略，心境也常随之如酸甜苦辣般不同。有时看到"改革"的频频喜讯，如眼见西山尽染层林而喜不自禁；有时看到"开放"的广阔天地，似身临金顶观日而心旷神怡；有时看到"搞活"的政策创新，恰如观三叠银泉飞泻而叹为观止矣……所以尽管有时腰酸腿疼，但每每想到"劝君莫停留，好景在前头"之类的壁刻，也就打起精神继续向前了。我看许多职业性登"山"者也大抵如此。因为在"改革、开放、搞活"的新形势下，信息多、议论多、变化多，难免带来的文件多。倘若你是个领导者，不登高又何以望远呢？

但是，"文山"终究不是"山随平野尽"的自然峰峦，而是喻言难以承受的文件堆积。其间"美景"虽有，惜乎见之甚难，与观者付出的时间、精力不成比例。其一，"开门"往往不能"见山"，须走很长一段"导言"之路；其二，"乱石"挡道，"罐头盒子"绊脚，废旧空物太多；其三，"雾失楼台，月迷津渡"，越过"老三段"（形势，问题，任务与措施），方可找到几处值得一看的东西；其四，"文山"与"会海"相映互促，会上文件发了一堆，会后还要寄出一小摞。应该指出的是，"文山"的攀爬者往往也是"文山"的堆砌人，他攀爬时气咻咻，厌嫌"山"高，而堆砌时却洋洋然唯恐自己的"石头"小，不尽心意。"愿看短的，惯写长的"便是这些同志的通病。如果说他们只爱惜自己的生命（时间）而对别人谋财害命是很大冤枉的话，那么说他们没有现代化"时间"观念，不讲求效率，办文懒于思索，恐怕还是有道理的。

怎样思索？我想是应该在"去粗取精，去伪存真"上下功夫。分清粗和精，识别真和伪也不容易，但只要作风实、方法对，也是可以做得到的。陈云同志 1961 年在青浦县农村的调查就是一个范例。他实地细察，力排非议，半个多月就得出三个带有指导方针性的结论，而且三个报告总共也不过六七千字。有人或许把未能去粗伪推因为"改革中太忙"，实际倒有可能是"并不在没有想的工夫，而在有工夫的时候没有想"。你一个人省了时间，更多的人浪费了光阴，自己也落得个花工夫去爬粗精并存、真伪不分的"文山"，还是在恶性循环之中打转转的下场！这本身便需要改革。因此，很有必要的是，大家也都来个"从我做起"，在调查与思索中，以淘金者的毅力，把沙子、乱石和罐头盒子去掉；以雕塑艺术家的气魄，把平庸的、无用的部分凿除；以谐趣园设计者的思想，把苏州园林之美荟萃于一角，力求把文拿写得少一些、短一些、好一些。

总之，"山不在高，有仙则名。"文不在长，有实际内容，读后能有所得的便是好文章。"文"总是要的，不要的只是"文"成"山"。只要我们立足文件质量，"文山"可以被移去，事情倒可以办得更快一些。

扯皮也是谋私

《人民日报》1984 年 12 月 6 日

只要我们注意观察，就会看到扯皮首先有个"圈子"的问题。一些人对圈子里的扯皮往往怒而斥之，而对圈子与圈子之间的扯皮，原来互相扯皮的两拨人则会一致对外。比如一个厂长，对厂内两个或几个车间之间的扯皮会非常恼火，而一旦与外单位扯起皮来，他可能就是冲锋陷阵的将军。当然，圈子有大有小。同理，一个车间主任对两个或几个工段之间的扯皮会厌恶，而到厂长那里与其他车间"打官司"，又是要据"理"力争的。

其次，扯皮有个得益还是吃亏的问题。在某些人的心里，真理不要，面子也不要，要的是"圈子"里的实惠。为此，且不说党和人民的利益，连老部下、老同事、老同乡之类也不在话下，哪管洪荒遭灾，近邻失火，干系重大的是"我"要得到好处。

我们知道，《中国共产党章程》要求每个共产党员都要"坚持党和人民的利益高于一切，个人利益服从党和人民的利益"。在扯皮的聒噪声中，"高于"和"服从"被完全颠倒了。那么，他为什么能去扯？那是因为他手中有一定的权力。他为什么要去扯？那是为了身后圈子的利益。再说，扯皮得益一寸，他自己的身价也会抬高一分。有的人今天在这个单位是这个观点，扯起皮来慷慨激昂；调到另一个单位没几天，对同一件事的看法就会来个一百八十度的转变，扯起皮来同样激昂慷慨。这种"屁股"指挥"脑袋"的反常现象，这种不论圈子大小，总是以"我"在哪个圈子的利益为目的的转移，使人们清楚地看到，在小小的"公"字后面藏着一个大大的"我"字。这种扯皮其实也是一种私心在作怪。

我们并不否定合理的部门利益、单位利益，我们反对的是那种置党和人民利益于不顾的无原则的扯皮。为了四化建设，为了端正党风，真正的共产党员要挺身而出，与毫无全局观念的扯皮现象做斗争。

置后荫与留苦果

《经济日报》1985 年 12 月 22 日

俗话说："前人栽树，后人乘凉。"对一代人来说，既乘前代人造福之凉，又应为后代人置荫栽树。如此，"子子孙孙，无穷尽也。"人类社会就是这样延续、发展下来的。这个循环的道理当然也同样适用于一个企业的生存与发展。一个厂长就任之初，会感到担子很重，在任期间要做很多事情，无论如何也必须思考这样一个严肃的问题：你将给下一任置下后荫，还是留下苦果？

这并不是个多余的问题，虽然许多厂长都想名垂厂史，谁也不愿让后人见笑，但实际上确有一些同志在处理当前与长远的关系上言行有距、行果不一。比如有的同志图眼前虚荣，片面追求产值，不顾产品质量，甚至弄虚作假，败坏了传统产品的信誉；有的同志只求任内"捞实惠"，多发奖金，就不惜拼设备、高消耗，甚至违法乱纪，把用于技术改造的银行贷款拿来发"红包";有的同志不重视智力开发,对职工只抓使用,不抓培训,不下功夫提高职工队伍素质,等等。这样下去,即使任内有几个人夸,日后也难免挨更多人的骂,因为你给后来者留下了难咽的苦果,对党和人民欠下了本来可以不欠或少欠的"债"。

应该说,这是一种"近视病"。尽管主客观的原因有很多,但有两个方面的工作做好了,情况就会发生变化。一是厂长要树立高度的责任感。党和国家把一个企业交给我负责,我就要和全体职工一起顽强拼搏,荣辱与共,有一种强烈的"当家做主,舍我其谁"的责任感,不但要对任内负责,而且要对企业的今后负责。二是建立厂长任期责任制。即上任后,厂长就要像首钢经营者那样"干一年、定二年、想三年",进而制定出产品"改进一代、研制一代、预研一代"的战略规划和相应的各项措施。对于这个责任制,我们还应辅之以检查和奖惩的办法。有些地方和企业已经这样做了,也证明效果是好的。如果大家都这样做了,社会主义企业这棵大树就会枝壮叶茂,一代比一代强。

脱困也要讲"质量"

《企业管理》杂志 1999 年 9 月

实现大多数国有大中型亏损企业三年脱困目标,尽管任务重、时限近,但目前看大有希望。不过,如同修筑江河防洪堤坝一样,其间也有个"质量"问题。从"监理"角度看,这一系统工程有四个"不能"值得提出,以期引起防范。

一是不能把扭亏与脱困完全等同起来。企业亏损各自成因复杂且不雷同,企业亏与不亏只是企业是否处于困境的重要标志之一,甚至有亏损而并不处于困境者。现在,有的企业扭亏了也就脱困了,而有的扭亏了并不意味着脱离了困境。不可"一俊遮百丑",也不可"一丑遮百俊"。

二是不能把"大气候"改变的效果与"小气候"改变的效果混同起来。企业脱困必须从国家经济环境改善、政策促进和企业自身努力两个方面来形成合力，虽然这两股力量各占多少比例很难量化，但至少不能认为企业仅因银行贷款利率降低、出口退税率提高等因素扭了亏就等于企业脱了困。

三是不能把层层实行脱困责任制中各层的责任性质、主次等同起来。实行责任制目的在于调动社会各方面的积极性，但行业主管部门、地方行政领导、企业等的责任不能等量齐观，有的是指导，有的是协调，有的是监管和服务，主要责任必须明确在企业，在企业领导班子。

以上三个"不能"所反映的问题是相互关联的，归结到一点是第四个"不能"，即不能把企业脱困的目标与企业改革的目标分离开来。党中央、国务院把这两个目标同时提出来，就是要求我们在抓企业脱困工作中需大力培植企业建立适应市场经济体制的经营机制。建立这个机制，企业才会有脱困的原动力，才会有脱困境求生存的欲望，也才会有增强其市场竞争能力的可能。如果企业在脱困中仅是等国家政策启动，行政部门推动，靠市场变化拉动，而缺乏自己的主动、原动，那么即使扭了亏也是不能长久的甚至是虚假的。

其实，企业是否处于困境是相对的，可转化的。在国内外市场竞争日趋激烈的情况下，现时或盈或亏的企业都不能高枕无忧，都应在制度创新、管理创新、技术创新结合上下功夫，不断增强市场竞争的能力。还是以修筑防洪堤坝为喻，你这个企业"堤坝"修筑质量如何，要看能否持久地抵御和战胜市场浪潮的冲击。若此，我们从现在起就要积极地防范出现脱困中的"豆腐渣"工程。

企业的第三只眼睛看什么？

《企业管理》杂志 1999 年 10 月

人无第三只眼睛，但有"眼观六路"的说法；企业不只有第三只眼睛，而且它的视觉应更灵敏，眼界应更开阔。

这里之所以提出"企业的第三只眼看什么"，是因循他人比喻，并加以发挥而已。

先说第一只眼：企业首先要眼睛向内，苦练内功。这是企业打擂台、闯天下的基本功，少了这一条其他都谈不上。

再说第二只眼：企业要面向市场，当然眼睛就要盯着市场。市场变化无穷，乱闯瞎闯是会遭殃的。企业虽然有时要冒风险，"赌一下"，可也得睁大眼睛，皱皱眉头再下注。

有了这两只眼是不是够用了呢？一般来说是可以的了，现时还有相当多的企业没有达此目标，有的还是睁一只眼眯一只眼，有的两眼是睁开了，但对内看不到问题，对外找不着机遇。从高标准来说，特别是对大企业来说，有两只眼也还是不够的，必须同时有第三只眼，用它来盯着"政府"，密切注意"政府"的有关动向。

企业的第三只眼用来看"政府"，与传统找政府、靠政府是迥然不同的，后者是政企不分的旧作风，前者是政企分开之后的新要求、新做法。我们知道，在社会主义市场经济体制下，有句经典的话是"政府调控市场，市场引导企业"。因此，一个企业除了加强内部管理，接受并适应市场需求导向之外，还必须关注政府是如何调控市场的，看政府出台了哪些宏观调控政策和措施。从时间（机遇的要素之一）上分析，政府调控了市场，等市场影响到企业，企业再采取对策，这也顺理成章，但这晚了一步，是被动的；而如果企业知晓甚至预测到政府出台的宏观调控政策和措施，并分析其对市场的影响，及时采取对策，那就早了一步，可以掌握主动权。别小看这个时间差，它对企业在科学管理中最重要的战略决策当否极为重要，可谓成于斯，败于斯。

"政府调控市场，市场引导企业，企业科学管理。"如果把这句经典的话作为结语，企业的三只眼睛各看什么就更清楚了。

说成败转换

《人民日报》1999 年 11 月 26 日

在当今竞争的社会里，特别是在创新途中，充满着成功与失败。尽管人们都期望成功，避免失败（失误、不成功），但往往事难遂愿；我成你败，此成彼败，共赢不多，和局甚少，成与败一并成为生活长河中奔流不息的浪花。

　　"不以成败论英雄"这句古话令人荡气回肠，悲壮俱生。战而胜者诚然可贺，但屡战屡胜的英雄传说里才有；战而败者可叹可惜，但屡战屡败，越挫越奋者，虽败犹荣。何谓英雄？偌大世界悠悠万事，成败之由不一而足，恐难一言以蔽之。然纵观改革开放的风华岁月，众多敢于"第一个吃螃蟹"的探索者最值得推崇，在创新途中具有不畏艰险、坚韧不拔气概的人们最值得讴歌，对此当无异议。

　　成败之距，有时近若咫尺，有时远若天涯，但无不可逾越的界限。过去人们常讲"失败是成功之母"，旨在给失败者以激励；现在人们又讲"成功是失败之母"，意在给成功者以警示。这两种因果的互相转换，都要具备条件方有可能。

　　实现或加速败转成，防止或延宕成转败，须分析原因，了解和把握转换条件。胜不骄败不馁是起码的精神状态，还有认识和实践、环境与机遇、方向与方法等不可尽数的主客观因素。我以为其间有两条至关重要：一曰"预"；二曰"恒"。预即"凡事预则立，不预则废"之预，应含战略眼光、调查研究、统筹谋划等，有远虑少近忧，知己知彼可应变，有准备则无患。失败时痛定思痛，尤忌只顾眼前不及长远；成功日时如果胜不思危，循老路不求变等，不愿"自己否定自己"，就可能被别人否定。"恒"，即"锲而不舍，金石可镂"之恒心、恒力，包括坚定的信心、坚忍的耐力、不懈的追求等，要志在绳锯木断，朝着奋斗目标驰而不息。失败后必总结教训重整旗鼓，坚信成功于再努力之后，不可半途而废；成功后不忘山外有山、不进则退的道理，"没有最好，但求更好"，不断进取。

　　成败乃世之常事，成败有同样的价值。我们正在从事的建设有中国特色的社会主义，是一项前无古人的崭新事业，如同"千辛万苦攀登一座未经勘探、人迹未到的高山"。在攀崖过程中峰回路转、有进有退不足为怪，只要我们坚定信心、坚持不懈，成时理智，败亦清醒，使失败成为成功的起步，成功不变为继续成功的包袱，必将登上光辉的顶点。

　　"古来青史谁不见，今见功名胜古人。"国企改革任重道远，开拓奋进的企业经营者们，一路走好。

摸象与调查

《经济日报》1987 年 2 月 20 日

　　前些日子，我的两位外地朋友相继来京。见面时，一位对北京的服务工作赞不绝口，因为是出租车司机一边开车、一边问路把他送到我家门前的；另一位却摇头道苦，说他在前门某饭馆就餐，一元五角一碗面条，还让服务员轰到外面站着吃……彼时，我只是侧耳聆听，而今忆及此事，突然想起盲人摸象的老故事来，虽然这对朋友有些不恭，却不能自制，深感认识事物的艰难，对北京人的服务态度尚且不可一言以蔽之，若要摸清许许多多大得多的"象"之真相，更是谈何容易！

　　盲人摸象这则佛经寓言，是借喻对一事物的了解只凭片面的调查或局部的经验是不够的。其中几位盲人似乎是被嘲讽的对象。然而细想，这几位盲人倒有一个共同点，那就是想讲真话。摸得像什么就说什么，但是想讲真话是一回事，能不能讲出真话或曰真正正确的话又是一回事。有些人在调查中不是要了解事实，而是要寻找符合他大脑里既有观念的事例，符之者真，逆之者假；还有些人习惯"屁股指挥脑袋"，调查时以这种方式做判断，于"屁股"本位有利就是正确的，无利就是错误的，这样也难免颠倒是非。不是有的人为证明自己的论点，硬说曾参加一个会议的一百名企业负责人中有一半以上消失了，而实际上只有两人被免职、两人被审查吗？不是还有人自称是"真正考查了历史的进程和社会的变化"，从而得出现时中国适合搞什么"系列婚姻""瞬时婚姻"，并批评"我们"十亿人口不如加拿大一位神父"开明"吗？如果说盲人不了解大象是"无知"，这倒可以说明"偏见比无知离真理更远"这一格言的分量。

　　盲人摸象的要害是片面。如果他们不是浅尝辄止，而是继续把象从头到尾摸一遍；抑或不是在摸了一下之后就各执一词、争论不休，而是冷静下来，把各自摸到的情况汇集一下，综合分析一番，那么大象的体态大致也都可以被描绘出来。比如有人谈起，许多人到日本考察，各种考察报告加起来估计有几百万、几千万字之多，其间重复的、矛盾的、片面的东西恐怕不少，若是有哪个机构把它们综合起来，下功夫去研究，情况之"象"一定更清晰。至于有些人翻阅一些外文资料，就生译出许多连自己也不明白其意的新名词到处炫耀；接触几本现代西方理论著作、到国外转了一圈，就企图照此描绘中国改革的蓝图，那更是连盲人摸象也不如了。

寓言终归是寓言，我们拥有的调查条件和手段也是盲人们不可比的。真"象"难出终能出，而在调查中出点洋相也无须怕。怕的是缺少实事求是的科学态度和谦虚谨慎、深入细致的工作作风。空醋瓶摆样子自然没有大用，半瓶醋乱晃荡亦须停止。我们还须坚持马克思主义的认识论深入实践中去调查研究，实事求是地学习与思考，才能正确地感受、记录改革时代的脉搏。

切勿两豆塞耳不听忧

《经济日报》1984 年 8 月 11 日

在大好形势下要保持清醒的头脑，这是多年经济工作正反两方面的经验总结。

事物的发展总是不平衡的。近几年来，经济形势之好，出乎人们的意料。但是，在占世界人口 1/4 的国度里进行建设，探索改革，好形势下总会有许多问题等待解决。比如，农业连年丰收，农民的平均收入大幅度增长，但仍然有极少数地区面貌依旧，甚至存在缺衣少食的现象。工业发展速度很快，经济效益正在逐步提高，但财政状况还没有得到根本好转。具体到某一项工作更不能尽如人意，比如煤炭战线采掘量提高很快，但是安全生产仍存在许多问题。再如整顿企业工作，确实成绩显著，但也时而可见"今年整上去，明年退下来""上下齐动员，糊弄检查团"之类的弊病……

看到这些问题并不难，难的是敢于正视这些问题，及时采取措施去解决。这就要求我们有实事求是的态度。当前，我们要特别警惕那种"报喜不报忧""一俊遮百丑""一刀切""浮夸风"的侵扰，切不可一叶障目只见喜，两豆塞耳不听忧。

"挂联"与求实

《人民日报》1985 年 5 月 9 日

我们记得，在动乱岁月里由"上挂下联"编织起来的罗网，曾使多少人遭受无辜冤屈。我们也不会忘记"四人帮"把氢弹试验成功、南京长江大桥通车等"挂联"在"文革"的成果上吹播。这一页的历史已经被翻过去了，但"挂联"这个做法似也成为遗风之一，还时常在一些人的笔下回旋。

譬如某个单位的工作有起色，那么这份成绩就是个带钩的花环，似乎挂在哪里都堂而皇之："上头"要介绍领导班子建设的经验，那么不管自己的班子是否实现"四化"了，工作成绩就一股脑儿"挂联"在班子建设上；要推广内部责任制的经验了，这个花环当然就挂在责任制上……至于文章怎么做，自有"空框子，找例子"老规矩，是不难凑齐的。反之，对工作不佳原因的分析，也有类似的俗套。

应该说，一个单位（或一项工程等）工作的得失，原因是多方面的，往往是个综合反应。但这不等于可以移花接木，随意挂联。而且一个单位有了成绩，也不可能各项工作都成为楷模。这种"挂联"，违背了党的实事求是的思想原则，使人感到似是而非，得不到真谛，结果是长处不能张扬，弊端难于克服，工作搞上来了不明不白，掉下去了更是稀里糊涂。此风不止的原因，大致有：一是懒于分析，安于现状，或满足于一得之功，或甘居落后；二是不会分析，虽也可罗列几条，但不善于把分析矛盾的普遍性与特殊性结合起来，更不善于把定性分析与定量分析结合起来；三是不敢分析，图虚名，怕较真，不如也来个"大锅饭"，样样都列上，免得露馅担责任。我们不是看到，有些企业用政策性亏损掩盖了经营管理上的许多漏洞；有些企业明明主要是引进技术改变了面貌，却在煞有介事大讲自己班子如何做到"四化"的吗！

恢复实事求是的思想路线不易，身体力行之则更难。因为实践它不仅需要改革旧习的勇气，磊落宽大的胸怀，而且需要有科学的方法，学会对具体问题进行具体分析。这就要求我们付出极大的气力，决不似搞"挂联"来得轻巧。在全面进行经济体制改革中，我们必须扫除"挂联"之风，光大求实的精神，不能把工作中的问题无端地与改革"挂联"起来，也没有必要把所有成绩都不加分析地归于改革。

附：带钩的花环

林 放 [1]

《新民晚报》1985 年 5 月 14 日

九日的《人民日报》八版登了一篇短文《"挂联"与求实》，读了觉得很有意思。文章说的是我们天天碰到的一种现象：一个单位的工作如果有了起色，便成了一个"带钩的花环"，就随意挂在当时的什么时髦的名义上。如果新的领导班子刚成立，就可以把这个花环挂在班子建设上，说是新班子带来了新气象；如果当时正在推广责任制，便可以把这个花环挂在责任制上，说是责任制带来的新成果。这就是那句老话"上挂下联"。做文章，写总结，发新闻甚至写报告文学，"上挂下联"还是很流行的。

巧得很，不久前有位读者写信给我，也接触到这样的问题：过去有些文艺作品写土改，就说土改前农民穷得讨不起老婆，分了田地讨到老婆了；写合作化，就说合作化前讨不起老婆，合作化后讨到老婆了；写大跃进，又说公社化前穷得打了多年的光棍，公社化使他讨到老婆了；现在写富民政策，又是光棍与老婆。看来，从打光棍到讨老婆，也成了"带钩的花环"了，一定要挂上什么堂而皇之的名堂，才能过瘾，才有"时代的意义"。

这种"上挂下联"的做法，作为文风问题来看，是个公式，是个框框，是一番陈词滥调。但是，它的危害性在于无实事求是之意，有哗众取宠之心，使得大家懒于做具体分析。你看，一个"带钩的花环"，找个地方随便一挂，多么便当。按照框框，充填一些例子，便是一篇总结或报告文学，又何必花力气去调查研究、综合分

---

[1] 作者林放（笔名），原名赵超构，时任《新民晚报》社长、上海市文联副主席，是我国著名报人和杂文家；毛泽东曾在延安接受他的专访，解放后曾七次接见与之晤谈。

析呢?

所以,这也不仅是个文风问题,而是思想方法与工作作风问题。要改革这种文风,从"上挂下联"的十字架上解放出来,也必须从思想方法上端正起来。

说"谢谢"

《经济日报》1985 年 12 月 22 日

前些日子,我去深圳出差。当旅店服务员把结账单据送到我手里时,出于对她们平时周到服务的感激,我郑重地说了声:"谢谢!"没想到她也向我说:"谢谢! 欢迎您再来!"这两个"谢谢"异口同声,使我们不禁相视而笑,最后欢愉而别。这使我想起一个平常的也许是古怪的问题:当服务员为顾客服务时,究竟应该谁谢谁,或者说应该先谢谁呢?

这似乎没有统一答案。有人说,在国内是没有服务员谢顾客的。言外之意,在国外才有。这话有一定道理,比如在北京买东西,一般来说我总是要道声谢的,如果售货员同志脸色还好的话。即便如此,也从来没有售货员同志谢我的,最多客气地说句"不用谢"。但这么多年我并未对此不习惯、不高兴,连要服务员谢我的念头也不曾有过。这次到南国一游,经常有服务员谢谢我,倒使我感到不习惯甚至有点惶然了。据说,在一些服务业发达的国家,这是寻常事,你看电视剧《阿信》中女主人公卖煎饼、卖鱼,不就是这样吗?其实,我们国内早先也有这种礼仪,过去的店家是很讲究送往迎来,对客称谢的。只是因为一度认为这种礼仪带有尊卑的色彩,后来也就随着社会平等的实现而消亡了。然而,今天回过头来再想一想,在实现社会平等以后,"谢谢"的内涵已经发生变化,人们在互相"谢谢"的时候,只是表示对于对方的尊重,它只能使人与人的关系更加平等亲近。在大力提倡建设社会主义精神文明的今天,"谢谢"不是更需要被恢复加强、发扬光大吗! 所以,"谢谢"这个词非但不需要"进口",本来就可以成为我们自己滋生的现代文明的一点血肉。

还有人认为，要改进服务态度、让服务员谢顾客，非出现买方市场不可："中国市场这么大，顾客这么多，要服务员一个个去谢，得累死人！"这话也不无道理。许多服务员同志是很辛苦的，而随着经济发展、物质条件逐步改善，服务工作的水平也会逐步提高。但是，如果要等到那么一天才去抓服务态度，未免太晚了。何况社会主义精神文明建设与物质文明建设是要一起抓的，又是互相促进的，不能有先有后，也不应厚此薄彼。再说，就眼前而言，我们既有百忙中服务态度相当好的，也有卖东西卖不出去而服务态度仍然很差的，这也从正反两方面证明了抓好服务态度的必要性。

我认为，服务员谢顾客既是个新鲜事，又是个老传统，把传统捡回来，注入崭新的精神与观念，便会产生新的创造力。就"谢谢"而言，完全有必要、也有条件把它从南国逐步推向大江南北、长城内外。或者说，至少可以从以下两方面加强社会主义劳动者之间的感情交流和相互激励：一是顾客也应谢服务员，这是对服务员辛勤劳动的尊重，也是"礼尚往来"；二是全社会的成员都是在做服务工作，都应互相尊重，以礼相待。你是一个商店售货员，上了公共汽车就是顾客；你是一个机关工作人员，某个单位乃至全社会的同志都是你的服务对象。"敬而无失，与人恭而有礼，四海之内，皆兄弟"，这个古训人人可以为鉴。

保质须有惜子情

《经济日报》1986 年 8 月 22 日

据德国专家、现武汉柴油机厂厂长格里希在一次会上说，有一天他参观西北某生产活塞的工厂，见一位女工在检测零件。她检查完一个，便漫不经心地把它丢到一旁。活塞的光洁度要求很高，这样乱扔乱碰使格里希感到很心痛。他问这位女工："你有小孩吗？"她答："有。"格里希又问："你会把你的孩子从一米高的地方踢到两米的地方去吗？"她答："我没有这样做。"这时，格里希对她说："对待活塞产品要像对待自己的孩子一样，爱惜产品设备要像爱惜自己的孩子一样……"

　　一个"洋厂长"爱惜中国的"孩子"，而我们有些职工却不爱惜自己的"孩子"，这颇令人感慨。将产品比孩子，人们听了很新鲜。但我们也是有过许多生动比喻的："质量是企业的生命"。而且"质量第一"的口号更是响当当。有些企业领导拿生命当儿戏，只有在"病危"时才有所觉悟；有些职工不爱惜自己的"孩子"，常把它"从一米高的地方踢到两米的地方去"。8月15日的《经济日报》批评"雪花"牌冰箱质量问题的消息中，就有这样一段描述："……在装配车间里，蒸发器随地可见，在工人脚下踢来踢去，竟无人捡起来放在应有的位置上；有的工人将内胆踩得满是脚印，未清洗掉就包装上了。"这当中所缺少的，我以为最重要的就是格里希所讲的那种对产品惜之如子的感情。

　　这种"惜子"情来自高度的主人翁责任感和强烈的质量意识。企业的盛衰取决于产品质量的好坏，出厂产品质量取决于每个零组件的质量，每个零组件的质量又取决于每道工序的质量。因此，每个职工要时刻想到，自己的每个动作、每项任务都是与企业盛衰、个人利益联系在一起的。我们都乐意把膝下的孩子养育得结结实实，打扮得漂漂亮亮，对手中的产品更应如此。一个不远万里来我国工作的外国人尚且没有雇佣观点，我们能有半点理由自己糊弄自己吗？

　　正如虐待孩子是触犯刑律一样，"虐待"产品不讲质量，也是党纪国法、厂规厂纪所不容许的。俗话说："严是爱，松是害"，格里希对工人的严是爱的表现，一些厂长对职工的松是害的缘由。如果企业的规章制度只是挂在墙上和嘴上而不兑现，结果只能害国害厂害自己。一些工厂70%～80%的质量问题是工艺技术不严所致，便是一个例证。因此，要使这种"惜子"情长期地牢固地在每个职工身上扎根，加强纪律、赏罚严明则是一个必要的前提。

　　最后，我想以这四句话结束这篇短文："惜子"情最贵，严爱融其中；学习格里希，皆为主人翁。

注意研究"过程"

《企业管理》1999 年 5 月

海尔的发展令人惊羡，15 年内从濒临倒闭的小企业变成了中国白色家电第一家；海尔经验闻名遐迩，企业界人士都可列数一二。但是，它的起家本领"斜坡球体论"却为一些人所忽略。张瑞敏总裁曾介绍说："企业如同爬坡的一个球，它受到来自市场竞争和内部职工惰性形成的双重压力。如果没有一个止动力它就会下滑，这个止动力就是基础管理。"海尔人正是遵循和实践了这种理念，才派生演绎出"用户永远是对的""有缺陷的产品等于废品""赛马而不是相马""名牌是命牌"等意识和行为。

这个基础管理包含些什么？"压力""惰性"有哪几种，各是什么方向、多少"公斤"？它们的"反作用力"又是什么，与球在斜坡上的速度的关系如何？这就是海尔成长的过程。不了解"过程"，就不能真正理解海尔经验的真谛。

所谓过程，即企业发展的轨迹，具体措施落实的标记，由量变到质变的飞跃光点，兴衰转合的经验教训。肯定地说，任何一个企业由小变大、由弱变强都有一个过程，只不过酸甜苦辣各异，起伏跌宕不同。我们学习邯钢、海尔等先进企业的经验，需了解和研究他们的成长过程。这不是为了亦步亦趋，循着他们走过的路再从头走一遍，而是借此掌握经验的实质，然后结合自己企业的实际，或择善从之，或巧于"改造"，或自我创新。

但是，有些同志学习先进经验时重现时做法轻过程了解。因而有的对经验囫囵吞枣，知其然不知其所以然。有的对现行做法生搬硬套，以为可以走捷径，一步登天，结果不是碰了壁，就是成了邯郸学步，失其故步，不知所措。有的则不见先进企业一步步走过的脚印，以为先进经验高不可攀，自叹弗如，干脆依然故我，不思进取。所以我们学习先进企业经验要在了解其过程的基础上，做到结合实际掌握"度"，灵活运用有创新。比如学习邯钢经验，不要以为就是一个"成本否决"，其实质是与"三改一加强"结合的过程。即使你着重要降低成本，也不一定马上就实行邯钢那样的"成本否决"，你可以根据企业职工的承受能力等因素先采取类似措施。又如一个企业产品质量不好，不一定照搬张瑞敏在加强基础管理过程中抡锤砸烂 76 台冰箱的做法，关键是要求全体职工牢固树立质量意识，你就会有你的典型和方法，等等。

先进企业的发展"过程"是面镜子，但照镜子不要东施效颦。"过程"里有规律，掌握了规律每个企业就都会产生自己的管理诀窍和企业文化。但有一条是共同的，那就是要加强基础管理，这方面尤须下笨力气、苦功夫，有了这个基础做舞台，才可能演出多姿多态、威武雄壮的活剧来。

管理的艺术

《企业管理》杂志 1999 年 2 月

说企业管理是门科学无人有异议，但说它也是艺术，可能有人觉得是在肯否之间，或者感到比较玄乎。当然，这里说的艺术是以讲科学为基础的艺术，是企业管理者的艺术，不是琴棋书画一类。

改革开放以来众多企业的兴衰成败，有许多企业管理经验可以总结推广，也有一些现象值得回味。比如生产同样产品、规模相当，甚至是一墙之隔的两个企业，经营状况一个如日中天，一个却每况愈下；某个差企业换了"一把手"生产经营上去了，某个好企业换了"一把手"却步步下滑；有的企业家连续兼并十几个差企业，个个春风化雨，被誉为"兼并大师"，等等。让这些优秀经营者讲经验，往往是转变观念、开拓市场、加快技术进步、加强职工培训那几条，多是加上情况和事例的"通用件"。有些企业学习这些经验日显其效，有些企业拿了这些"通用件"回去组装成新"机器"依然运转不灵。其中原因固然复杂，绝非几句话说得明白，但我想除了有关经营者需要学习掌握管理科学的基本规律和要点外，还有个管理"诀窍"问题，即需要学习他人、总结自己的领导艺术。

说到领导艺术，并非只可意会不可言传。有人说"好经念歪了"，这个"念"字里就有艺术，又有人说"管理是通过别人完成任务的艺术"，也是一种理解和表达。那么如何提高领导的艺术性呢？

第一，善于分析信息，抓住机遇。"情况不明决心大，心中无数办法多"当然是错误的，但你纵使明了情况、心中有数，也不一定会有正确的决策。现在信息爆炸，亦有真有假，怎样由表及里，去伪存真，抓住有益的信息为己所用，需经营者既有"灵感"又费苦心。海尔集团领导在四川省调查时听到农民反映洗衣机质量不好，细究是农民用洗衣机洗土豆造成出水管堵塞。他们奉行"消费者永远是对的"原则，不是埋怨农民不会使用，而认为这是消费者的需求，从而开发出既能洗衣又能洗土豆之类的洗衣机，为开拓农村市场提供了新的思路。

第二，善于审时度势，随机应变。古人说兵无常形，水无常势。当今国际市场与国内市场相通，竞争浪潮此起彼伏，我们很难再一次蹚过同一条河流。对于同一类问题，上次处理成功的办法不一定适合这一次。比如企业发展方向，有的人上次跟着赢家跑成功了，而这一次却栽了跟头。吉林化纤厂领导几次技术改造重大项目取得成功，都是因为超前预测、力排众议。随机应变是起码的意识，而他们则是高瞻远瞩看别人看不到的趋势，深谋远虑想别人未想到的结果，有令人敬佩的眼光。

第三，善于掌握分寸，处事有"度"。我们都竭力在工作中运用辩证法，却常常有意无意地在实践中走了样。小事如做职工思想政治工作，有的领导一席话可使人心暖如春，有的领导刚与人谋面脸上就落下六月之霜。大事如从严治厂，这从总体上自然是必需的，但《A 管理模式》一书中讲的"一提管理就说要'严格'的，是不懂管理的"，值得深思。企业必须有一整套管理制度，但不是越细越好，也不是越粗越好；执行制度不是越严越好，也不是越宽越好。关键是满足需要就好。

企业管理的艺术当然不止这些，比如还有以身作则，善于发布"无声命令"；巧用它山之石，善于联系实际解决自己的难题，等等。本文只是向企业经营者再次提示，加强企业管理要讲科学，苦练内功，夯实基础；还要讲求领导艺术，注意工作方法。只要有心体悟，领导艺术人皆有之；只要用心学习，就一定会不断长进。

【散记类】

除夕话旧（节选）①

还有半个钟点，"旧（历）的"新年就要来到了。我想提笔写点东西，哪怕是写到明年呢。

小孩子是最爱过年的。哪怕是穷人家的孩子，在他幼小的心灵中，过年是最美好的事了，因为在他的想象中，到了过年的时候，无论什么心愿都会得到满足的：花衣裳、鞭炮、小洋鼓、好吃的东西……最初我只知道"还有几天就过年了"，但不知道，这个"年"究竟是个什么东西。

"年"一天天地逼近，那过年的征兆也越来越多。比如说灶头上烘着大红色或者花纹状的鞭炮、香筒里插着十分好闻的香枝、水缸里浸着刚磨制好的豆腐、邻家小姑娘的妈妈买来了"红蝴蝶"……这一切多好呀，这都是为了"年"的！

哥哥和妈妈在掸尘了。长长的竹竿子上绑着个青细竹枝，用它扫去屋顶上的灰尘和蜘蛛网。这可是大事，一年只能扫一次呢。于是扫呀，扫呀，弄得满屋子都是灰，这我可不喜欢了，于是我就跑了出去，等桌凳都擦亮时再回来。

"妈，我做什么呢？"我似乎手痒起来了。

"去把东西摆好！"哥哥抢先下了命令。

我乐意极了，马上动手，把小板凳们放在一起，把大板凳们放在一起，把所有竹篮——淘菜的、淘米的放在一起，把爸爸的、妈妈的、哥哥的鞋放到一起……我干着的时候可高兴极了，未想到刚要"报功"的时候，哥哥们都早笑得喘不过气来了……

好容易盼到"三十"晚上了。这是一年的最后一天。妈妈在灶上，我在灶下，每做出一样新菜来，我总是第一个品尝到。中间或跑去看

---

① 这篇日记是我 1964 年在北大过春节写的，选载此处，旨在对我儿时在农村生活的情景进行补充，追忆温馨家庭和怀念我过世的父亲母亲。

哥哥写对联，那通红的纸上写上黑字真是好看极了，如果在墨里面放点酒，那么写出来的字又好看又好闻。

我的母亲

（注：这是我回乡拍摄的，自认为最能表达对母亲的敬爱之情。）

当所有的对联都贴好之后，我们便开始祭祖宗了，一样一样热腾腾的菜端到桌子上，摆好筷子，让祖宗神仙先吃。当我很小的时候，我记得我总是极力在昏暗的一闪一闪的烛光中看着桌子上的筷子是否会动，菜盆里的菜是否会少。因为哥哥在祭祖开始前便贴着耳朵对我说："你看着……不要眨眼呀……"当我渐渐长大的时候，才知道他是骗我的。

与此同时便是烧纸钱，这是给在阴间的人用的钱。这一烧之后，阴间的人就可以拿到钱了。我好奇地看着那忽忽闪闪的火灭下去，那纸灰一边旋转着一边飘了起来，满屋子飞舞，落到那供祭的菜上，甚至有落到酒碗里去的。要问纸灰为什么会飞，哥哥也会贴着耳朵告诉我："那是鬼在抢钱。"这当然也是骗我的。

这是烧给家鬼的钱。然后要给野鬼烧钱，这得到外面去。这事哥哥们也不乐意干，因为外面既冷又有鬼，我也不高兴，但是差不多每次都是爸妈指派一位哥哥去干，我也跟去看了。我们先用火叉在地上画个圈，人在圈外，在圈里面烧纸，一面烧，一面念道："鳏寡孤独的无儿无女的死鬼，瘸子瘫子瞎子的死鬼，冤死的鬼都来拿钱用，今天过年了……"一遍一遍地念，直至烧完。爸爸每次都特别嘱咐要另烧给"圆觉寺老头"，因为这老头曾是他的兽医师傅，一个武功挺厉害、手艺挺高明的师傅。

好容易这些碎事都做完了。然后把冷了的菜又热烫了一下，真正的会餐才开始。我照例是坐在父亲旁边的……

不管我们弟兄，包括我的妈妈是否喝酒，爸爸总是一滴不沾。听妈妈说，爸爸在年轻的时候，不但喝酒，而且抽大烟。后来儿女多了，抽烟喝酒对身体也没有好处，于是下了"大礼"一气戒了这些。妈妈讲了这些，总要我们弟兄学爸爸这个志气。所以爸爸也总是第一个捧起饭碗，他吃的又快且不多，总是第一个吃完，然后哥哥或者是嫂嫂去打了洗脸水来。洗完脸，爸爸便喝着新泡的茶在一旁慢慢地饮，看着我们吃饭，有时还说一两句笑话。在这个时候，爸爸是绝对不会发脾气的，因为按规矩：过年时不能发脾气，大家都应该高高兴兴。

妈妈吃饭也不多，但吃得很慢。劳累了一天，此时仿佛也算是休息。她有时夹菜给手臂不长的我们，有时在一边慢慢地嚼，一边看着我们。这时妈妈心里是真高兴的，因为她常常露出妈妈才有的笑来。

吃完了年饭（也许是吃饭前吧），我们便捧出一大盆饭，里面还有不少豆腐和几叶青菜，送到牛房去。这是一只老水牛，一头性情很烈的老水牛，很多公牛都怕它呢，我放过它。俗语说"打一千，骂一万，三十晚上一顿饭"，我们是慰劳它来了。它似乎也知道这些，见我们捧着吃的来了，立即从地上爬起来，露出高兴而贪婪的样子。吃完了饭，还像狗一样用舌头舔舔瓦盆，用舌头仔细抹干净嘴唇。我看着它，往往觉得它可怜起来，想道：以后放它的时候，它再不听话，也不要打它了，更不能用牙咬它的脊背。

饭后的守岁就十分单调了，又不能出门和别的小孩一起玩。因为现在每一家都在"团圆"，况且三十晚上是鬼最多的一个晚上。于是只有一边剥花生吃，一边听大人讲话。如果没有扑克或牌九，听着听着就打瞌睡了。但倘若大人要我去睡觉，那我是绝对不肯的，因为还有两项未完呢。

这便是"送灶""喂天马"。"送灶"大概是将灶王爷送到天上去玩玩吧，烧一个包着几枝香的黄符，放一小串爆竹，念几句"上天奏好事，下界保平安"就完了。而这个"喂天马"却往往引起我许多美丽的想象。一边把拌有芝麻面等香东西的细草撒向黑黑的夜空，一边"zho, zho"地吆唤着。我看着，听着，就好像天空中有无数匹金光闪闪的天马顺着声音跑了下来，吓跑那些抢钱的鬼魂，然后吃草，吃完草又踏着空气跑上天去了。然而跟先前一样，等到第二天再看地上的时候，还是有很多细草，至于芝麻等东西，都让鸡吃了……

还有一项便可以睡觉了，然而这一项我却不感兴趣。这通常是由嫂嫂们去做的。这便是扫地——这不是一般的扫，而是彻底地扫，至少每一块地扫帚都到过。这有个雅称叫"扫灰蚁"。据说，这样一边用灯照着，一边扫，一边念着："照什么？照蛇虫蚂蚁。有没有了？没有了！"这样等到了明年，地上的蚂蚁就少了，屋子里也不会有蛇跑进来。

无论睡得多么甜，没有人叫早，也没有闹钟，我总是第一个醒来，第一个起床。这是新年嘛，还兴睡懒觉！我就去摇起昨天晚上爸爸指定好的哥哥。

我在灶下烧火，哥哥便开始煮饭，做糖茶，做供品。然后就"接灶"，这是接灶老爷下来过年了。这时花符烧的最多，鞭炮放的最多，蜡烛点的最亮。我把一长串鞭炮挂在小竹竿的一端，让哥哥给点着火，就响起来了。"噼噼啪啪"，火花四溅，响声又大，美丽极了！这是我最乐意干的事了……

我过一会儿就跑到妈妈爸爸住的地方喊一声"妈妈""耶子"（当地当时对父亲的称谓）表示孝敬。接着告诉妈妈爸爸，今天大爆竹是我放的，还是小爆竹是我放的。于是妈妈就会夸奖："放得好，放得都很响。"其实，爆竹如果烘得不干，谁也放不响的。但我听了夸奖的话之后非常得意，蹦蹦跳跳去干别的去了。

大人们常常是叫我去送"庙香"。我家在东头，庙在西头，每次送"庙香"，我都要穿过全村。我看着家家门上的小福子在晨风中呼啦呼啦地飘着，听着忽远忽近的鞭炮声，高兴极了，觉得真是新年。然而看那曙光初现，仍是灰蒙蒙的天空，却觉得似乎没有什么变化。到了庙前，把在家就燃好的香分插在两个（一男一女）泥菩萨的前面，再作三个揖就可以走了。但我总是仔细看了两个菩萨好久，希望能看出一些什么新的东西来。听大人说，谁家送庙香最早，那么今年他就早得子。这与我无关，但常常使我想到我的一个堂兄为什么只有一个儿子，且得的迟，恐怕就是因为送庙香迟了吧。

我记得过年我是不要新衣裳的，我有一件卫生衣补了十几种颜色的布。单记得哥哥们总是把新的什么穿上，还用刷子刷得净净的，因为过一会儿就开始“拜年”了。

拜年之前得磕祖宗头，那要到堂伯那里去。我们在草垫子上磕头，堂伯给我们敲那铜制的“庆”，一次敲三下。我经常把敲钟理解成是提请祖宗注意：谁在给你下跪了。

“拜年”应该是最隆重的了。大人们一见面就拱手笑道：“恭喜、恭喜。”孩子们就围着大人跑，从这一家到那一家。无论你招待如何，总是待一会儿就走了，“表表意思，并不是真吃东西的”。但到了我家则不然，也许是因为最后一家吧，满屋子都是人。小孩子们围着大桌子，一见妈妈撒下了花生、葵花籽等吃的东西，立即抢成一团，有说有笑，也有噘嘴的。大人们则站在孩子们的后面抽着香烟，看着孩子们抢东西，在说笑。我从来未抢过东西，因为我口袋总是满满的，手里又拿有压岁钱——即使没有这些吧，我也不会抢的，我想。

一阵热闹之后，村子里就渐渐安静了。一些人找个安静的地方赌钱去了。不赌钱的男人在打篮球，不赌钱的女人在一起谈笑、嗑瓜子、看打篮球……

弟兄四人在父亲母亲墓地前

　　我们弟兄从未正式赌过钱。有时在打牌九的地方玩一会儿就作罢了。但我希望妈妈赌钱，因为妈妈一年太辛苦了，赌钱就是输了也没有关系。妈妈只会抹纸牌，玩的花样叫"过河打兔子"。

　　南方的女人是很辛苦的。她们白天和男人一起出工，回到家里还得烧饭、带孩子、洗衣裳。只有在过年的时候才能休息，然而也只是嗑瓜子、看打球，如果能看一两场戏，那是她们一年里也忘不了的，是要常常谈起的话题。一些规矩也对她们有些帮助，比如过年不能动刀剪、不能动镐锄……

　　我小时候是很爱爆竹的，家乡俗称"炮仗"。它有红红的外皮，一点就响，真使人高兴。偶尔用压岁钱打几回牌九之外，我的多半时间就花在这放爆竹上了。把炮仗点好之后，等到其快燃尽时抛到空中，它就在天上炸开了，这是要技术的：把炮仗插在土灰上，一炸就会扬起灰来；把炮仗嵌在打针用过的小玻璃瓶里，一炸就连瓶也碎了；把炮仗放在地上，点燃后，静静地看它咝咝地烧，最后一瞬间就炸开了……和小伙伴们一起放炮一起玩闹，是我过年最开心的事。

　　枯燥的叙述，冗长的文字，弄得我也疲倦了，写的还不一定准确。儿时的一切现在想起来很有趣，本来那么美好的东西在头脑里是美好的，但变成文字却显得无味了。

冬日的公园 [①]

　　我们今天在颐和园捉了一天的虫子，每人最少捉了十几万只——假如到今年夏天的话——午饭则是回来吃的。

　　颐和园那绚丽多彩的景色全被寒风吹走了，连那雕梁画栋仿佛也都在打战，没有一点生气。站在佛香阁的土坡上俯瞰全园，也只有昆明湖上有几个黑点在一动一动地使人感到这幅冬景图是大自然的，而不是纸上画的。恐怕今天是入冬最冷的一天，风尤其刮得起劲。枯树虬枝在刷刷作响，不眷顾我们十几个留校过年的大学生，反倒像是与我们作对。要知道，我们不是来游园的，特殊的使命是拿着小铁铲挨

――――――――――

　　① 这是北大 1965 年寒假里特殊的一天，是团支部组织留校同学的一次"革命"行动。

着每一个树根处翻土（除了松树），把藏在里面的苍蝇蛹挖出来，要与冬眠着的小虫子们作对。不一会儿，戴着手套的手还是冻木不知疼了，后来鼻涕流湿了口罩，也没知觉了……天气越冷，我们越好"攻其不备"呢！

想来，人与动物之间的斗争大概有几十万年了，比人与人之间的阶级斗争长得多。两者的复杂关系可有一比，既有你死我活的一面，又有相互依存的一面。你看对于牛马猪羊一类的动物，人们还给它们治病造房子；对于关在动物园里的动物（包括吃人的老虎、毒蛇），也好吃好喝饲养着以供大众观赏。我不知道蝗虫们铺天盖地地从这个村庄吃到下一个村庄，是不是有组织的行为，也不知道候鸟们在天空中排着各种优美造型嬉闹着定向飞翔是不是经过排练。不过，即使它们是有组织的，那档次也极低，与人没法比。前两年秋天，我们全校师生数千人统一行动灭臭虫，阳光下的道路上堆放搬出宿舍的被褥，我们用一切手段碾压这些吸血鬼，用开水把狡猾者烫死在床板缝里觉得特别解气。再往前五六年夏天，全国数亿人统一行动打麻雀，我们在田野上敲锣打鼓、敲碗打盆，让麻雀们常飞不停疲劳坠地，我虽然没捡到一只死麻雀也照样开心。今天这个小分队人少天冷战术却是新的，不是用拍子打一个个活苍蝇，而是"斩草除根"，挖出一个蛹等于消灭多少个子孙……领队 W 同学说，这对我们克服困难的意志也是个锻炼。

心绪好了点儿，冷的感觉也少了点，使我从美丽的颐和园想到鲁迅先生小时候的乐土百草园。"轻捷的叫天子（云雀）忽然从草间直蹿向云霄里去了……""倘若用手指按住它的脊梁，便会啪的一声，从后窍喷出一阵烟雾……"这些像从清泉里流出来的诗一般的句子，此时重现在我的脑海里，产生了相似的、不协调的韵味。我拿着挖蛹的小铲子，小心翼翼地走，带点鲁迅进百草园那种天真的神情："翻开断墙来……"然而此处无断墙，只有石子、树叶和烂草，这并不减我的兴致。我忽地在一棵桃树下的石缝里找到一个色泽光亮的紫红色的蛹来，这时冒出"倘若用手按住它的脊梁……"的念想，然而我用的不是手而是手中的铲，不是按脊梁而是戳肚皮，所以霎那间没有看到喷出的烟雾，而是看到流出的绿色的浆汁来……我一时感到挺恶心，赶紧把它夹进小盒子里去了。

当太阳变得愈加昏黄的时候，我们走下了万寿山。一路上几乎未见到人。人越少，那风似乎越得意，在树梢叫个不停，有时还张着你的耳朵叫，我下意识地系紧了耳护子上的两条细带。看昆明湖上灰蒙蒙的一片冰和灰蒙蒙的天连在一起，在那灰蒙蒙的天空中，忽然出现了黑黑的一群，继之传来了叽叽喳喳的乌鸦叫声，我又把围巾紧了紧，想道：快要下雪了！

"五色蘑菇"的联想 [①]

一个细雨霏霏的上午，我伫立在东京赤坂东急饭店十楼房间的窗前，看远处朦胧中耸立的座座大厦及下面无声的匆匆来去的车流，若有所思。蓦地，我的视线为高速公路下两丛色彩缤纷的"五色蘑菇"所吸引，只见它们一会儿聚拢，一会儿散开，若隐若现，煞是好看。

当然，世界上并没有这么大的、又会移动的"五色蘑菇"。这是横过马路时打着各色雨伞在赶着上班的人群。令人赞叹的是：绿灯亮时，人群急急相向而行，有条不紊；红灯亮后，人流立刻停止，无一人越线一步。我们在日本很多地方看到，日本人对交通规则执行得很严格，眼前大约算是有点诗意的一幕了。偶然有罚，则是很重的。有一次，在京都岚山瞻仰周总理诗碑，看见一些小汽车因停错地方被警察有礼貌地逐个罚款三千日元之多。兴许这里的纪律的养成也不是一时一地吧！我们常去就餐的赤坂饭店的老板，是一位华人老太太，对顾客非常热情，常常亲自在门口躬身笑脸迎送。但她对伙计们，就未必常见"春风"了。饭店里有位从上海来的不到一年的女服务员，白天学日语，晚上在这里端盘子。她和我们这些身在异国的老乡相见，言词间充满了对亲人的眷恋。但是，只能在匆忙工作中一边干活一边与我们

---

① 以下两篇是分别于1983年访日、1987年访美后，应友人之约写的回忆性散文，均载于辽宁《当代工人》杂志。这是我1983年第一次出国（日本）之后，应友之约写的一篇回忆性散文，从中可见日本某些管理"精细"之一斑。

低声搭话。只要手一停，她就得离桌而去。她说这是店里的规矩，不得与顾客谈营业以外的事。一次，我们吃完饭，她来收拾桌子，我和一位同事伸手帮她拿了两个盘碟，她大惊失色："快放下……要是让老板晓得了，我要丢饭碗呀！"

企业里的纪律又怎样呢？在日本工厂的车间里，我们常见到各种标语，如"×× 社年度方针"若干条，"×× 年度每个人的行动基准"若干条以及类似"时间严守，目标达成"，等等。这些并不是"空头口号"。在大发公司的池田工厂，我们看到在高度自动化的汽车装配线上，装配工人的手脚一刻也不停，仿佛不可能多做一个多余的动作。在厂房内高悬的电动牌上，不断显示着当天的工作目标、完成情况及问题，传达着信息和"无声的命令"。我们在东芝公司的沼津事业所，了解到工人的工时定额一年要修改两次，每次提高 3%。一位课长颇为轻松地对我说："这是大家的口号。"

实际上，对纪律的执行不是那么简单、轻松的。有两件事令我感到别有趣味。一件是在我们进入神户制钢所的一个厂房参观时，迎面看到门口立着一面漂亮的穿衣镜，它与那些大型铸锻设备相比似乎显得不太谐调。当我问及时，陪同参观的总务课长对我们的女翻译诙谐地说："这不仅是为女士们准备的，是为所有的人准备的。"接着用手指了指在镜子上方写的两句话："衣不整，心就乱。"可见整肃纪律的人用心之细。另一件是在小森印刷机械厂，这个厂以精加工著称，其产品出口占 40% 以上，在英、美、联邦德国都占有相当的市场。参观总装车间时，我们一位工程师问工厂检查课长："装配好了的滚轴两边孔的同心度是怎样检查、保证精度要求的？"课长说："到了这里，就不用检查，也无法检查了。印刷机精度是靠前面每一道工序的精细加工和严格检查来保证的。"他又问："外购件呢？"课长回答说："检查更严格。"这个回答使我们有所领悟：要搞好产品质量，严格的工艺纪律和检查制度是最基本的环节。对比我们有些工厂，连起码的检验制度都没有，产品质量当然就"悬"了。

我想，"五色蘑菇"如果成了一群乱飞乱舞的彩蝶，那就要出乱子，最终甚至导致彩蝶的消亡。纪律（或规矩）看来无处不有，只不过宽严不等，目的不尽相同罢了。

美利坚大地上的思索

一 作为一个"外国人"

金秋一日，晨曦熹微。家人和同事送我到北京机场。我对他们说，一俟国际航班飞机的后轮离开机场水泥地面，我大概就算个"外国人"了。

当我一个人在东京成田机场候机室等候转飞的时候，便强烈地感受到我是一个外国人了。几年前我来过东京，但那时是跟随代表团，彼此有说有笑不觉得什么。这次不同了，我是接受美国新闻总署的邀请，以一个"国际访问者"的身份单身途经这里赴美考察的。我学的是俄语，只识几个英文单词、会说几句英语，难于与人交谈，便越是觉得孤单。为了不至于误程，我挪坐到登机口附近的长椅上。这当中我看见两名警察急急忙忙冲进另一个飞机即将起飞的进口甬道，不一会儿从里面架出一位彪形大汉，只见他一边挣扎一边喊叫，却不知为何。我想，也许他是个逃犯吧，因为我看那警察既文明又凶狠。然而这里并不像国内那样会出现许多围观者，旅客们安稳如常，候机室很快又恢复了平静。

接近起飞时间了，只见两个机场员工站到我身旁的登机口，并用英语高声吆喝着什么。我猜这准是叫登机了，便手持机票欲进，但一位员工却客气地示意我等候，仍用英语重复那句话。我简直有点惶然而发急了。没想这么一急，却使我猛然明白了他说的"First class"是请坐特等舱的旅客优先进的意思。我只觉得脸上有些热：做一个不懂外语的外国人可不容易啊！

从东京到旧金山的飞行时间漫长，我看腻了舷窗外那雪山一般的云朵和大海一般的天空。我因只会说"Coffee"和"tea"，而忘了橘子汁等饮料怎么说，就只好喝咖啡和茶水了。

过海关入境时，我在一位美籍华人员工的帮助下，顺利地办完了手续。我一穿越那道象征"国境线"的铁栏杆，便看见有人举着写有我英文名字的牌子。我立即跑过去，和这位迎接我并将陪同我访问的海外同胞紧紧握手。作为这里的一个外国人，短暂的生活开始了！

二 美国人的"小气"

秋阳朗朗的中午，汽车飞驰在墨西哥湾海滨通往休斯敦的高速公路上。伴着"刷刷"的单调声响，我迷迷糊糊地进入了梦乡。待我睁开眼睛，忽见公路架下的河边上有几个人身背白色的袋子，边走边拣着什么东西。同车的菲利浦先生告诉我，他们是在拣游人扔下的空罐头盒。

我不大相信。美国是个钢铁过剩的超级大国，我亲眼看到许多现代化的钢铁厂。即使有穷人去拣空罐，难道会有谁去收购？我猜想，这也许像国内城市实行"门前三包"制，为了保持环境整洁吧！然而事实纠正了我的推断，朋友告诉我，1986 年美国回收 333 亿个铝质饮品罐；执制罐牛耳的雷诺士五金公司，付 9300 万美元给再循环的加工商。并非所有拾罐者都是贫无立锥之人，佛罗里达州的一位医生，12 年内拾得 94.4 万个饮品罐，售得一万美元。许多人因此发了财。闻此，我不禁抚额称叹了。

任何一个民族都有自己的"大方"和"小气"，美国也不例外。他们的"小气"还有一例便是请客吃饭。在这次出国前美国驻华使馆一位官员请我吃工作午餐，只有一块牛排、几片面包。回办公室后我就对人说，中午没有吃饱。其实，直到晚饭时我也没觉得饿。这次在美国本土，他们每次请我吃饭，不论是在工厂，还是在家庭，莫不如此。虽然没有像我们国内请客那样有十几道甚至二十几道菜，但场面隆重，气氛热烈。即使一般只有一道生拌蔬菜，一道肉食，一道甜点，一道冰激凌，外加两三种饮料，其热量也足够了，保证我精力充沛地去旅游、访问。

看来，我们倒是应该注意，不要把"小气"与节俭混为一谈，把"大方"与奢侈视为同义才是。

三　"短史"作"长镜"

今天去的是邓小平同志参观过的得克萨斯州一个占地两万英亩的农场，陪同我的也是当年接待小平同志的县长兼法官乔第先生。他已是白发染鬓、年逾花甲的老人了，然而依然健壮、热情，穿一件红色的 T 恤衫，显得很精神。他说："你比邓先生幸运，因为今天恰是这儿的市场节。"我问："什么是市场节？"他神秘地一笑："到那儿你就知道了。"

在蓝天白云之下，在碧绿与金黄色交织的田野上，到处人欢马叫，熙熙攘攘。细一看，却似回到 19 世纪：男男女女穿着开发美国西部时的服装，人们骑着前轮大后轮小的自行车；有古老的农具，过时的消防车、四轮马车，等等。而最令我注目的是那些叮咚作响的古老乐器、男女青年跳着节奏明快的土风舞，以及飞马套羊的表演。最使我兴奋的是我在这里"分得"一大片土地，并"参加了"南方军队。分地时，当年打扮的地方官只问了三个问题："你有奴隶吗？"（我答没有，如果说有则不给土地）"你信奉天主教吗？"（我答不信，翻译马上告诉我要说信，否则不给地的，于是我答今天信）"你分到土地后怎么办？"（我回答说，好好耕种，争取丰收）不懂汉语的地方官对我的回答很满意，破例给我这个来自太平洋彼岸的黄种人"分"了 60 公顷土地。"参军"的手续也很简单，只问姓名和籍贯，然后就去体检，体检也只是听心脏、看牙齿、问家庭有无咳嗽史。可见，当年"南北战争"时，是多么急需青年人去打仗。我稍微遗憾的是，我不大愿意参加南方军队，因为据我了解的点滴历史，当年的南方部队是主张脱离联邦，不赞成国家统一的。

我国有句古话："以史为镜"。美国只有两百多年的历史，然而我在这个农场以及华盛顿、波士顿等地却看到美国人很珍视这短短的史迹，通过各种形式纪念它。在华盛顿，我一口气参观了 6 个博物馆、展览馆，虽然很累，但始终兴趣盎然。我特别是对与我有点缘分的航空航天馆印象很深，那里有莱特兄弟 1900 年首次取得飞行成功的双翼飞机。我不由自主地站在那里照了张相。我还和所有参观者一样，排队去触摸一块 1969 年 7 月阿姆斯特朗等宇航员从月球上采回来的岩石样品，至今拇指上还有异样的感觉。从美国展览的宇航史里，人们认识到人类智慧的伟大，科学技术进步的重大历史作用。那么，我们从得州这个农场一年一度的市场节，这个短暂的历史回顾展中又得到什么启迪呢？

离开农场时我已很累了，但仍兴奋不已，兴奋中又伴着思索。乔第先生临别时赠我一帧图片和一塑料袋优质大米。他说："邓先生来访时，我也送给他一袋大米，邓先生当场就打开，拈几粒放在嘴里嚼了嚼。"我说："我可舍不得打开，我要把它带回去做纪念。"

四　秩序的效率

参观自 1930 年以来不停顿地制造了 27000 架飞机、号称全球每 15 秒钟就有他们一架飞机起降的道格拉斯公司时，给我的第一个印象是：这里的工作井井有条。我们一走进接待厅，就有位黑人小姐热情地打招呼。在简便又严格地办完进门手续后，她还笑盈盈地指着门旁一面中国国旗和"欢迎中国贵宾"的中文标语让我看，担心我没注意到这些。这种不因只有我一个人参观而例外的欢迎，与我们国内有些商店、饭馆、工厂挂着"顾客至上"之类的条幅而待客却是一副冰冷面孔，形成了强烈对比。

两位市场经理给我介绍公司的历史、经营和管理。听他们的介绍，如同间或品尝桌上又大又鲜的加州特产杨梅一样，使我感到津津有味。尤其是讲到公司的矩阵管理和管理程序化，两位经理如数家珍，令人折服。这些工作程序的规定细致而严谨，大致分上、中、下三个层次，单是上层就有三百五十多道程序。他们依靠这些程序使得上下贯通、左右协调，把数万员工有效地组织起来，保证公司这部庞大的机器在任何情况下都能正常运转。

虽然效率不只是来自秩序，但秩序产生效率却是可以肯定的。我在旅行中常坐公共汽车和地铁，乘客上下莫不井然有序，即使在上下班人多时也绝无蜂拥而上、挤成一团的现象。彼此稍有碰撞，立即互道"对不起"。在机场办手续、在旅馆登记和结账、在银行兑换支票等，大家都是自觉排队，而且排队第一人与正在办手续的人总是保持约 2 米之距，从未见到有人"加塞"或几个人挤到一起争着向一位员工询问、办事的。显然，这样的有秩序比我们在国内常见的无秩序、秩序不严格，办事效率要高得多。

五　情感的交流

在异国他乡看自己国家的艺术家演出的滋味，非亲身经历难以体会。当我坐在宽敞的休斯敦大学礼堂里，听国内歌唱家演唱《我的祖国》《在那遥远的地方》，看大型集体舞《黄河魂》时，一股难于言状的亲切、自豪感油然而生。然而我确信，我的这些感受绝没有邻座的一对来自台湾的中年夫妇的内心反应更强烈。

在开演前，我们便迟迟疑疑地攀谈起来。他们七年前从台湾来此定居，双方父母仍在台湾。他们告诉我，两家的老人都非常思念大陆的亲人，很想了解大陆的事情。他们今晚看完这个节目，明天就准备写信告诉双亲。与他们交谈给我的感觉是，他们想了解大陆，又非常不了解。

我这次是应中国驻休斯敦领事馆邀请，来观看在美访问的中国民间歌舞艺术团演出的。我想，演出效果这样好，是因为观众喜欢有中华民族特色的艺术。我在匹兹堡还曾怀着浓厚的兴趣观看该市交响乐团的演出。除了那高超的指挥、精湛的演奏之外，使我感到意外的是，没想到在电视节目中充斥迪斯科、摇滚乐、霹雳舞的美国，竟然有如此豪华的音乐殿堂和如此痴迷的听众。音乐会上人人着意打扮，个个彬彬有礼，恍若另一个天地。观众们直身端坐，息声屏气，全场鸦雀无声。只有那时而雄浑、激越，时而清新、优雅的乐声在大厅里回荡。而一曲终了则掌声雷动，演出者再三谢幕，台上台下都倾倒、融合在交响乐那神圣的意境中。

艺术是情感和思想的交流形式。台胞看大陆演出感到的意外，我看美国艺术家演出感到的意外，都反映了地球上生活的人们需要交流和了解。只有通过多种形式的交流和了解，才有助于世界的和平与发展。

六　夏威夷的小白鸽

一个早归的下午，我回到住地 18 层楼的房间，忽见阳台上有只小白鸽在徜徉，它一边自言自语地咕咕着，一边往屋内探头探脑。这个可爱的小东西的光临，使我顿觉一天的劳累一扫而光。我忙不迭地从抽屉里找出一块蛋糕，向阳台奔过去。然而，小白鸽却飞走了。我后悔我的性急和莽撞，便掰一小块蛋糕放在阳台上，悻悻然走进了洗手间。

鸽子是文明的象征。在纽约、华盛顿、波士顿等城市，我多次看到成群结队的鸽子在广场、街头、公园草坪上悠闲地嬉戏、觅食。它们不怕行人，行人倒是避着它们。这使我觉得这里的鸽子比北京的鸽子多、胆子大，它们那种挺着胸脯、昂首自若的姿态，似乎比在蓝天上带着哨声的飞翔更令人喜爱。可今天，这只小白鸽却从眼前飞走了……待我寻思着回到床前时，我惊奇地发现：阳台上，那只小白鸽正在歪着脑袋东一下西一下地啄着蛋糕。

次日游览珍珠港，那贴着海面飞旋的白色海鸥，使我又想起了昨天房间的小来客。在那战火纷飞的 1943 年，这珍珠港也许没有这样可爱的小白鸽吧？最令人感怀的还是参观海上的纪念馆。这是 1961 年竣工的一座白色船形建筑，它就横跨在当年被日军炸沉的 3 万吨主力舰船体之上。据作为当年幸存者之一的讲解员介绍，当时的头天晚上是周末，珍珠港舰队举行音乐比赛，该舰乐队获第一名，舰长很高兴，特别批准船员明天可以睡懒觉。结果此舰死人最多。如今，2400 名死难官兵的名字都刻在纪念馆的大理石墙壁上，平均年龄才 19 岁。我凭栏而视，可以看到主力舰的炮台和水下隐约可见的舰身。那至今仍从水下一缕缕往上渗浮的酱红色的机油，叫人联想到在梦中葬身海底、至今也不明白真相的数百个年轻的生命……

鸽子是和平的象征。当汽车驶上归途在高速公路上飞驰时，我第一次感到它开得慢；我希望快点回到我的房间，因为我一直惦念着的小白鸽，也许早就在阳台上等着我了。

天上有一颗以企业家为名的星 *

——访江西省余江县木雕厂之后

江西省余江县曾以根治血吸虫病而闻名全国，如今则因这里有个工艺雕刻厂而为世人所瞩目。这个厂的本部有300多人，厂长张果喜只有35岁，但以这个厂为主体的鹰海木制品公司的产品却畅销海内外67个国家和地区，在北京、上海乃至日本东京等地共有37个分厂。1979年至今，该厂产值平均每年递增127%，产品出口额占40%，年创汇100万美元以上。我们乍听介绍多少有点将信将疑，但当我们驱车来到这偏僻之乡，参观了花园般的工厂之后，不禁为之叹服叫绝。

国家经委副主任张彦宁同志感慨地说："木雕厂纪律严，效率高，称得上全国第一流。"确实，这个厂和其他跨入先进行列的企业一样，一个共同的经验就是必须加强纪律，从严治厂。但是，"从严"也是不容易的，一个企业家必须懂得"严"与其他诸方面的关系才能严得其所。

严与责

为什么要"从严"，不"从严"行不行？张果喜厂长说："管理不严，松松垮垮，这个企业就没有战斗力，在激烈的竞争中就要失败。"首钢书记周冠武则把赏罚严明称为"治国安邦之道"。显然，治厂是不是从严，就在于厂长有没有对国家、对工厂负责的强烈的责任感。

余江县木雕厂的拳头产品"佛坛"之所以出口十年无退货、无返修、无索赔，被日商誉为"天下雕刻第一家"，这是与他们有严格的劳动纪律和工艺纪律分不开的。有一次，张果喜到车间检查产品质量，发现一个车间生产的雕花樟木箱质量不合格，他当着车间主任和

---

* 选用此文，我认为对我们企业界具有特别的意义。据最近报道，张果喜谈到企业发展的五个关键要素为情报力、想象力、判断力、决策力、实施力。他还说："我们不但要有一个值得回忆的过去，而且要有一个更加值得展望的未来。"我们1986年慕名去学习调查时，厂长张果喜已从普通农民数年内成长为大陆第一个亿万富翁，后来企业经几十年稳健发展资产已达50亿元；张果喜本人获得国家级、省级荣誉200多项，如全国劳动模范、全国优秀企业家、全国人大代表、全国政协委员等。1993年6月，为表彰他在社会福利、公众教育等方面的贡献，中国科学院紫金山天文台发现的一颗新行星（编号3028），经批准被命名为"张果喜星"。据悉，国内外对小行星命名的多为著名科学家的名字，如我国的钱学森、袁隆平、屠呦呦等，张果喜是世界上第一个以他的名字命名小行星的中国企业家。此文标题是新换的，载于书稿最后，主要是表达我对我国所有企业家（无论是国企还是民企）的敬重，也略为回应《星星的光和热（代自序）》之隐喻。

工人的面，抡起斧头就把价值数百元的抢手货劈烂了。他说："质量是企业的生命。我这样做，就是为了引起干部和工人对产品质量的高度重视。"

对厂长来说，要有强烈的责任感，才能从严治厂。当一个企业领导者想到国家和职工赋予自己的责任时，当一个舵手要把自己的航船在风雨中驶向胜利的彼岸时，他就会想到没有严格的纪律是不行的。因为，说到底，从严治厂是社会主义大生产的客观要求，只有严密的组织、严格的纪律才可能把这种大规模的、复杂的联合劳动有效地组织起来。对每个职工来说，则应想到"企业兴亡，人人有责"。自己是改革航船上的一员，单靠舵手是不能成功的，必须与包括厂长在内的全体职工同舟共济，群策群力。有了这种责任感，才能理解从严治厂的必要性，提高遵纪守法的自觉性。

严与爱

"严是爱，松是害。"大凡严格要求职工的厂长，都会对职工给予深切的爱。安徽省宁国县液压密封件厂厂长夏鼎湖有句名言："厂长心中有工人，工人心中才有工厂。"也就是说，严来自爱，严包含着爱，这样的严才是有益的、有效的。张果喜说："厂长同工人要心贴心，工作时必须严肃认真，不能有半点马虎；但下了班大家就是兄弟姐妹关系，平等友爱，生动活泼。"在建厂初期，张果喜从浙江请来一些师傅，因厂里住房条件差，他就把他们请到家里住，3年分文不收；一些职工长期出差在外，有的爱人生病、他亲自开车送到医院；他舍得花钱组织工人游览名山大川，使他们既休息好又陶冶了艺术情操；他耐心做思想政治工作，使后进工人成为先进生产者……他把"严"字建筑在一个共同的思想基础之上，即厂长爱工人，工人爱企业。张果喜把这称为最宝贵的厂长"凝聚力"。这种"凝聚力"的产生是企业的社会主义性质决定的。职工既是劳动者，又是企业的主人；厂长既是企业法人的代表，又是人民的公仆。作为一个劳动者，必须接受厂长的领导和厂纪的约束；作为一个公仆，则必须尊重职工的主人翁地位，充分发挥他们的积极性和创造性。因此，厂长对职工的严与爱是统一的，是以目标和利益一致为根基的。

严与爱、严与宽的辩证统一还体现在：严要有准则，宽要有限度；不能处处"高抬贵手"，也无须时时"铁石心肠"。福州铅笔厂曾规定违章抽烟一根罚款 5 角，结果不起作用，后来改罚 100 元，谁也不敢"以身试法"了。这个厂的厂长龚雄说："重罚目的是不罚"，其中的辩证道理值得玩味。

法与严

治厂的主要内容和表现形式是执行厂规厂纪，而要人人都遵纪守法，则必须提高广大职工对法的认识，增强法治观念。在一次讨论为什么一些企业的产品质量低劣，有 60% ～ 80% 的产品是工艺纪律不严造成的，对此国家经委副主任、中国质量管理协会副理事长盛树仁同志说，归根到底是法治观念不强。此话打中了要害，值得深思。试想，一个当镣铐戴在手上才明白自己是犯了法的人，平时怎会把厂纪厂规放在眼里呢？传统的法治观念淡薄和那种相当普遍的"差不多"思想的结合，使我们的许多规章制度"贴在墙上，说在嘴上，就是没落实在行动上"。

恩格斯说："在社会发展某个很早的阶段，产生了这样的一种需要：把每天重复着的生产、分配和交换产品的行为用一个共同规则概括起来，设法使个人服从生产和交换的一般条件。这个规则首先表现为习惯，后来变成了法律。"这段论述有助于我们理解法律与政策的关系、法律与厂规厂纪的关系。我们要通过法治教育、思想政治工作等形式，使广大职工了解社会主义法治是工人阶级和广大人民按照自己的意志，通过国家政权制定或认可建立起来的法律制度和执法原则。它反映了人民的要求，代表人民的利益。在党纪国法、厂规厂法范围内，职工享有充分的民主和自由，而超越这个范围是不允许的，甚至要受到惩罚。这个观念增强了，就会大大提高职工遵纪守法的自觉性。

领导干部要带头遵纪守法。正如有理想的人讲理想才有说服力一样，守纪律的人要求别人守纪律才有权威。荣获"全国五一劳动奖章"的江西省优秀共产党员张果喜，就是遵纪守法的带头人。厂长的担子重，责任大，但只有在改革中严于律己，并不断冲破好人主义、平均主义、自由主义等思想障碍，才能从严治厂；也只有不断提高自己的素质，成为一个有胆有识的社会主义企业家，才能不负众望，完成党交给的重任。

值得指出的是从严治厂不是孤立的、唯一的，须结合其他各项工作共同进行方可奏效。从企业外部来看，国家应在理论、法律、政策及行政领导等方面进行配套改革，为厂长从严治厂创造条件，以解除他们的后顾之忧，使严密的组织、严格的纪律在每个企业逐步建立起来。

（载国家经委《经济工作通讯》1986 年第 18 期）

星夜絮语

（代后记）

暮年已至，当无"志在千里"。我等不可与当代伟人言"离了谁，地球照样转"之胸襟相比，却为古代诗人"莫道桑榆晚，为霞尚满天"的情怀所感动，确然晚霞与朝晖看上去一样美丽。虽然宝贵的青春年华已去而不返，但我觉得思想、情怀上的青春似可与身心并存且不应该虚度。

我与老伴、儿孙一起过着安适的生活，但依然"风声雨声"在耳，关心着国事天下事。健身养生之余，不时想着怎样为我曾倾心的企业变革与设计事业继续发点儿光和热，与现在的年轻人找寻点学习交流的机会，唠叨点个人感悟，权当是享受双重的"天伦之乐"吧！

欲言甚多，互联网上这类"感悟""格言"更多。这里只是选择星夜个人的几则断想，赘于书尾做读者茶余闲话的佐料。

为人民服务。在星光之下的这块中华热土上，中国共产党诞生已经100周年了，无数为党的事业奋斗一生的老党员、老革命已经牺牲、离世。但代代相传、共同的事业仍在继续，为人民服务的宗旨没有变，我们这代人也将此奉行不悖。我们党与时俱进，确立共产党是中国工人阶级的先锋队，同时是中国人民和中华民族的先锋队。从现代社会看，先锋队成员都来自人民，服务人民，就像英雄来自人民、服务人民一样。人民是由一个个人组成的，以人为本，"'人'字是应该大写的"。人人应该平等，比如国家在实现"脱困""全面建成小康社会"目标上一个也不能少。人人也应该是有为的，只是有能力大小的不同，比如国企、民企职工也都是中国特色社会主义事业的建设者。从现代服务看，人与人之间也都是互相服务的，不分职务高低、能力大小，比如我讲过产业链之间是互相服务的，生产者也应把"3·15"消费者权益日视为自己的节日。所以，我觉得"我为人人，人人为我"也应视作通理。

　　"爱"与"情"这是较之自然美、人体美、艺术美、科技美、设计美等更美的人性之美。我们应该珍惜、享受。世上如果无爱无情，人类不会繁衍生存，人活着就没有兴味，也少了和谐的"润滑剂"，在为共同目标奋斗中结下的友情更是弥足珍贵。无奈的是，与此俱生的、派生的还有各种恨与恶，并与之相混相争相斗。我们在以法律、制度、道德以及必要的斗争克制它们的过程中，要相信爱与情的正能量会越来越大。守护、光大人性美，也应"从我做起"，正如一句歌词："只要人人都献出一点爱，世界将变成美好的人间。"

　　"什么是美好生活？"是需进一步研究的大题。其"标准"既有物质、精神、生态的基本面，也有相对、趋向、动态的不确定面。时代、群体乃至个人之间，人们常常定量、定性地相比。不过，个人的处境、心态什么时候都显得很重要。物质消费应有"天花板"，精神享受可以无止境。但应该明确，贫困、饥饿、受欺压、不自由等是不美好的"底线"，奢侈、浪费、贪腐则应是众皆嗤之以鼻的丑陋。贫富差距、城乡差距总会有，"人比人，气死人"没必要。若是要比，"竖比"主要看有无进步，"横比"主要看差距是否缩小。重要的是，比较之后不能丧气、"躺平"，而应增加自主奋进的力量。

　　"探真理、求真相、讲真话"，大概是在议、在做的永久性话题。它大至宇宙奥秘，小至夫妻吵架。加之其间常混之以人情冷暖、真假善恶，所以古往今来纷争不断，难于定义。讲真话是接近真理、真相的基础，做到最是不易。首先，人们对什么才是"讲真话"就有歧解。比如有人认为"亲眼所见"即为真。也有人认为讲"心里话"就是真，但那只是相对你而言不是假话，也许其与事实仍有距离。即使他人对真的事实做评论而讲的"真心话"，也不宜不分场合想说什么就说什么，否则难免"乱从口出"。简单地想，"皇帝的新衣"和"盲人摸象"这两则寓言很经典，如果人们对此类故事的警示稍有留意，那么世间乱象就会少许多。至于戴着有色眼镜看问题等偏执与谎言之类，则不在此讨论之列。

　　方向与方法。一个人学习、工作要讲究方法，否则事倍功半。思想方法比工作方法更重要。方向与方法的重要性也可以比较，即使认为方向第一重要，那也不是"二选一"，也不是畸重畸轻。有段时间我们曾绝对地认为"方向错了，一切全错了""不姓社便姓资"，以致得出"宁要社会主义草，不要资本主义苗"之类的怪论。小事物也不仅复杂而且关联，我觉得我的业余爱好文学、哲学、音乐及球类活动，都有益于我的工作、学习。我们应学会必要时运用整体、综合、系统、辩证的方法分析问题、解决问题，争取事半功倍。

偶见古人的"三字经"。"忍、默、勤"这三个字是我出差参观西安碑林时见到的，凝视后觉得字体和意思不错，我还拍了照片。其意尽管见仁见智，但显然有古人视之为人生"三字经"。譬如"忍"字，谁都难舍避，常有大大小小的事需要忍、不能忍、忍不住；我们还可以将其理解为宽容、克制、自律等。我在沈阳起初住"寒窑"，到北京起初住"工房"，自感不但能忍而且带着感恩忍，别人能住我也能住。大学校友几次聚会，大家心里都"忍"而不说过去"折腾"那些往事，只是把酒言欢。对"默"字的理解可能更多，最好的说是"沉默是金"，最差的说是"傻瓜木讷"，其实"慎言""少说多做"没什么不好。对"勤"字则共识较多，起码"勤快"的人总是受欢迎。当然，中华文化里格言千万条，信不信还是自己定。

有两句做人成事的金玉良言：一句是"解放思想，实事求是"；另一句是"虚心使人进步，骄傲使人落后"。这两句众所周知的话直白、简洁，不但适用于个人、单位和国家，而且有越时空、普受益的魅力。不"解放思想"不行，不"实事求是"不行，不把两者加起来也不行。骄傲不行，不自信不行，自信过头了也不行。改革开放的成果就是这句话最大的例证。我见到过很多个人、企业在胜骄败馁中沉落、在学习奋进中攀升等"满招损，谦受益"的事例，自己也有"得意勿要忘形，失落保持自信"的体会。我见证的国企改革、设计创新等，都认真学习借鉴了国外的经验教训。凡成就大事，什么时候都要有"万里长征走了第一步"的思维和眼光，有成绩可以自豪但不能骄傲，继续开放向别人学习，但绝不失去自主、自信、自创。我想，这也是我国跃升为世界第二大经济体之后，走富而不骄、强而不霸之路的根由。再说大一点儿，许多科学家、政治家呼吁人类在大自然面前要怀谦卑之心，不也是得到世人越来越多的重视了吗？

各类企业都应致力于做优做强。工作中我最喜爱、最看重的是企业，我参观过国内各种类型的企业（包括军工），深知企业是社会财富直接的和最重要的创造者，是国家综合实力的重要标志，是人类创造力的集成、结果之地。搞好一个企业不容易，当好"一把手"更是难。我与国企交缘五十年，与民企等企业打交道起码也有四十年。我国工业体系完备，企业类别齐全。尽管企业有所有制、行业、大小的不同，但法律地位平等，国家政策、竞争规则统一。重要的是，其致力于把企业做优做强，增强国内外市场竞争力的目标相同。随着企改深入、资本流动、技术进步，各类企业会出现融合发展新格局。我听过一个民营企业家讲他的公司要做到"三像"（像部队、像学校、像家庭），不一定准确，但我闻之欣然，为他重视企业管理而高兴。我曾仿照名家写了一篇题为《最可敬的人》的文章来赞颂企业家，试图让全社会更加尊重、爱护企业家。我希望有更多的年轻人、更多的人才热爱企业，到这个充满活力的场所去一展身手。

人的全面发展。尽管有人说这也是在天下大同后才能实现的"理想"，但我觉得现在推动这项工作就很有现实意义，它可以使人的一生多彩、多能，更会对经济社会发展、文明建设起重要作用。互联网、人工智能等科学技术进步可以促进人的全面发展；人的综合素质提高，也会促进科技进步。现在，知识、信息可信手拈来，但应防止"碎片化"，融合、提炼知识和信息才有用，才能创新。在个人头脑里进行整合、集成的创新比在电脑、芯片里完成的创新更重要，我们应通过科技、教育、体制等创新提高人脑的开发利用率，把人的潜能进一步发挥出来。兼顾远见与务实，我认为培育 T 型人才很有必要，"一横"代表知识素养的广度，"一竖"代表业务专长的深度；横竖的长短、内涵可因人而异，因事不同。

多样有序、和谐相助的地球村。别人看我也许属于外表平和、处事较稳的一类人，其实我喜欢创新、内心奔放，经常想一些难有答案的问题。比如对星空下、大地上的难题之一——"人为什么活着、应该怎样活着以及人类应该怎样存在"，也会闲想一番。读书时，我就对门捷列夫元素周期表的精准、一些化学分子结构的整齐和对称很惊讶，自然界居然有如此有规律、有秩序的现象。近些年来，我获知科学证明天地间万物都是由一堆堆原子组成的，还有量子纠缠发现等，这些知识不但使我惊讶，而且使我浮想联翩，似可由此悟出、释怀许多问题。想到天天可见的日月有序循环，想到"人之初、性本善""人类有共同的命运"等说法，我觉得从人类的起源、宇宙规律（均知之甚少）看，多样化和有秩序可以并存，地球村里的人类也应该多样地、有秩序地生活，不仅要和平共处，还应该和谐相助，共同探索人类和宇宙的奥秘，共同解决人类发展史上至今犹存的互斗、相残、贫困等诸多问题。

"遗憾"与奇想。一代人做一代人的事，功过错漏都会有；我和几位同龄同事闲聊时议过，一个人平日里谁都难免讲错话、漏办事、办错事，若醒悟后于当日、次日反思一下肯定有益，能寻到机会弥补一二更好。一个人一生过来累积的大小"错""漏"很多，而在暮年时想起其中一些，只能自我安慰或留作"遗憾"了。回首多多往事，我对此除深有同感外，还曾有过奇想：我曾任职的某个岗位，如果倒退若干年让我重任一次，我觉得能做得更好。当然，憾事总是有，"穿越"不可能，当下每个人都应珍惜每一天不虚度，做好每一件事不无为。

本书时间跨度大，涉及的人和事较多，因资料有限、记忆偏差等因，即使是"白描"也有像不像、准不准的问题，盼请读者指正、见谅。还有许多同事、好友、领导，尽管记忆深刻，但叙事中未能提及，切望包涵。本书断断续续地写又几经删改，我如释负却难如愿，倘有可能再写一本也许可弥缺憾。值此出版之际，特别感谢社会科学文献出版社首席编辑徐思彦的指教和支持，以及出版社恽薇、贾立平两位编辑的辛苦付出；感谢朱宏任、刘宁、李卓智、王建斌、陈全生、谢瑞福、刘珊、田文苗等好友及家人的帮助和鼓励。另外，中国企业管理科学基金会将本书列为"企业改革政策研究史库文献著作"之一并给予资助，在此一并表示感谢。

（2020 年 5 月于紫竹公寓）

图书在版编目(CIP)数据

由是之路：我经历的五十年企业变革 / 朱焘著. --
北京：社会科学文献出版社，2021.12（2022.2重印）
　ISBN 978-7-5201-8462-5

Ⅰ. ①由…　Ⅱ. ①朱…　Ⅲ. ①国有企业－企业改革－
研究－中国　Ⅳ. ①F279.241

中国版本图书馆CIP数据核字（2021）第143262号

由是之路
　　——我经历的五十年企业变革

著　　者 / 朱　焘

出 版 人 / 王利民
组稿编辑 / 恽　薇
责任编辑 / 高　雁　贾立平
责任印制 / 王京美

出　　版 / 社会科学文献出版社·经济与管理分社（010）59367226
　　　　　　地址：北京市北三环中路甲29号院华龙大厦　邮编：100029
　　　　　　网址：www.ssap.com.cn
发　　行 / 社会科学文献出版社（010）59367028
印　　装 / 三河市东方印刷有限公司

规　　格 / 开　本：787mm×1092mm　1/16
　　　　　　印　张：20.5　字　数：300千字
版　　次 / 2021年12月第1版　2022年2月第2次印刷
书　　号 / ISBN 978-7-5201-8462-5
定　　价 / 128.00元

读者服务电话：4008918866